JN273416

環境財務会計論

植田敦紀 著

東京 森山書店 発行

序　　文

　本書のタイトルであり，私の専門分野でもある「環境財務会計」という言葉は，「環境会計」と「財務会計」を併せた造語である。「環境財務会計」では，環境会計情報のうち，財務会計において認識すべき会計数値を既存の財務会計制度の中に取り込み，財務会計基準に則って適切に認識・測定・開示することの必要性と可能性を追求する。また財務会計の立場からも，重要性の高い環境会計数値が財務諸表に適切に表され，財務諸表により企業の財政状態・経営成績・キャッシュフローを判断する上での重要な要素となることを目指す。本書『環境財務会計論』では，そのような「環境財務会計」の構築・展開を行い，環境問題全般への適用可能性を検討する。

　近年，経済発展志向の経済社会システムにおいて地球環境問題が起きてきた。地球環境問題とは，人間の活動により地球全体またはその広範な部分の環境に影響を及ぼす事態であり，それに対し多岐にわたる領域から対策を講じる必要がある。特に企業の環境対策活動は重大で，それに伴う会計情報の金額及び質の重要性は増している。しかしこれまで企業に重大な環境コスト等が発生していても，財務会計制度が環境問題特有の性質に対応していないため，財務諸表上に適切に表れてこなかった。

　これに対し米国では，企業が直面している重大な環境問題に対策を講じ，企業の環境対策活動に起因する会計数値を財務会計において適切に認識するための努力が積み重ねられてきた。環境会計数値に対する財務会計基準の検討，及び必要に応じた新たな会計基準・各種指針等（U.S. Environmental GAAP）の公表を行い，部分的にではあるが，環境会計情報が財務会計制度の中に取り込まれてきた（Problem-by-Problem Approach）。本書では，そのような U.S. Environmental GAAP を基礎として，その内容を個々に分析・検証・考察し，具体的

な環境費用・環境収益・環境資産・環境負債等を，財務会計制度の中で適切に認識・測定・開示することを検討していく。そしてそれらの結果を総括し，U.S. Environmental GAAPに基づく帰納的アプローチにより「環境財務会計」を構築・展開し，環境問題全体への適用可能性を検討する。

　さらに近来の財務会計基準のコンバージェンスの動きは，「環境財務会計」にとっても重要な課題である。地球環境問題は全世界にわたる経済的・社会的・政治的な問題であり，環境会計に関連する事項は，世界の企業の主たるビジネスに深く関わってきている。また環境汚染の発生，環境負荷の認識，重大な環境影響，企業の環境責任の認知の過程は長期にわたり，かつその影響は一国のみならず広範に及ぶ可能性がある。従ってこれまで各国ごとに行われてきた環境情報に対する会計基準設定活動は，今後はグローバルスタンダードという視点で進めていく必要がある。環境リスクに対する環境会計情報の必要性及び有用性を国際的に認知し，「環境財務会計」の国際的コンバージェンスを推進し，実行可能な手段としてのグローバルスタンダードの確立を希求する。

　本書の構成としては，第1章において，伝統的な財務会計の会計原則，会計情報の質的性格等の包括的理論に基づき環境財務会計の構造を確立する。その上で，第2章で土壌汚染問題に代表される環境法の制定に伴う2000年以前のU. S. Environmental GAAPの発展を論究し，第3章で資産除去債務に代表される環境負債の測定に伴う2000年以降のU. S. Environmental GAAPを論究する。このように第2章，第3章で，具体的なU. S. Environmental GAAP制定の過程を緻密に分析・検証・考察していく。そして第4章では，第1章で確立した環境財務会計の構造を基礎概念とし，その上に第2章，第3章で論究した具体的なU. S. Environmental GAAPを適合させ，米国の財務会計基準に基づく環境財務会計の構築と展開を具現化する。終章では，今後の国際的展開を交えたグローバルスタンダードとしての環境財務会計を展望する。

　かつて私が会社に就職した頃は，高度経済成長，バブル期と，経済は活気に

満ち，人々はお金を稼ぎ，お金を使うことに嬉々としていた。折しも男女雇用機会均等法が施行され，私自身もそのパイオニアとして，証券会社の中で社内選考試験を受け，女性の店内系列から総合系列へと移行した。制服は着なくなり，男性と同じ給与体系・待遇，世界中どこにでも転勤があるという立場になった。日本で初めての女性ボンドトレーダーとして，東京で債券売買を行い，その後ニューヨークへ転勤となり，ニューヨークでU.S.トレジャリーボンドのセールストレーダー，日本株のトレーダーを経験した。しかし将来を予測するボンド，ストックの売買というものは，緻密に調査・分析を重ねても常に将来に対する不確実性が付きまとう。どんなに儲けても，経験と勘に依存し，不確かなものへの不安と戦わなければならない。もっと不確かを確かにしたい，確然たる知識に裏づけされた仕事をしたいと思い，その後会計を勉強し米国公認会計士となった。会計は証券市場のインフラとも言われる。企業情報が適切にディスクローズされることによって投資家の意思決定がスムーズに行われ，証券市場が活発に機能していく。日本ではこの会計と証券市場の構造が充分に機能していない面がある。メインバンク制，持ち合い株などの体質の名残によって，企業情報の開示がオープンに行われないという伝統も残る。そのような会計制度の下では，証券市場の発展も阻まれる。こうした状況を打開していくためには，確固たる会計制度の下で企業の情報開示が適正に行われるとともに，それを受け取り，意思決定を行う投資家の高い会計知識が求められる。

　そのような初一念のもと米国公認会計士として仕事をしていたとき，たまたま図書館で出合ったのが，河野正男先生の『生態会計論』（森山書店）という本であった。会計士としても全く馴染みのない「生態会計」という会計の分野に興味を引かれ，本の「序」の部分を読み始めた。すぐにその内容に引き込まれたが，一旦はこういう研究もあるんだな，と書を置いた。しかしその後，それまでの私の会計に対する概念が変改した。企業は利潤追求のみではなく，社会的・環境的にも重要な役割を担っている。それに対し会計としても適切な対応が求められている。企業が開示すべき会計情報は財務情報だけでなく，更に視野を広げ，社会的・環境的情報を開示する責務を有している，ということを自

得した。そして「生態会計」という分野を本格的に勉強してみたい，という思いが作興し，横浜国立大学の河野正男先生の研究室に飛び込んできてしまったのである。

そのような経緯で環境問題，環境会計と真っ向から取り組むことになったのだが，これは壮大なテーマであり，研究は予想以上に多方面へ広がり，厖大なものとなった。そのような中で，多くの先生方から多大なるご指導をいただき，本書を出版するに至ったことは感謝の気持ちでいっぱいである。特に指導教官の八木裕之教授には，研究内容・研究姿勢等，多岐にわたりご指導をいただき，「環境財務会計」への研究心を持続させることができた。また私がこの研究を始めるきっかけとなった『生態会計論』の著者でもある河野正男教授は現在中央大学で教鞭をとっていらっしゃるが，「環境会計」の立場から貴重なご指導をいただいた。また本書の基礎となっている博士論文「環境財務会計の構築と展開—米国環境財務会計基準に基づいて—」の審査の際には，横浜国立大学の山下正毅教授（現：横浜国立大学名誉教授）に主に「国民会計」の立場から，濱本道正教授に「財務会計論」の立場から，泉宏之教授に「簿記学」の立場から，それぞれ大変貴重なご指導をいただいたことを，この場を借りてお礼を述べたい。

さらに本書の出版に当たり，刊行を快く受諾してくださった森山書店の菅田直文社長，又土屋貞敏氏を始め担当者の皆様には，刊行に至るまで細部にわたり辛抱強くお付き合いいただき，その労に心から感謝申し上げたい。

また本書は，平成18年度横浜国立大学社会科学系創立80周年記念事業「博士論文出版助成（鎌田出版助成金）」を受けて出版されたものである。ここに心より謝意を表する。

多くの方々に支えられて本書の出版に至ったことに改めて感佩する。この研究を通して，人間が地球上で生きていることの素晴らしさ，ちっぽけな生命の愛おしさ，尊さを心で感じ，人間の本能である"生"を自然体で捉え，さらに

社会の中でよりよく生きていくことを考えてきた。

　今後もさらに具体的で，現実的で，必要とされる「環境財務会計」の発展を考えていく所存である。

　　2008年4月

植田　敦紀

目　　次

序　章　環境と会計 …………………………………………… *1*
　　1　地球環境問題と持続可能な開発 ……………………… *1*
　　2　企業による外部不経済の内部化 ……………………… *4*
　　3　環境アカウンタビリティと市場メカニズム ………… *5*

第1章　環境財務会計の構造 ………………………………… *11*
第1節　財務会計の本質 …………………………………… *11*
　　1　一般に公正妥当と認められた会計原則 ……………… *11*
　　2　会計情報の質的性格 …………………………………… *12*
　　3　会計における環境問題の認識 ………………………… *14*
第2節　環境保全活動と包括的環境コスト …………… *17*
　　1　持続可能性の対象となる環境 ………………………… *17*
　　2　環境保全活動 …………………………………………… *18*
　　3　包括的環境コスト ……………………………………… *20*
第3節　環境会計の構築 …………………………………… *25*
　　1　環境会計の構造 ………………………………………… *25*
　　2　経済効果 ………………………………………………… *26*
　　3　環境保全効果 …………………………………………… *27*
　　4　環境会計の構築 ………………………………………… *28*
第4節　環境財務会計の構造 ……………………………… *29*
　　1　財務会計領域における環境問題 ……………………… *29*
　　2　環境収益 ………………………………………………… *31*

3	環境費用 …………………………………………………	*32*
4	環境資産 …………………………………………………	*35*
5	環境負債 …………………………………………………	*37*
6	財務報告書において開示すべき環境情報 ………………	*38*
7	環境財務会計の確立 ……………………………………	*39*

第2章 土壌汚染と会計 ……………………………………… *43*
―環境法の制定と U.S. Environmental GAAP の発展―

第1節 企業社会会計における環境問題 …………………………… *44*
 1 企業社会会計の要求 …………………………………… *45*
 2 企業社会会計の開示方法―財務諸表の拡張 ………… *46*

第2節 環境法の制定と財務会計基準 ……………………………… *53*
 1 米国における環境法の制定 …………………………… *53*
 2 FASB EITF 89-13「アスベスト除去コストの会計」 …… *56*
 3 FASB EITF 90-8「環境汚染処理コストの資本化」 …… *62*
 4 FASB EITF 93-5「環境負債の会計」 ………………… *63*

第3節 スーパーファンド法と環境負債の認識 …………………… *66*
 1 スーパーファンド法制定の背景 ……………………… *66*
 2 スーパーファンド修復プロセス ……………………… *69*
 3 潜在的責任当事者 (PRP) ……………………………… *73*
 4 AICPA SOP 96-1「環境修復負債」part 2 会計指針 …… *74*

第4節 日本の土壌汚染対策法と会計
   ―企業の実証例を踏まえて― ……………………… *81*
 1 土壌汚染対策の国際的動向 …………………………… *82*
 2 日本の土壌汚染対策法の制定 ………………………… *85*

第5節 土壌汚染に対する財務会計の課題と展望 ………………… *100*
 1 土壌汚染による環境リスク …………………………… *100*

  2 土壌汚染に対する負債認識 ………………………………… *101*

第3章 資産除去債務と会計 ……………………………………… *107*
  ―環境負債の測定と U.S. Environmental GAAP の展開―
 第1節 FASB SFAS 143「資産除去債務の会計」……………………… *108*
  1 SFAS 143 制定の背景と目的 ……………………………… *108*
  2 資産除去債務に対する負債の当初認識及び測定 ………… *110*
  3 資産除去費用の認識と配分 ………………………………… *113*
  4 当初認識後の変更 …………………………………………… *117*
  5 会計基準移行による財務諸表の修正と財務的影響 ……… *122*
  6 SFAS 143 に関する考察 …………………………………… *125*
 第2節 FASB Interpretation 47「条件付資産除去債務の会計
    ― FASB SFAS 143 の解釈指針」……………………………… *126*
  1 Interpretation 47 制定の背景と目的 ……………………… *126*
  2 条件付資産除去債務（Conditional Asset Retirement Obligations）…… *128*
  3 会計処理方法の移行 ………………………………………… *131*
 第3節 FASB SFAS 146「撤退または処分活動に関連する
    コストの会計」………………………………………………… *132*
  1 SFAS 146 制定の背景と目的 ……………………………… *132*
  2 負債の認識・測定と当初認識後の変更 …………………… *134*
  3 報　告　と　開　示 ………………………………………… *136*
 第4節 石油メジャー Chevron の実証例 ……………………………… *137*
  1 メジャー（国際石油資本）の編成 ………………………… *138*
  2 2000 年以前の石油会社の例 ― Texaco ― …………………… *141*
  3 2000 年以降の石油会社の例 ― Chevron ― …………………… *145*
 第5節 2000 年以降の環境財務会計基準の傾向 ……………………… *154*
    ― SFAS 7 を利用した測定の公正価値についての考察―

第4章 環境財務会計の構築と展開 …………………………… 161
第1節 環境収益及び環境費用 ………………………………… 162
1 過年度環境費用・当期環境費用 ……………………… 164
2 環境コストの費用化・資本化 ………………………… 166
3 減価償却費・アクリーション ………………………… 167
第2節 環 境 資 産 …………………………………………… 168
1 環境関連有形固定資産 ………………………………… 168
2 環境汚染処理コスト …………………………………… 169
3 環境負債に関連する資産 ……………………………… 173
4 土地（土壌）の会計処理 ……………………………… 174
第3節 環 境 負 債 …………………………………………… 180
1 債 務 の 概 念 ………………………………………… 180
2 負債の認識要件 ………………………………………… 182
3 過去の事業活動に起因する負債と
　　将来の事業活動に起因する負債 ……………………… 186
第4節 時間軸を基礎とした環境コスト認識メカニズム ……… 190
1 過年度環境費用 ………………………………………… 190
2 当 期 環 境 費 用 ………………………………………… 191
3 将 来 環 境 費 用 ………………………………………… 192
第5節 開　　　示 …………………………………………… 192
1 財務諸表における環境情報の開示 …………………… 192
2 年次報告書における環境情報の開示 ………………… 193

終　章　環境財務会計の展望 …………………………………… 197
1 環境会計情報に対するSECの要求強化 ……………… 197
2 環境財務会計の国際的動向 …………………………… 199
3 環境財務会計のグローバルスタンダード …………… 202

4 環境財務会計の展望 …………………………………………… *203*

参 考 文 献 ………………………………………………………… *205*
索　　引 ……………………………………………………………… *211*

序 章
環 境 と 会 計

1. 地球環境問題と持続可能な開発

　近年，経済発展志向の社会経済システムにおいて地球環境問題が起きてきた。地球環境問題とは，人間の活動により地球全体またはその広範な部分の環境に影響を及ぼす事態である。過去，大気・水などの自然資源は無限にあるという意識の下，自由に使用し，有害物質も含め自由に廃棄してきた。その結果，自然・生態系に影響を及ぼし，地球規模での環境問題が認識されるようになった。自然は流域機能，汚染の希釈，土壌保全，気候調節などを提供しており，市場価値にすると年間42兆ドルになるとの試算がある[1]。世界の経済規模は46兆ドルであるから，経済的に見ても非常に重要な価値を提供している。人類はその環境に大きな負荷をかけ，地球上で利用できる淡水や植物成長量の半分以上を消費し，原材料や資源の9割以上を浪費している[2]。

　図表0-1は，環境問題に対する国際的な取組みを示したものである。「環境と開発に関する世界委員会」（ブルントラント委員会）が1987年に公表した報告書 Our Common Future（我ら共有の未来）の中で Sustainable Development（持続可能な開発）という概念が打ち出され，1992年にブラジルのリオ・デ・ジャネイロで開催された「環境と開発に関する国際連合会議」（地球サミット）で，この概念を世界が目指すべき目標として採択した。「持続可能な開発」とは，「将来の世代の欲求を満たしつつ，現在の世代の欲求も満足させるような開発」と定義され，この概念は，環境と開発を互いに反するものではなく共存し得るものとして捉え，環境保全を考慮した節度ある開発が重要であるという考えに基づいている[3]。その10年後の2002年，南アフリカ共和国のヨハネスブルグにおいて「持続可能な開発に関する世界首脳会議」（ヨハ

図表 0-1　環境問題に対する国際的な取組み

国際連合会議	世界の状況
	1950-1970　米・日・西独の経済発展 ・産業公害；産業廃棄物，農薬（イタイイタイ病，大気汚染，スモッグ，野生生物の減少，エリー湖のパルプ工場の水銀排水，水俣病に代表される水銀汚染） ・各種汚染訴訟 ・「地球の友」設立（1969），「アースデイ」，「ローマ・クラブ」設立（1970），湿地・水鳥の保護「ラムサール条約」（1971）
○ 1972 国連人間環境会議（United Nations Conference on the Human Environment）スウェーデン，ストックホルム（ストックホルム会議）114 か国参加 キャッチフレーズ「かけがえのない地球（Only One Earth）」 「人間環境宣言」，「環境国際行動計画」採択 ・世界人口会議（1974）・世界食糧会議（1974） ・国連水会議（1977）・国連砂漠化防止会議（1977） ・世界気候会議（1979）	・国連環境計画（United Nations Environment Programme；UNEP）設立（1972） ・ラブキャナル事件（1978） ・沙漠化・干ばつによる環境難民 ・米大統領調査「西暦 2000 年の地球」（1980） ・二酸化炭素濃度の上昇
○ 1982 国連環境計画（UNEP）管理理事会特別会合 ケニア，ナイロビ（ナイロビ会議） 「ナイロビ宣言」，「1982 年の環境；回顧と展望」 採択（リオ会議への布石となる）	・OECD「環境アセスメント開発援助」（1983） ・酸性雨問題浮上（1983） ・「環境と開発に関する世界委員会（World Commission on Environment and Development：WCED）」 （ブルントラント委員会）発足（1984）Report：Our Common Future（我ら共有の未来）（1987） ・オゾン層の破壊確認（1986） ・チェルノブイリ事故発生（1986） ・廃棄物に関するUNEPバーゼル条約（1989） ・アラスカ沖原油流出（1989）
○ 1992 環境と開発に関する国際連合会議（United Nations Conference on Environment and Development：UNCED）ブラジル，リオ・デ・ジャネイロ（地球サミット）180 か国参加 「環境と開発に関するリオ・デ・ジャネイロ宣言（リオ宣言）」，行動計画「アジェンダ21」，「森林原則声明」，「気候変動枠組み条約」，「生物多様性条約」	・地球温暖化問題浮上 ・気候変動枠組み条約締約国会議（Conference of the Parties to the United Nations Framework Convention Climate Changes：COP） COP1：ベルリン（1995 ドイツ），COP2：ジュネーブ（1996 スイス），COP3：京都（1997 日本），COP4：ブエノスアイレス（1998 アルゼンチン），COP5：ボン（1999 ドイツ），COP6：ハーグ（2000 オランダ），COP6 Part2：ボン（2001 ドイツ），COP7：マラケシュ（2001 モロッコ）
○ 2002 持続可能な開発に関する世界首脳会議（World Summit on Sustainable Development：WSSD）南アフリカ共和国，ヨハネスブルグ（ヨハネスブルグ・サミット） 「持続可能な開発に関するヨハネスブルグ宣言」	COP8：ニューデリー（2002 インド），COP9：ミラノ（2003 イタリア），COP10：ブエノスアイレス（2004 アルゼンチン），COP11：モントリオール（2005 カナダ），COP12：ナイロビ（2006 ケニア），COP13：バリ（2007 インドネシア）

（福井県立大学，菊沢正裕「生命論―環境と開発―」3. 環境問題の歴史　環境と開発に筆者加筆）

ネスブルグ・サミット）が開催され，持続可能な開発に向けてのコミットメントを再確認し，我々の子供たち等に対する責任を宣した。こうして1972年のストックホルム会議で「人間環境宣言」，「環境国際行動計画」が採択されてから30年を経て，持続可能な開発に対して地球のすべての人々の間でのグローバルな合意とパートナーシップを獲得した。地球を救い人類の発展を促進し，世界の繁栄と平和を達成するために団結し共同で行動することを約束し，持続可能な開発の実現を確実なものとすることへの決意を厳粛にしたのである。

この間，地球サミットの決定を受け，国連の気候変動枠組み条約締約国会議（COP）が1995年より毎年開催されるようになった。1997年に京都で開催された第三回会議（COP3）では，2008年から12年までの各国のCO_2排出量削減目標を設定した京都議定書が公示された。その10年後の2007年，インドネシア・バリ島で開催されたCOP13では，さらに2013年以降の国際的な枠組み（ポスト京都議定書）の協議が本格的に始まった。具体的な数値目標は示されていないが，欧州連合（EU）は，2020年までに日米欧の先進国全体で1990年比30％，2050年までに60～80％削減する目標を提示した。また日本では，脱温暖化2050研究プロジェクトが設立され，2050年の脱温暖化社会の社会像と実現の道筋について検討を進めている。2007年に「美しい星へのいざない」と題する地球温暖化への政府の取り組みを発表し，2050年までに世界全体の温暖化ガスの排出量を現状に比して半減するとの方針が述べられた。

国際的な「サステナブル報告書」の標準化を推進するGRI（Global Reporting Initiative）[4]ではトリプル・ボトム・ライン—「経済的側面」「環境的側面」「社会的側面」に分けて考え，経済的に可能な方法で，環境に負荷をかけず（自然の再生能力の範囲内で），人々のニーズを満たし続けることを提唱している。経済・環境・社会のトリプル・ボトム・ラインを基軸とし，単に経済的な豊かさだけでなく，資源の有効利用や再利用などを目指した循環型社会へと転換し，さらにその効率性を上げることによって社会全体の豊かさを追求する。

こうしてあいまいな目標であった「持続可能な開発」は「持続可能な社会・企業」という概念に具体化され企業経営においてもこの概念が重視されるよう

になった。企業の主たる目標は，利益獲得・株主価値最大を中心とした考え方から，環境的側面・社会的側面をも考慮に入れたものに変わってきた。持続可能な開発のためのビジネス戦略を研究している英国のSustainAbility社[5]が行った調査では，環境パフォーマンスを改善すると，株価・生産の経済効率性・資本調達の容易性などが明確に向上するという結果が出ており，環境・社会面のパフォーマンスの改善が企業成長に貢献すると結論付けている。したがって企業は，事業活動に伴う環境負荷の低減と環境保全に取り組み，経済・環境・社会面での発展を目指すことが重要であり，1.経済的に利潤を上げること，2.環境に対して配慮すること，3.持続可能な開発について社会に寄与すること，の3点において評価されるべきであるとされる。

このような状況において，企業の社会活動，特に環境活動に対する定量的な評価と正確な情報開示の要求が高まる。そこで本書では，経済的・環境的・社会的要素を統合した持続可能な開発という概念に基づく企業活動の実態を念頭に置いた上で，企業の環境活動により発生する環境情報を会計として認識する環境会計を構築する。そこには環境情報に対する貨幣単位・物量単位による定量的な評価および定性情報等が含まれる。次にこれら環境会計情報のうち，財務会計に取り込むべき環境情報を考える。環境情報は企業の正しい経済実態を表すため，財務会計制度においても適切に認識・測定・開示されるべきであり，ここに環境財務会計構築の意義を見出す。このような概念に基づき，企業における環境財務会計の構築と展開を進めていく。

2. 企業による外部不経済の内部化

企業は経済的資源を使用し事業を行う主体である。このとき企業が使用する経済的資源には，人，金，物，自然資源があるが，過去企業活動における制約は，人，金，物にのみ適用され，自然資源に関しては制約が加えられてこなかった。企業による自然資源の劣化や環境負荷物質の廃棄等があっても，それらを認識する手段を持たないため，経済システムにおいて環境の価値を評価することはなかった。しかし持続可能な開発を考慮するのであれば，自然資源を企

業内部において認識し，その使用・廃棄に制約を加え，一定環境水準維持という制約下で企業活動を行うことが要求される．このとき企業は「外部不経済を内部化する」必要が生じる．「外部不経済」とは経済対象の外部に生じた負の効果であり，ソーシャル・コスト（社会的費用）またはソーシャル・ロス（社会的損失）とも呼ばれる．環境汚染は代表的な外部不経済である．「内部化する」とは，基本的にはある体系の中に取り込み費用負担することである．したがって環境会計において「外部不経済を内部化する」とは，会計の中に地球環境という外部要素を取り入れて認識し費用負担することである．このような外部不経済を会計として扱う研究は，過去1970年代のアメリカを中心とした企業社会会計においても行われ，外部不経済である社会的費用を企業内部で認識する方法が模索された．この社会的費用を環境に限定したものを環境会計と考えることができる．したがって環境の価値を考え，一定環境水準維持という制約のために発生するコストを企業内部へ転換し認識・測定・開示することが，環境会計において大きな課題となる．

　企業は自然資源を使用して事業活動を行い，経済が発展し，経済の発展を基礎として人類は進歩してきた．しかし今日，人類の自然資源の利用が問題視され，公害問題，さらに地球規模での環境問題が注視されるようになった．現在の利益は将来の自然資源を犠牲にして得られており，この自然資源を保護し持続可能な開発を推進していくためにコストが発生する．企業においてもこれら外部不経済を内部化し，環境保全を経営理念に入れた事業活動を展開することが要求される．このとき企業内部において新たな経営資源の投入や組み替えが起こり，環境投資・環境費用・環境損失等が発生し，それにより経済効果・環境保全効果等をあげる．それらを会計として正しく認識・測定・開示する必要がある．

3. 環境アカウンタビリティと市場メカニズム

　企業が環境情報を会計として認識・測定・開示すべき理論的根拠として，環境アカウンタビリティと市場メカニズムが考えられる．前者は，企業の利害関

係者（stakeholders）と経営者との関係をもとに環境情報の開示を求めるものであり，後者は証券市場や製品市場など市場の存在をもとにして環境情報開示を位置づけるものである[6]。

現代の株式会社の事業形態において，会社の所有者である株主と経営者は分離し，資金の委託・受託関係が存在する。株主（委託者）は資金を経営者に委託し，経営者（受託者）は当該資金が事業活動を通じて最大化されるよう行動する。このとき経営者は，受託資本を管理・運用し（Stewardship），運用内容を報告・説明する責任を有する（Accountability）。委託者と受託者がコンフリクトの状態では社会は安定せず，両者の利害対立を緩和するためにも会計は用いられる。また歴史的に見ると，株式会社の株式所有者が特定少数の大株主から不特定多数の株主へ変化するとともに，会社の社会的影響力が増大し，利害関係者の多様化が起きた。今や経営者（受託者）が説明責任を果たすべき対象は一利害関係者である株主（委託者）だけでなく，企業内外の多様な利害関係者（従業員，債権者，投資家，潜在的投資家，取引先，消費者，地域住民，政府機関などの規制当局等）に広がっている。このような状況の中，企業の環境対策を投資基準に加える機関投資家も出現し，企業の環境対策をスクリーニングしてポートフォリオに組み入れる社会的責任投資（Socially Responsible Investment：SRI）も開発されてきた。SRIとは，企業の財務内容に加え，環境配慮，法令順守，地域社会対応などの公益における社会的責任を投資基準に加えて企業評価し，高評価の企業に投資するものである。このような環境指向の利害関係者の出現により環境情報の開示要求が高まり，環境アカウンタビリティの概念が起きた。

元来企業は，自然資源を用いて，財及びサービスの生産，流通の機能を果たす主体であり，地球環境を享受することによって事業活動を遂行している。過去企業は自然資源について，その価値を企業内部で認識し外部不経済を内部化することはしなかったが，人類共有の財産である自然資源を利用して事業活動を行い，自然・生態系に影響を及ぼしているのであれば，その利用状況等環境活動に対する説明責任が求められる。このように社会の人々と経営者との間で

3. 環境アカウンタビリティと市場メカニズム

も，広い意味で地球をめぐる信託関係が成立していると考えると，企業（受託者）は，受益者たる現在世代，さらには将来世代の人類の利益のために人類共有の財産である自然資源を適正に管理・運用することを委託されており，自己に課せられた受託責任を報告することが求められる。つまり「持続可能な開発」を考慮すると，企業がこれまで認識してこなかった環境の価値を企業内部で認識し，環境活動を定量的に測定し，ステイクホルダーに開示・説明すべき環境アカウンタビリティが存在する。環境問題に関して企業がステイクホルダーから期待されている内容を正確に開示・説明し，ステイクホルダーに対する社会的責任を履行していく必要がある。そのとき発生する会計数値である環境保全コスト，環境損失，環境資産，環境負債，経済効果，環境保全効果などを定義に基づいて認識・測定・開示する必要性が生じ，ここに環境会計構築の理論的根拠を見出す。

企業に環境情報を求めるもう一つの理論的根拠として，市場メカニズムが考えられる。売手（発行体）と買手（投資家）の間には情報の偏在が存在するが（勝山［2004］，72頁），情報の偏在を緩和し買手たる投資家のニーズに応じて会計情報を提供するという点においても会計の役割が存在する。環境に対する取り組み等を投資判断に加える投資家や，SRIファンドなども増えており，そのような市場での取引の意思決定に有用な情報としても環境情報は位置づけられる。市場に向けて発信された環境情報を基に市場参加者が意思決定を行い，証券市場において環境業績の優れた企業の株式を買い，製品市場において環境に優しい製品を購入する。すなわち，相対的に環境業績のよい企業（環境優位企業）が選好され，環境業績の悪い企業（環境劣位企業）が淘汰される[7]。

このように環境情報の開示は資本市場の資金の動きとも関連を持ち，それはSRIファンドの運用実績にも表れている。2006年6月末現在，国内のSRI投信で一般に販売されているものは25本程度，そのうち主に国内株式で運用している投信が18本，純資産額は合計2,400億円（QUICK・QBR調べ）で，直近1年間で約8割も増えている[8]。国内最大規模[9]の住信アセットマネジメントの「住信SRI・ジャパン・オープン」（愛称グッドカンパニー）では，法令順

守・社会貢献・環境・経済という4つの「責任」から企業を評価しランキングしている。候補銘柄を約300に絞り込み，この中から業績分散を考えた上で実際に投資する銘柄を選ぶ。図表0-2は2006年12月1日現在の運用経過であるが，運用実績（騰落率）は74.19％上昇している。東京証券取引所一部上場全銘柄の値動きを示す東証株価指数（TOPIX）は57.58％の上昇なので，これをベンチ・マークと考えると，16.61ポイント上回る結果となっている[10]。SRIファンドには「CSR（企業の社会的責任）に積極的な企業は消費者から信頼されるため，成長が継続し長い目で見ると株価も高くなる可能性が大きい」（住信アセット運用部）という考え方が投資の背景にある。これにより，環境保全に取り組む企業の事業リスクは低減し，企業価値が高まると考えることができる。また欧州でも，環境配慮型企業の株式で運用するエコファンドに流入した資金が，2006年に前年比ほぼ5倍に拡大している[11]。国連環境計画（United Nations Environment Programme：UNEP）では，責任投資原則（Principles Responsible Investment：PRI）を設定し，2006年4月に本格スタートさせた。PRIは，株式投資の意思決定の過程に「環境」「社会」「企業統治」という要素を組み込むもので，投資先に対してもこれらに関する情報開示を求めている。2007年4月現在，PRIに署名した年金基金や金融機関は，世界で160を超えている。

図表0-2　住信SRI・ジャパン・オープン（グッドカンパニー）の運用経過

【基準価額推移グラフ（東証株価指数（TOPIX）は当初設定日を10,000として指数化。データは設定日から基準日までを表示。)】

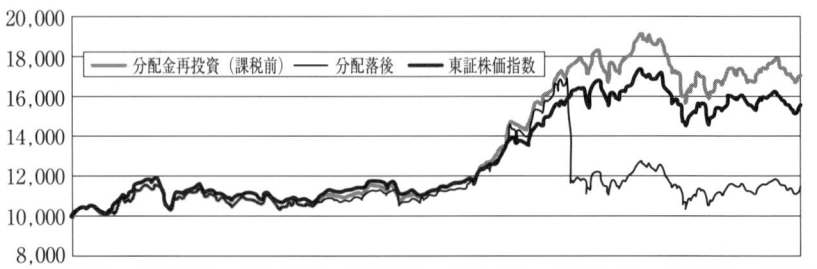

(出所：住信アセットマネジメント株式会社　運用レポート　平成18年12月1日現在)

米国では,会計は証券市場のインフラという概念が強く,会計は市場における投資意思決定に有用な情報を提供してきた。特に近年では,環境会計情報が企業リスクや企業価値を評価する上での重要な要素となってきており,証券市場を有効に機能させるため,環境情報に関する会計基準及び各種指針が制定されてきている。またその他の環境情報の開示内容も重要な事項となっている。米国証券取引委員会 (Securities and Exchange Commission : SEC) は経営者の討議と分析 (Management's Discussion and Analysis : MD & A) において,経営状況に重要な影響を及ぼす環境支出,環境訴訟の開示など,重要な環境事象の開示を求めている。これも環境情報を市場でのリスク情報として重視しているためと考えられる。

　企業は短期的な損益計算のみではなく,グローバルな生態の維持と発展へと視点を移し,持続可能な開発という概念の基で環境経営を行い,それに伴う環境情報の開示が求められる。ここに環境会計の意義と必要性を見出したのであるが,さらに財務会計において,企業の正しい経済実態を表すという目的のためにも,環境会計情報の重要性が増大している。環境情報が企業の財務会計制度の中にどのように取り込まれていくべきなのか,次章以降で考察を進めていく。

（注）

（1）日本経済新聞社主催第11回地球環境経済人サミット（2003年11月5日）におけるノーマン・マイヤーズ氏による基調講演より
（2）同上
（3）外務省ホームページ　外交政策　地球環境より
（4）企業の国際的なサステナビリティ・レポーティングのガイドライン立案を目的に,1997年に設立。オランダに本部を置くNGOでUNEP（国連環境計画）の公認協力機関である。
（5）SustainAbility 社は,持続可能なビジネスを実現するために1987年に設立された,イギリスの経営コンサルタント兼シンクタンクである。主に多国籍企業にコンサルティングサービスを展開しているが,研究調査や出版物も発行している。
（6）岡野浩・向山敦夫［1998］インターネット講座「地球環境問題への会計アプローチ」より

（7）同上
（8）日本経済新聞（2006年7月8日付朝刊）より
（9）2006年6月末時点
（10）住友信託アセットマネジメント株式会社運用レポート（作成日：平成18年12月5日）より
（11）日本経済新聞（2007年4月5日付朝刊）より

第1章
環境財務会計の構造

　本章では伝統的な財務会計の本質を明確にした上で,企業の環境活動に伴う環境情報を環境会計として構築し,さらにそれら環境会計情報のうち,既存の財務会計制度の中に取り込むべき会計情報について環境財務会計の構造を考える。

第1節　財務会計の本質

1. 一般に公正妥当と認められた会計原則

　企業は財務会計制度のもとで,企業の資産・負債・資本などの財政状態,事業活動の結果生じる収益・費用などの経営成績(財政状態の変動),キャッシュフロー等を報告している。その手段としての現行の会計システムは,各会計項目ごとに勘定を設け,複式簿記という方法によって記帳し,簿記・会計のシステマテッィクなプロセスを経て,最終的に貸借対照表,損益計算書,キャッシュフロー計算書等の標準化された形式である財務諸表を通して公表する。このように伝統的会計システムは,企業の利害関係者に対し財務情報をシステマティックに提供するものであり,最も国際的な「言語」の一つとも言われる。近年会計はますますグローバル化し,提供された会計情報は世界中のステイクホールダーに使用されるものとなっている。

　会計の発展にとって重要なことは,特有の論理とテクニックを持ち,定められたルールのもとで社会に必要な情報を提供してきたということであり,この定められたルールのことを「一般に公正妥当と認められた会計原則(Generally Accepted Accounting Principle: GAAP)[1]」と呼ぶ。企業会計が測定する資産・負債・資本,収益・費用,キャッシュフロー等はこの制度的に確立した会計原則

に則って算定され,財務諸表という形式によって公表される。このようにして公表された会計情報は,社会的情報のひとつとして企業内外の利害関係者に受容され,財務諸表は社会の信頼を得て権威あるものとして確立された。また会計は証券市場のインフラとも言われ,市場の発展,経済の発展の背景には,会計原則に基づく財務諸表の信頼性の確立があった。このように一般に公正妥当と認められた会計原則に則った財務会計制度は,社会的意義のあるものとして発展し,企業のみならず社会にとって必要なものとなった。

2. 会計情報の質的性格

一般に公正妥当と認められた会計原則に基づく会計情報は,さらに一定の質的性格を兼ね備えていなければならない。この質的性格について米国の財務会計基準審議会 (Financial Accounting Standard Boards:FASB) が発行している財務会計概念書 (Statement of Financial Accounting Concept:SFAC) 第2号 [1980] "Qualitative Characteristics of Accounting Information"「会計情報の質的性格」では,「会計情報の質的性格に関するヒエラルキー (Hierarchy of Accounting Quality)」としてまとめており,その概念図を示したものが図表1-1である。

まず財務諸表に計上されるべき会計情報には,a. コスト・ベネフィット (Benefits > Costs) 及び b. 重要性 (Materiality) という制約があり,この制約の範囲内でのみ情報が開示される。その上で, c. 理解可能性 (Understandability) と d. 意思決定有用性 (Decision Usefulness) に重点が置かれ,それに関して次の2つの特性を有していることが要求される。

会計情報が有すべき第1の特性は,e. 目的適合性 (Relevance) と f. 信頼性 (Reliability) である。ある目的が存在することによって意思決定に違いが出るならば,その会計情報には e. 目的適合性があるといえる。e. 目的適合性の要素には, g. 予測価値 (Predictive Value), h. フィードバック価値 (Feedback Value), i. 適時性 (Timeliness) の3つがある。g. 予測価値とは,その情報によって将来のことを予測するに当たり,意思決定する者の予測能力が向上すること, h. フィードバック価値とは,事前に予測したことの正誤を判断する材料と

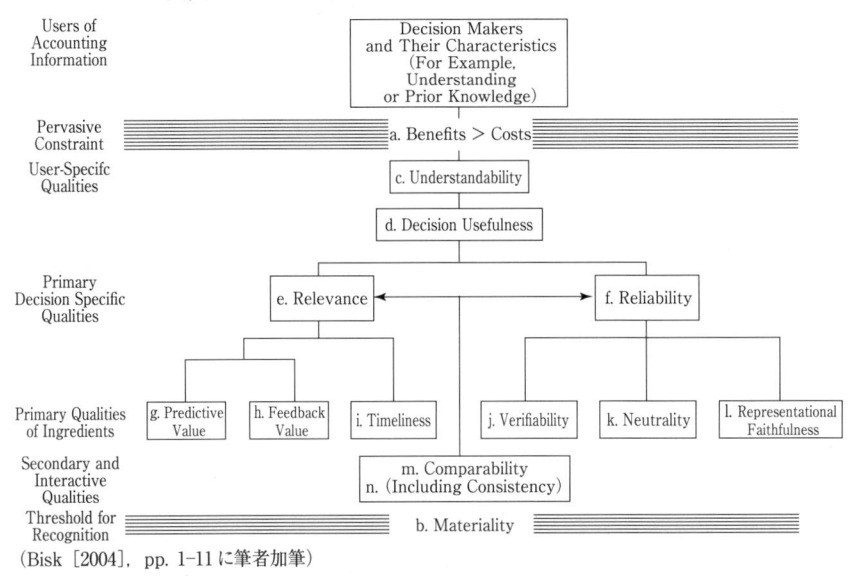

図表 1-1 会計情報の質的性格に関するヒエラルキー

Users of Accounting Information	Decision Makers and Their Characteristics (For Example, Understanding or Prior Knowledge)
Pervasive Constraint	a. Benefits > Costs
User-Specifc Qualities	c. Understandability
	d. Decision Usefulness
Primary Decision Specific Qualities	e. Relevance ←→ f. Reliability
Primary Qualities of Ingredients	g. Predictive Value / h. Feedback Value / i. Timeliness / j. Verifiability / k. Neutrality / l. Representational Faithfulness
Secondary and Interactive Qualities	m. Comparability n. (Including Consistency)
Threshold for Recognition	b. Materiality

(Bisk〔2004〕, pp. 1-11に筆者加筆)

なること, i. 適時性とは, タイミングよく情報があり, 意思決定するために時間的に間に合うことである。また会計情報に間違いや偏見がなく, 表現するものが的確であれば, その情報には f. 信頼性があるといえる。f. 信頼性の要素には, j. 検証可能性 (Verifiability), k. 中立性 (Neutrality), l. 表現の忠実性 (Representational Faithfulness) の 3 つがある。j. 検証可能性とは, 判断する人による結果が同一になる可能性が高いことであり, 客観性があるということである。k. 中立性とは, 何か特定の結果を導き出そうとする偏見がないこと, l. 表現の忠実性とは, 内容と表現の食い違いがないことである。

会計情報が有すべき第2の特性は, m. 比較可能性 (Comparability)〔n. 継続性 (Consistency) を含む〕である。m. 比較可能性は, 第1の特性 e. 目的適合性及び f. 信頼性と相互に作用し合い, 情報の有用性を高め, これにより2つの企業間での類似点, 相違点の比較ができる。一方, 決算期ごとの会計方針や処理手続きに変更がなければ, n. 継続性により同一企業間の期間比較ができる[2]。

3. 会計における環境問題の認識

　以上述べてきた伝統的な財務会計の基本的な会計概念，会計原則，及び会計情報の質的性格は，財務会計の広く包括的な論理であり，既存の財務会計制度の中に新たな会計情報を取り込み統合させようと試みるとき，この伝統的な財務会計の基盤の上に構築しなければならない。例えば社会の変化，新たな経営理念・経営管理，新商品への投資，財務分析や証券分析等に対応するため，新たな会計情報が求められることがある。このような新たな会計情報は，基本的には伝統的な財務会計の基盤の上に構築される。そして会計は，この広く包括的な基盤の上で，時代の変化に伴う社会的要請に適応しながら発展し，社会に重要な情報を提供してきた。

　会計の歴史的発展は3つの段階に区別することができる[3]。第1期は，会計取引を記録する技法および機構としての簿記が開発され，さらに経済情勢の変化に応じてその完成形態としての複式簿記へと拡張された段階である。第2期は会計理論の萌芽期であり，簿記の技術的な拘束を超えて会計理論が展開され，会計の領域が拡大された段階である。そして第3期は，会計は社会一般に対応することが可能であるという会計の本質を発見し，会計の社会的機能が認識された段階である。このとき会計の普遍化，自主的統制，広範な情報の統計的処理という本来の特性を通じて，「会計の社会化」という新たな役割が発見された。

　序章で述べたように，企業は持続可能な開発という概念に基づき，その行動の社会的側面を意識しながら自己管理を行わなければならない。それに伴い会計は，企業の社会的側面にも対応し，より重要な社会的役割を担うようになった。また会計の社会的役割は，時代とともに変化するものである。リトルトンによると「会計は外部環境との関係において相関的であり，進化的である」(Littleton [1933], p. 381. 邦訳 [1952], 490頁)。つまり会計の連続性は時代の変化に適応して開発され発展し，その発展が時代に相関的であり，進化的であった。従って今日の深刻化する地球環境問題に対しても，会計の社会的役割が期

待される。

　近年の地球環境問題は，深刻かつグローバルな問題である。このような状況において，企業のステイクホルダーは環境会計情報に関心を持ち，その開示を求めるようになった。しかし企業が企業自身の事業活動に起因する環境負荷について，現行の財務会計制度の中で報告しようとする際問題となるのは，従来の財務会計は会計主体（企業）内部に影響を与える（企業の財政状態を変化させる）事象に関連し，外部事象は取り扱ってこなかったということである。環境負荷は従来の会計上の取引の範囲外で生じたものであり「外部不経済」である。伝統的な会計システムは，企業が直接的，間接的に引き起こした環境負荷を会計に反映しない。シャルテガーはその理由を次のように述べている（Schaltegger [2000], pp. 77-78. 邦訳 [2003], 73-74頁）。

・伝統的な発生主義会計システムは，資産や負債を認識，測定及び開示し，資産や負債の管理を容易にするが，自然資源と環境資源は，貸借対照表に記載されない。
・自然資本の減耗は，内部化されない。
・環境へのダメージが考慮されるのは，過料，罰金が発生したり，浄化費用が強制されたり，操業権が剥奪される場合だけである。

例えば，製造プロセスで使用された特定マテリアルが環境負荷を発生させた場合，その事実は通常企業の会計数値には反映されない。このような外部不経済を企業の会計数値に反映させるためには，直接的または間接的な方法によらなければならない。その具体例として考えられることは，ⅰ企業が自発的に環境負荷を削減するための環境保全活動を実施した場合の直接的な環境保全コスト，ⅱ顧客が当該環境負荷を理由に企業を告訴したり不買運動を起こした場合の間接的な環境損失，などである。また制度的に環境コストを内部化する方法も存在する。例えば環境法を遵守するためのコスト，汚染防止装置に関する規定，企業の法的債務に対する負債，環境税等である。

　このように直接的または間接的な方法や規制により外部不経済を内部化したとしても，実際に企業が認識しうる外部費用はごく一部に過ぎない。伝統的な

財務会計は，企業の経済的影響を伴う事業活動を認識するために設計された情報システムであり，企業自体に経済的影響を与えない環境影響，社会的費用等を取り込み認識することはできない。環境会計情報であっても，企業内部の費用と，企業に経済的影響を及ぼさない外部費用を混同すると，財務的影響が歪曲され，経済的な意思決定有用性を損う。

環境会計情報以外にも，企業に経済的影響を与える外部事象は存在する。例えば，シャルテガーによると，「インフレーションは，企業資本の購買力を低下させるので，この事象を反映させるために資本額を修正する必要がある。しかしながら，伝統的会計は外部事象の影響を捕捉することに熟達していない。実際のところ，70年間にわたって活発な「発言（voice）」が展開され，「実質的（real）」（物価変動による修正）数値の有用性が確認されているにも拘らず，会計専門家たちの物価変動（インフレーション）会計に対する取組みは，一貫性がなく，遅々としたものであった」(Schaltegger [2000], p. 85. 邦訳 [2003], 84頁)。このように伝統的会計は基本的に外部事象の影響を反映させてこなかったが，環境問題を伝統的会計に適合させることによって，環境問題から生じる実際の経済的影響と潜在的な経済的影響に関する基礎情報を提供することが可能になる。さらにこれらの環境会計数値は，財務諸表においても重要性を増してきている。

また環境問題に起因する会計情報は，本節2.「会計情報の質的性格」のうち，目的適合性という特性を多大に有している。なぜならば，環境会計情報を得ることによって初めて経営管理者および投資家等は，環境問題の実際の経済的影響や潜在的な経済的影響を考慮することが可能になるからである。また環境会計情報により新たな環境規制による経済的影響に対処することが可能になり，汚染防止の実行（例えば温室効果ガスの削減）や，環境を汚染しない製品や製造プロセスを求める動きの増加に伴う市場機会への対応が可能になる。

環境財務会計は，環境に対して影響を与える企業活動の財務的側面を，現行の会計システムおよび財務諸表に組み入れようとする試みである。ただしそこに取り込まれる会計情報は一般に公正妥当と認められた会計原則に準拠し，一

定の質的性格を備えていなければならない。環境問題に起因する会計数値を適正に財務諸表に反映させ，経済的意思決定に有用な財務的影響を表すためには，伝統的会計システムをどのように改善すればいいのか。次節で実際の企業の環境保全活動，包括的環境コスト等を具体的にしながら考察を進めていく。

第2節 環境保全活動と包括的環境コスト

1. 持続可能性の対象となる環境

環境保全活動は，環境の水準あるいは環境の質の改善や向上を目指して行われるが（河野 [2006]，4頁），このとき持続可能性の対象となる環境とは何かを定義しておかなければならない。カナダ勅許会計士協会 (Canadian Institute of Chartered Accountants : CICA) による研究報告書 [1993] *Environmental Cost and Liabilities : Accounting and Financial Reporting Issues*（環境コストと負債——会計及び財務報告の問題）[4]では，環境を次のように定義している。「環境とは，われわれを取り囲む自然の物的状況，すなわち，大気，水，土壌および土地，植物，動物（森林等の再生可能資源を含む），再生不能資源（化石燃料，鉱物資源等）である」(CICA [1993], p. 9. 邦訳 [1995], 33頁)。したがって企業という経済システムが働きかける環境は，企業が活動する周囲の自然の物的状況であり，元来企業はこれら環境の価値を企業内部で認識し，評価することはしてこなかった。自然資源は無限にあるという意識の下，自由に使用し，有害物質も含めて自由に廃棄してきた。しかしその結果環境に負荷を与え続け，地球規模での環境問題が認識されるようになった。持続可能な開発という概念の下で企業活動を行うためには，環境の価値を評価し，自然資源の使用・廃棄に制限または規制を課し，一定環境水準維持という制約下で活動していく必要がある。

企業において環境を認識・評価する方法も提案されている。その一例として，国際連合 (United Nations) では自然資産の使用状況とその評価方法を提示している（図表1-2参照）。それによると，まず自然資産は経済的に生産，使

用，あるいは開発された状態にある資産と，野生あるいは未使用の状態にある資産に大別される。前者に属する自然資産は市場価格による評価が可能であるのに対し，後者に属する資産は資産それ自体，あるいはそれが提供するサービスが市場で取引されていないので市場価格による評価ができない。仮に貨幣評価する場合，市場価格以外の評価すなわち非市場評価に頼らざるを得ない。このような考え方に基づき，自然資産の使用状況と各種の評価方法を表したものが図表1-2である。企業など環境維持の主体は，環境の価値を認識・評価することによって，環境保全活動に役立てることができる。これまで無限と考えられていた自然環境の価値を企業内部で認識・評価するための正確かつ明確な方法を追求していくことが重要である。

2. 環境保全活動

環境問題の多くは環境負荷がストックされた状態と捉えることができる。これがいわゆる外部不経済であるが，この外部不経済をいつの時点で，誰が，どのように内部コストとして取り入れ負担していくのか，これが環境対策における課題である。近年では汚染発生源は多様化し，環境問題の因果関係は複雑化しているが，基本的にはその環境負荷のストックがなされている期間，ストックにかかわるすべての人・団体・企業等が責任を負い，長期的な計画を持って対応していくべきである。その中でも特に環境対策を行う主体として企業の役割は高まっており，企業は環境配慮に向けた自主的な取り組みを進めている。具体的には，環境マネジメントシステムの運用，グリーン調達，化学物質管理，環境報告書の作成および公表等であり，環境対策は企業経営の必須項目として組み込まれてきている。そこで明らかにしなければならないのが，企業における環境対策と，それに伴う環境コストの範囲である。その上で，企業会計において環境の価値を考え，環境コスト，環境負債等を認識することになる。

CICAでは，「環境対策」について次のように定義している。「環境対策とは，環境汚染の防止，削減もしくは浄化，または再生可能資源および再生不能資源の保護のために，事業体または事業体のためにその他の者によって取られ

図表1-2 自然資産の使用状況と評価方法

	生物資産		土地（生態系を含む）		地下資源		水		大気*	
	経済的に生産されたもの	野生のもの	経済的に使用されたもの	未開拓のもの	開発されたもの	未開発のもの	経済的に貯水されたもの	その他の水	排出量取引対象物質	大気*
使用状況										
貨幣評価	市場評価額	非市場評価額	市場評価額	非市場評価額	市場評価（確認埋蔵量）	市場評価額	市場評価額	非市場評価額	市場評価額	非市場評価額
評価方法	市場価格（経済的に生かされた生物），純収益の市場評価（野生生物）	直接的 動植物の存在価値　間接的 減耗と自然成長とをバランスさせるのに必要な費用	市場価格	直接的 景観の審美的用途およびレクリエーション用の価値，生態系の存在価値　間接的 汚染，農業またはレクリエーション目的の使用による土地の劣化防止に要する費用	市場評価（開発の純収益）	間接的 代替的な所得源を提供するために必要な費用	市場価格（直接的水使用量），純収益の市場評価（利水）	直接的 水質低下に対する評価（支払意思額），水減生態系の存在価値　間接的 平均的な貯水を保持するための費用，汚染による水質の低下を防止するための費用	市場価格	直接的 大気の質の低下に対する評価（支払意思額）　間接的 大気の質の低下によって引き起された実際の被害額，汚染による大気の質の低下を防止するための費用

*現在では一部の大気（CO_2, SOX など）に関しては，排出量取引の市場が存在するため，市場評価が可能となっている。

(United Nations [1993], pp. 10-15 を参考に作成)

る処置のこと」(CICA [1993], p. 9. 邦訳 [1995], 33頁)。通常環境対策とみなされる活動を表したものが図表1-3である。したがって企業の「環境保全活動」とは，企業の事業活動と因果関係を持つ環境汚染及び資源に対する上記「環境対策」のための活動である。

3. 包括的環境コスト

　一般的に環境コストとは環境問題に関連して発生するコストであり，特に本書で扱う企業における環境コストとは，企業の環境に関連した活動の中で，社会に影響を与える外部との取引において発生するものである。このような財務会計の枠に捉われない広く一般的な環境コストのことを本書では「包括的環境コスト」と呼ぶ。企業における「包括的環境コスト」にはさまざまなタイプのものがあり，それらを分類し，整理しておく必要がある。具体的には環境コスト（財務的変化），潜在的環境コスト，社会的環境コスト，量的・質的環境情報であり，以下それぞれの定義を明確にしておく。

3.1. 環境コスト

　企業において認識すべき環境コストとは，企業の環境活動に伴う財務的変化であり，企業の会計上の取引を資産・負債に増減変化を及ぼす事象とするならば，環境コストとは環境価値の認識・評価をも取り込んだ資産・負債の増減変化である。財務会計においては状況によって投資，費用，損失として計上され，場合によって負債の計上を伴う。国連では環境コストを次のように定義している。「環境コストは企業活動の環境インパクトを，環境に責任のある方法で管理するために要した処理コストもしくは処理する必要のあるコスト，及び企業の環境目的や環境要求事項から出てくるその他のコストである」(United Nations [1999], par. 9)。これらはさらに，意図した影響をもたらす活動（環境保全活動）のために企業内部で発生する環境コスト「環境保全コスト」と，意図した影響をもたらす活動に関わるコストではなく，企業に便益をもたらさないが支払いを要求される環境コスト「環境損失」とに分類される。

図表 1-3　CICA による「環境対策」とみなされる活動

(1) 汚染の防止・除去・浄化	①防止と削減 ・排出物の除去，削減 ・廃棄物のリサイクル，再利用，削減 ・環境配慮製品の製造 ・汚染課徴金や税金の支払い，排出権取引などの購入代金等 ②計画的な修復または浄化 ・通常の営業活動から生じた土壌・地下水の浄化 ・土地取得以前に生じた土壌・地下水の浄化 ③計画外の浄化 ・新しい法令，裁判所の命令，社会的圧力，新技術，土地利用計画変更の結果の浄化 ・事故により生じた汚染の浄化 ④その他 ・研究開発 ・環境評価，影響の報告書 ・土地の調査，評価 ・環境マネジメント活動等
(2) 資源の保護	①再生不能資源 ・再生不能資源のリサイクル ・廃棄物のリサイクル，再利用，削減 ・再生不能資源の代替資源の開発 ・再生不能資源の消費削減，利用効率上昇 ・野生動植物保護計画の支援 ②再生可能資源 ・森林の植林 ・養殖

(CICA [1993], pp. 9-10. 邦訳 [1995], 34-35 頁を参考に作成)

3.1.1. 環境保全コスト

1つめの「環境保全コスト」とは，企業の環境保全活動に伴って発生するコストである。図表 1-3「環境対策」とみなされる活動を基に具体的な環境保全コストを考えると，環境負荷物質の発生を防止・抑制・回避するコスト，もし発生させてしまった場合には，その影響を除去・削減，または浄化・修復するコスト，また被害が実際に起こった場合には，被害回復コスト等である。

また近年では循環型社会形成推進基本法[5]や各種リサイクル法に基づき，生産者は製品の設計段階でライフサイクル全体を考慮し，廃棄物の発生量や環

図表 1-4 環境配慮設計の例

項　目	主　な　内　容
省資源化	軽量化，小型化，部品点数の削減
長寿命化	耐久性向上，部分交換可能な設計
解体容易化	部品の共通化・標準化，設計の工夫による解体工程の削減
再資源化促進	材料の種類削減，リサイクルしやすい材料への切り替え
有害化学物質の低減	環境負荷の少ない物質（水性塗料など）への切り替え

（出所：日本経済新聞 2006 年 5 月 31 日付朝刊より）

境負荷などを最小化する「環境配慮設計」が求められている[6]。図表 1-4 は環境配慮設計の例を示したものであるが，こうした取り組みは大企業を中心に拡大しつつある。このような考え方を含めた製造業における典型的な環境保全コストには次のようなものがある。環境に優しいマテリアル（原材料）の購入，いわゆるグリーン調達に伴うコスト増加分，温暖化ガス排出量削減に対応した製品開発に要した追加コスト，環境対策のために既存の設備に付加した施設・設備のためのコスト，廃棄物のリサイクル・再利用に伴うコストなどである。

ただし企業の環境保全活動の特性により，環境保全コストの認識の仕方は以下 2 種類に分類される。

(1) 活動が環境負荷の改善等に直接寄与する→環境保全コスト
(2) 活動が環境保全とそれ以外の目的を持っている→環境保全コストとそれ以外のコストに区分される

(2) のケースでは，環境保全コストの判断及び算定方法に注意を要する。例えば環境保全活動と通常の製造工程とが統合されており，環境保全活動部分を他と明確に区別できない場合，環境保全を行わない製造工程のコストと，環境保全も含有する工程にかかるコストとを比較し，その差額を環境保全コストとする方法や，環境保全部分のコストを独自に見積もり算定する方法が考えられる。

このような環境保全活動のための投資額及び費用額が環境保全コストであり，通常貨幣単位で測定される。

3.1.2. 環境損失

一方，環境保全活動に関わるコストではないが，支払いを要求されるコストに「環境損失」がある。これは主に企業活動が環境に与えた損傷に対して生じるコストであり，自然資源の被害によって発生したコスト，環境関連の罰金，過料，損害賠償金，訴訟関連費などがある。CICA は環境損失の例として，次のものを挙げている（CICA [1993], p. 11. 邦訳 [1995], 36 頁）。

(1) 法規制を遵守しないことによる罰金，ペナルティ
(2) 人体の負傷，第三者の経済的損害，天然資源の損傷に対する支払い
(3) 環境に関連して発生したが，便益が期待されないコスト
(4) 環境問題の発生によって回収不能となった事業への投資

環境保全コストと環境損失との違いは，環境保全コストはその支出によって企業が直接的又は間接的に経済的便益を受けるか，環境・生態系への社会的便益を期待できるが，環境損失は便益の供与を期待できないという点である。

3.2. 潜在的環境コスト

「潜在的環境コスト」とは，現時点ではコストの発生は確定していないが，将来的に発生する可能性のあるコストである。具体的には，裁判で係争中の偶発債務，環境法規制の強化または環境意識の高まりにより新たに生じる可能性のあるコスト，現在環境対策を行っていないために将来発生する可能性のあるコスト等である。逆に現在環境対策を実施することにより，将来回避または削減できるプラスの潜在的環境コストもある。

3.3. 社会的環境コスト

企業外部に目を向けて社会全体を考えたとき，企業の事業活動の結果，外部の第三者や社会全体が被る負担を表す「社会的環境コスト」が考えられる。具体的には企業の事業活動により生じた環境負荷により，外部の第三者が被る健

康被害や,農産物・森林・漁業などへの被害等,社会全体が被るコストである。通常社会的環境コストのままでは当該企業の直接的な経済的負担とはならないが,社会的環境コストと当該企業との因果関係が立証されることにより,企業は外部不経済を内部化することになる。具体的には企業が自発的に環境保全活動を実施することによる直接的な環境コスト,顧客による告訴や不買運動による間接的な環境損失,または政府等の規制などである(詳細は本章第1節3.「会計における環境問題の認識」において論及済み)。

3.4. 量的・質的環境情報

環境に関連して発生するコストには,環境という性質上,その測定において金額に換算し得ない要素もある。このような環境情報も物量情報,または質的情報として,本書の包括的環境コストに含める。「量的・質的環境情報」は,環境会計の金額情報を補充するために不可欠な情報である(阪[2001],54頁)。

以上,財務会計の枠をはずした本書における企業の「包括的環境コスト」は,広範囲にわたり,かつ複雑なコストが考えられ,現行の財務会計制度の枠内では認識および測定が不可能なものも多い。財務会計において認識しうるコストは基本的には3.1.「環境コスト」であるが,認識規準が明確であり,発生の可能性が高くかつ測定が可能であれば,3.2.「潜在的環境コスト」および3.3.「社会的環境コスト」を財務会計に取り込む可能性はある。その他3.4.「量的・質的環境情報」に関しては,注記として開示することが可能である。しかしこれら包括的環境コストを財務諸表に適切に表すためには,既存の財務会計基準の整備または新たな会計基準の制定が必要になる場合もある。その上で財務会計基準に基づき,適切に認識・測定・開示しなければならない。

第3節　環境会計の構築

1. 環境会計の構造

　前節で定義した包括的環境コストを会計として認識・測定・開示する環境会計について定義しておく。「環境会計は経済システムによる環境への働きかけによって生じる経済的生態的影響を定量的に測定し，伝達するプロセスである」(河野 [2001], 18頁)。ここで言う経済システムには諸種の単位が考えられるが，環境問題という性質上もっとも大きなものは地球であり，またEUのような複数国からなる国家連合規模の経済システム，マクロ環境会計として研究が進められている国家単位の国民経済，都道府県のような地域経済を対象とした経済システム，ミクロ環境会計としての企業，自治体等の行政組織，民間非営利団体などが考えられる。本書では，ミクロレベルの経済システムである企業における環境会計を主体に考えていく。次に経済システム（本書においては企業）による環境への働きかけによって生じる経済的生態的影響であるが，経済的影響とは企業における財務的変化，つまり資産・負債の増減変化を意味し，生態的影響とは，環境における変化を意味する。これらを定量的に測定する際，通常，経済的影響は貨幣単位で測定され，生態的影響は物量単位で測定される。したがって環境会計における測定では，貨幣単位，物量単位の両方が考えられる（河野 [2001], 18-20頁参照）。元来，財務会計は企業の財務的影響を表すものであり，貨幣単位で認識される。しかし環境会計においては物量情報が財務情報を補完し，物量情報によって財務情報をよりよく理解する場合も多いので，貨幣単位，物量単位の両方が用いられる。

　企業が持続可能な開発を目指して環境への働きかけを行う際，前節で示した包括的環境コストが発生し，それに伴って経済効果，環境保全効果を認識する。そして環境保全活動に伴う包括的環境コストと経済効果とを評価した財務パフォーマンス，包括的環境コストと環境保全効果とを評価した環境パフォーマンス等を評価指標として考えることができる。これらを体系的に認識・測

図表 1-5　環境会計の構造

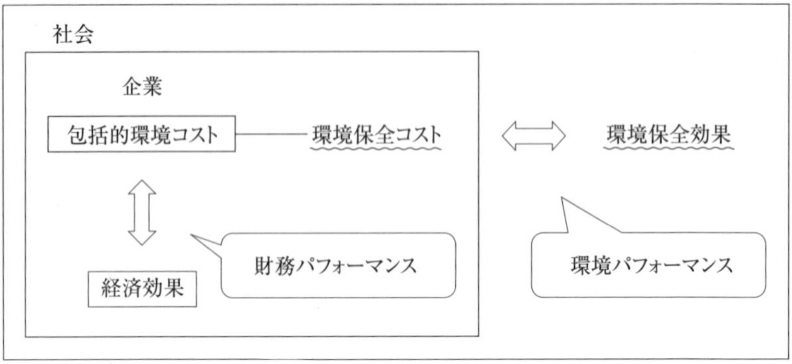

```
┌─ 社会 ──────────────────────────────────────────┐
│  ┌─ 企業 ─────────────────────┐                │
│  │ 包括的環境コスト ── 環境保全コスト │ ⇔  環境保全効果 │
│  │      ⇅                     │                │
│  │   経済効果   財務パフォーマンス │    環境パフォーマンス │
│  └────────────────────────────┘                │
└────────────────────────────────────────────────┘
```

定・開示する仕組みを「環境会計」と言い，企業における環境会計の構造を図式化したものが図表1-5である。

次にこれら環境に関する経済効果，環境保全効果を具体的に定義した上で，環境会計を構築する。本書における環境会計の構造は，主として環境省『環境会計ガイドライン2005年版』に基づいて考える。

2. 経 済 効 果

「環境保全対策に伴う経済効果は，環境保全対策を進めた結果，企業の利益に貢献した効果とし，貨幣単位で測定する」（環境省［2005］，27頁）。つまり企業の環境保全活動の結果認識される，企業内部におけるプラスの財務的変化である。経済効果は根拠の確実さの程度によって，(1) 実質的効果，(2) 推定的効果，に分類される。

(1) 実質的効果とは，「確実な根拠に基づいて算定される経済的効果であり」（環境省［2005］，27頁），環境保全活動の結果，当期において実現した財務会計上の収益と，発生を回避することができた費用・損失である。具体的には，製造工程から回収された有価物の売却額やリサイクルによる収入，環境対応技術の有料提供，排出量取引による利益，省資源・省エネルギーなどに伴う費用節約額，規制環境負荷物質の排出量削減に伴う法定負担金の節減額のよう

に，確実な根拠に基づいて測定可能な項目である。環境保全活動も企業の事業活動の一環であるから，伝統的会計と同様，実現主義の基で認識されるべきである。

(2) 推定的効果とは，「仮定的な計算に基づいて推計された経済効果であり」(環境省[2005], 27頁)，環境保全活動を行うことにより当期獲得したと見込まれる収益と，発生を回避することが見込まれる費用・損失である。しかし収益の実現，及び発生が回避されるコストは不確実であり，かつ金額の合理的な見積りは難しい。また不確実な収益，及びコスト回避額を仮定計算に基づいて算出する際，潜在的環境コストなど推定的な要素も含まれる。したがって財務会計において，実現主義を適用し推定的効果を認識することは難しい。

3. 環境保全効果

「環境保全効果は，環境負荷の発生の防止，抑制又は回避，影響の除去，発生した被害の回復又はこれらに資する取組による効果とし，通常物量単位で測定する」(環境省[2005], 21頁)。つまり企業の環境保全活動の結果認識される，環境における測定可能な望ましい変化であり，企業の環境保全活動の本来の目的である。

企業活動が環境に与える影響，環境への負荷に係る対策の成果を環境パフォーマンスと言い，この環境パフォーマンスの把握・評価の際に必要となるのが環境パフォーマンス指標である(環境省[2003], 1頁)。各企業にとって重要な環境パフォーマンス指標は，事業活動，財・サービスが環境に与える影響を考慮して企業が選択すべきものである。環境省では『事業者の環境パフォーマンス指標ガイドライン』を公表し，環境パフォーマンス指標の望ましいあり方や共通の枠組みを示すと共に，環境への取組み上重要，かつ実際に事業者が活用しうると考えられる指標を提示してきた(環境省[2003], 1頁)。多くの企業に該当し，多くの利害関係者にとって関心の高い指標の例としては，温室効果ガス排出量，廃棄物等総発生量，特定の化学物質の排出量・移動量などがある。物量情報と財務情報を相互補完的に使用し，環境会計データを体系的に整理す

る仕組みによって評価する環境会計システムも開発されている。

4. 環境会計の構築

　企業が持続可能な開発という概念の下に行う環境保全活動を会計として認識する環境会計では，企業内部における包括的環境コスト，経済効果のみならず，企業外部の経済，環境，社会に及ぼす影響を取り込んでいく。それらをどのように取り込むことが可能であり，有用性が高いのか，さまざまな検討が重ねられ，工夫が凝らされてきた。またそれらを会計情報として外部に報告する際，目的適合性，信頼性，理解可能性，比較可能性などの一般的質的性格も求められるため，外部報告のためのフレームワークである『環境会計ガイドライン』（環境省）が公表された。こうして環境会計情報が環境報告書の重要な項目として開示されることにより，情報の利用者は企業の環境保全への取組姿勢や具体的な対応等と併せて，企業の環境情報をより総合的に理解することができる。このように環境会計により企業の利害関係者が企業の姿勢や取組を正しく理解し，評価，支援することが社会システムのひとつとして定着しつつある（環境省〔2005〕，1頁）。環境問題は社会にとって重大なものであり，企業における環境会計情報は社会にとっても重要な意義を持つようになっている。社会にとって必要なものは適切に開示する必要があり，環境会計の発展が期待される。

　次にこれら環境会計情報のうち，財務会計制度において認識・測定・開示すべき会計数値について考え，それらを財務諸表によって企業外部に公表する環境財務会計の構造を考える。基本的に環境会計は，財務会計と比較してより広範囲の環境情報を含有しているが，それら環境会計の要素のうち，財務会計において認識すべき会計数値に対して環境財務会計の構造を確立する。ただし環境会計では，現在のところ主にフロー情報が中心であるが，財務会計では貸借対照表という標準化されたフォームによって，資産・負債というストック情報を，システマティックかつ継続的に認識することが可能である。

第4節　環境財務会計の構造

1.　財務会計領域における環境問題

　財務会計は，会計情報を企業内外のさまざまな利害関係者に提供することを目的としている。この利害関係者は経営に直接従事しない人々であるため，財務会計は外部報告会計とも言われる。したがって環境財務会計では，環境問題に関連して発生した財務データを財務会計上で如何に認識・測定・開示し (environmental issues in financial accounting)，外部に報告するかという問題を扱う。基本的には財務諸表の損益計算書における収益・費用，及び貸借対照表における資産・負債・資本のどこかに関わる事項を扱う。

　企業の事業活動の結果として環境被害が認識されたとき，環境負荷に対する責任は誰が取り，環境コストの負担は誰が負うのか。環境コストは時として企業に多額の出費をもたらし，財政困難に陥るような事態にもなり兼ねない。一企業においては，強制されておらず，すぐに経済効果が現れないものに資金を投じ，現状の財政を圧迫するような事態は起こしたくない。しかし最近では環境法規制が強化され，企業の環境コストは増加し，財務会計においても認識せざるを得ない状況になっている。例えば環境汚染対策コスト，土壌汚染調査・浄化費用，既存の設備に対する追加的な環境関連支出，排出権の購入など，多岐に亘り多額の出費をもたらす可能性がある。このような環境コストを企業の財務会計において，環境費用として損益計算書に計上するのか，環境投資として貸借対照表に資産計上するのか，また環境に関連した債務に対して負債計上すべきか，などの問題が生じる。

　こうした環境コストや環境負債など，財務会計領域における環境問題を包括的に論じた報告書が，CICAによって1993年に公表された（前掲注記4参照）。その後国連 [1999]，ヨーロッパ会計士連盟 [1999]，EC委員会の勧告 [2001]，EC指令案 [2002] などがこれを継承し，財務会計領域における環境情報に関する報告書を公表してきた。

一方米国では、1980年代後半から、既に企業が直面している緊急の環境問題ごとに会計基準を制定するという形で対応してきた。具体的なGAAPの基準として、FASBによる財務会計基準書（Statement of Financial Accounting Standards：SFAS）および解釈指針（FASB Interpretations）〔以上GAAPのカテゴリーA〕、米国公認会計士協会（American Institute of Certified Public Accountants：AICPA）による実務指針（Statements of Position：SOP）〔GAAPのカテゴリーB〕、FASB緊急問題専門委員会（Emerging Issues Task Force：EITF）による指針（Consensus Position）〔GAAPのカテゴリーC〕等において環境問題に対する財務会計基準が制定され、これらは総称してU.S. Environmental GAAPと言われる。またSECによる職員会計公報（Staff Accounting Bulletin：SAB）などにおいても環境情報が規定されている。ここで言うGAAPのカテゴリーとは、AICPAの監査基準書（Statements on Auditing Standard：SAS）[7] 第69号［1992］ "The Meaning of Present Fairly in Conformity With Generally Accepted Accounting Principles in the Independent Auditor's Report"「独立監査人の報告における一般に公正妥当と認められた会計原則に公正に準拠しているという表明の意味」で規定されたものである[8]。もしもGAAPの各階層が指示する会計上の扱いに矛盾が生じた場合、高順位の階層は低順位の階層に優位性を持つ。GAAPの階層の要約を表したものが図表1-6である。

これらの基準および指針等において公表された環境問題に対する主要な論点は、企業における環境会計情報をいかに財務会計制度の中で認識・測定・開示すべきか、つまりどのように会計処理し財務諸表上に計上・開示すべきか、という問題である。まずは現行の財務会計の諸概念に照らし合わせ、それらに整合的な事象のみが認識の対象となるが、そこでは、あくまでも現行の財務会計の枠内で認識可能な環境情報のみに留まる。しかしこれまでのGAAPでは特に環境保全の目的を持ったコストというような取り上げ方はしていないため、企業外部の汚染物質やCO_2排出量を認識せず、その浄化・削減のための費用および投資、環境に関する研究開発費、排出量取引のためのコスト、資産除去債務などの環境に関連した会計数値が存在していても、その会計処理方法が明

図表1-6 GAAP Hierarchy Summary

Category	Established Accounting Principles
A	・FASB Statements and Interpretations ・APB Opinions ・AICPA Accounting Research Bulletins
B	・FASB Technical Bulletins ・AICPA Industry Audit and Accounting Guides ・AICPA Statements of Position
C	・Consensus Positions of the FASB Emerging Issue Task Force ・AICPA Practice Bulletins
D	・AICPA accounting interpretations ・"Qs and As" published by the FASB staff ・Industry practices widely recognized and prevalent
	Other Accounting Literature
	・FASB Concepts Statements ・AICPA Issue Papers ・International Accounting Standards Committee Statements ・GASB Statements, Interpretations, and Technical Bulletins ・Pronouncements of other professional associations or regulatory agencies ・AICPA Technical Practice Aids, and accounting textbooks, handbooks, and articles

(AICPA [1997], AU§411.16を参考に作成)

確ではなかった。また既存の財務会計基準の枠内では認識されないものも出てくる。そこで環境問題に関連した財務会計基準の整備または新たな会計基準の制定が必要となる。具体的な環境財務会計基準については，第2章以降詳細に考察を進めていくが，本章ではまず，その基本概念となる環境財務会計の構造を確立しておきたい。そこで本節では具体的な財務諸表の項目として，損益計算書における環境収益・環境費用，貸借対照表における環境資産・環境負債，及び環境情報開示について基本概念を明確にする。

2. 環 境 収 益

環境収益とは，企業の環境保全活動の結果，企業に利益をもたらすプラスの

財務的変化である。本章第3節2.「経済効果」では，根拠の確実さの程度によって，経済効果を (1) 実質的効果と (2) 推定的効果に分類した。このうち (2) 推定的効果はその実現可能性が不確実であるか，または金額の合理的な見積りが困難であった。したがってこのような推定的効果は，現行の財務会計において認識すべきではない。

(1) 実質的効果は，確実な根拠に基づいて算定される経済的効果であり，企業の環境保全活動の結果，企業に利益をもたらすプラスの財務的変化である。しかしこれについても，さらに2つに分類することができる。1つは当期実現した財務会計上の収益であり，もう1つは当期発生を回避することができた費用・損失である。このうち財務会計において収益として認識するのは，前者の当期実現した収益である。当期発生を回避することができた費用・損失は，損益計算書において収益勘定としては表れないが，最終的に当期純利益に反映される。したがってどちらも当期企業に利益をもたらすプラスの財務的変化であり，正味資産の増加分である。

3. 環 境 費 用

企業が認識すべき環境コストは，投資額と費用額に分類することができる。ではどのように環境コストを把握し，投資額と費用額に分類し，財務諸表に計上・開示すべきなのか。伝統的な財務会計基準に従うと，当期発生し企業にすでに便益の費消をもたらしたコストは費用に分類され，企業に将来便益を提供すると考えられる未費消コストは資産に分類される。

3.1. 当 期 環 境 費 用

環境コストの認識と測定は発生主義に基づき，当期発生し企業に便益の費消をもたらしたコストは当期環境費用とする。このときの費用は損益計算書に計上されるが，損益計算書のどの項目として計上するのかも重要な問題である。具体的には，直接的なコストとしては，当期の営業活動に関連する浄化コスト，廃品処理コスト，有害廃棄物処分コスト等が考えられる。また間接的なコ

ストとしては，環境報告書作成コスト，環境監査コスト，法規制や企業方針準拠のための監視・統制コスト，研修会やセミナー開催のためのコスト等が考えられる。これらが営業費用なのか，営業外費用なのかという細かい分類に関しては，伝統的な財務会計における費用計上と同様，企業によって，また業種によって多少のばらつきがあって然るべきである。しかし環境破壊は通常，企業の営業活動から生じるものなので，営業費用として区分することが基本となるであろう。

また当期収益とは対応しないが，企業の将来の経済的便益とは結び付かないために資本化できないコストは，当期費用として計上される。具体的には，環境汚染防止・削減，または浄化・修復のコスト，資源保護目的のコスト，リサイクル事業のコスト等である。この他企業の経済的便益とは結び付かないが，環境問題に起因するコストである環境損失，例えば不法な廃棄物処分による過料，人体被害などに対する訴訟費用，確定した損害賠償等は，当期の環境費用として計上される。

3.2. 過年度環境費用

過年度の会計処理が誤っていたのが発見された場合には遡及的に(retroactively)，Retained Earnings（利益剰余金）を税引き後で直接修正する。これはSFAS No. 154 [2005] "Accounting Changes and Error Corrections—a replacement of APB Opinion No. 20 and FASB Statement No. 3"「会計上の変更及び誤謬訂正— APB Opinion 20 と SFAS 3 の置換え」の過年度修正に準ずるものとして考える。この過年度修正とは，過年度の財務諸表における計算の誤り，不正または見落としなどにより発生するもので，環境コストとして具体的には次のようなものが考えられる。

・過年度投棄された廃棄物に含まれる有害物質量の計算の誤りにより，環境コスト計上額に差異が生じてしまった場合
・過年度投棄された廃棄物に有害物質が含まれていることに気づかず，関連するコストが見落とされてしまった場合

現行の会計基準に基づくと，環境コストが過年度に賦課される状況は限定される。なぜならば，環境コストを現存している環境汚染に対する修復コストと考えると，これについては過年度損益修正とは考えられないからである。

3.3. 損益計算書における環境費用の問題点

環境コストのうち，企業に将来便益をもたらす未費消コストは貸借対照表に資産計上されるが，企業に会計上の将来便益をもたらすと考えられる環境コストは限定され，多くは資本化されず支出した期の費用となる。例えば，汚染物質除去装置を設置するためのコストは，生産の継続を通じて将来企業に経済的便益を確実にもたらす場合には環境問題に起因する資産として認識されるが，汚染物質除去という環境保全効果をあげる環境コストであっても，コストを負担した企業自体に将来の経済的便益をもたらさなければ，伝統的な財務会計では資産計上されず，損益計算書における当期の費用となる。したがって当期純利益を減少させ，当期の経営成績にのみ多大な影響を与える。これでは企業の環境保全活動が正当に評価されず，環境保全活動を阻害する恐れがある。

企業の環境保全活動が，将来の社会的便益の獲得に貢献しているという実態を財務会計において認識するためには，会計基準の整備・制定が求められる。それにより環境コストの即費用化による当期純利益の減少を防ぎ，企業の環境活動の推進につながるのではないか。また既存の財務会計に環境の影響を適切に会計処理できるような配慮を織り込み，財務諸表が環境影響をも含めた正しい実態を反映することによって，より利用者の意思決定に有用な情報を提供することが可能になるのではないだろうか。

この問題点については，第2章，第3章において実際の米国の環境問題に対する会計基準を検証した上で，第4章「環境財務会計の構築」において，環境コストの資本化または費用化 (capitalized or expensed) の総合的な結論を出したいと思う。

4. 環 境 資 産

　一般に環境コストが企業に将来の経済的便益をもたらす場合には資産計上し，次期以降の収益に対応して費用化される。しかし環境関連コストは，その判定が難しいものも多い。例えば，効果が複数期間に及ぶ汚染防止のためのコストは，資産計上されその有効期間内で償却されるのか？この判断においては，基本的には財務会計の資産の要件を満たすかどうかが問題となる。SFAB SFAC 6 [1985] "Elements of Financial Statements"「財務諸表の構成要素」では，資産を次のように定義している。「資産とは，過去の取引または事象の結果として特定企業が支配し，将来の経済的便益を発生させる可能性の高いものである」(SFAC 6 [1985], par. 25)。この定義に基づいて環境コストについて考えてみる。環境保全コストは，基本的には環境保全という社会的便益を目的としており，企業自体に将来の経済的便益をもたらさないものが多い。しかし環境保全効果自体は財務会計上は評価されず，資産計上されない。そこで FASB EITF 90-8 [1990] "Capitalization of Costs to Treat Environmental Contamination"「環境汚染処理コストの資本化」では，環境コスト特有の将来便益（環境保全効果という社会的便益）の獲得に貢献しているという状態を財務会計においても認識し，資本化するための改善を行っている（第2章第2節3項において詳述）。

　またCICA [1993] では，環境コストの資本化に関して，次の2つのアプローチを示している (Schaltegger [2000], pp. 171-172. 邦訳 [2003], 195-196頁)。

(1) 将来便益の増加アプローチ
(2) 将来便益の追加コストアプローチ

(1) 将来便益の増加アプローチでは，将来便益を増加させるコストのみを資本化し，(2) 将来便益の追加コストアプローチでは，将来便益の獲得に必要なコストであれば，将来便益を直接増加させなくても資本化を可能とする。前出のEITF90-8 [1990] では，(1) 将来便益の増加アプローチを資本化の要件と考え会計処理を行っているが，近年では環境コストの実態を反映するために

は，(2)将来便益の追加コストアプローチが望ましいと考えられ，これは環境資産概念の更なる拡張である。

また貸借対照表に資産計上された環境に関連した資産が，環境に特化た独立した資産の場合と，他の目的も有した混合資産の場合とがある。混合資産の場合，当該資産の取得価額を環境目的部分と，それ以外の部分とに区分することは困難である。もしも新しい環境会計システムを構築するのであれば，純粋な環境資産部分を取り出す試みをしなければならないが，財務会計のみの目的では，厳密に環境関連部分と他を区分する必要はない。環境コストを負担した結果として，特定の他と分離した将来環境便益のみが現れるのではなく，通常混合資産として機能したとき総合的に将来便益がもたらされるものと考えられる。したがって財務諸表に計上するにも，環境関連部分だけを取り出して独立して表示する必要はない。他の目的を共有する混合資産は，通常の財務会計と整合性を持ち，減価償却または減損テストが行われ，必要があれば回収可能価額で再評価される。

また近年取引が開始されている排出量取引に関しては，その使用目的によって棚卸資産，無形固定資産，投資有価証券等の計上が考えられる。企業が保有し，企業に将来便益をもたらすという観点から，無形固定資産として認識する考え方が有力であるが，近年では排出量取引市場が急拡大し，削減義務を負う企業が排出権の獲得を志向しているほか，需要家ではない市場参加者による排出量取引も広がり，排出権が投資の対象にもなってきている[9]。このような投資対象としての排出権に対する会計処理方法も未だ整備されていない。基本的には正しい経済実態を表すため，使用目的に適合した会計処理を行うべきであるが，排出権の使用目的自体にブレが生じている今，適切な会計処理方法の決定に至っていない状況である。

最終的に環境コストを資産計上した場合には，有形・無形固定資産における減価償却や減損，また投資目的によって分類する投資有価証券の会計処理等との整合性が求められる。

5. 環 境 負 債

　環境負債とは将来返済義務のある環境コストである。例えば埋立地の汚染修復費用，訴訟に関わる費用など，環境活動に関連し将来支払義務がある場合には，環境負債の計上を考慮する必要がある。基本的には，財務会計の負債の要件を満たすかどうかによって判断される。SFAC 6 では負債を次のように定義している。「負債とは，過去の取引や事象の結果として，将来，特定の企業が他の企業へ資産を提供したりサービスを提供したりする現在の債務から発生する可能性の高い将来の経済的便益の犠牲である」(SFAC 6 [1985], par. 35)。発生の可能性など負債の認識要件を満たさない場合は，偶発債務 (contingent liabilities)，または潜在的債務 (potential liabilities) として開示される。

　米国では，「包括的環境対処・補償・責任法 (Comprehensive Environmental Response, Compensation, and Liability Act：CERCLA)」通称スーパーファンド法 (Superfund Act)，「資源保護回復法 (Resource Conservation and Recovery Act：RCRA)」などに代表されるように，事業主体の環境汚染に対して厳しい修復義務を課した法律が制定されており，財務会計においても，環境修復義務に対する環境負債の認識・測定・開示が重要な問題となった。例えば，企業が過去に埋めた有害物質による土壌汚染が発覚した場合，それに関わった潜在的責任当事者 (Potentially Responsible Parties：PRPs) がコストを負担して，汚染の状態の調査，有害物質の除去，土壌の浄化・修復等を行う義務が生じる。これらを環境修復負債として貸借対照表に計上する際，その見積り金額は測定方法によって大きく異なる可能性がある。サイトでの有害物質の規模や種類，利用する環境技術，年々変化する環境基準などに依拠し，また複数存在する PRPs 間でどのようにコスト配分するのか，どの段階で負債認識するのかなど，測定には多数の不確定要因が存在する。環境負債の測定に関わる問題は，Environmental GAAP においても重要な検討課題の一つである。

　国連では短期に決済されない環境負債の測定について，次のように規定している。(1) 現在価値アプローチによる測定を優先しているが，(2) カレントコ

スト・アプローチ[(10)]による測定，及び (3) 期待支出額アプローチ[(11)]による測定も容認できる。しかし見積り金額の決定には不確定要因が多く，見積りができない状況においては，その旨を注記により開示する必要がある (United Nations [1999], pars. 37-41)。

環境負債の測定には多数の不確定要因が存在し，予測と仮定の下で行われる。しかし財務諸表に計上される以上，現行の財務会計基準の適用範囲内での計上となり，環境問題の不確実性をどのように反映させるかが重要な課題である。この問題については，次章以降環境財務会計を構築していく過程で，さらに考察を重ねていく。

6. 財務報告書において開示すべき環境情報

財務報告書において環境情報開示が行われる場所は，財務諸表中，財務諸表の注記，財務諸表外の報告セクションなどであるが，開示される情報項目や測定金額の決定は，第1章第1節2.「会計情報の質的性格」で述べたa.コスト・ベネフィット及びb.重要性の原則を適用して判断される。重要性とは，金額の重要性だけでなく質的重要性も考慮される。環境コストはさまざまな要因で発生し，さらに企業や産業により発生する環境コストの項目に違いが出てくる。したがって環境会計情報として何を含めるかを決定することは難しく，常に経営者の判断を伴う。しかし環境会計情報の開示内容およびその様式に，企業間の統一性を持たせることは重要である。

特に環境負債には多くの不確定要因が存在するため，開示内容には注意を要する。具体的には，環境負債の測定に使用された方法（現在価値法，カレントコスト法，引当金法など），負債の性質，決済の時期および期間などを開示する必要があり，それらについて重要な不確実性があれば，その事実も開示しなければならない。負債測定に現在価値法が使用される場合には，将来キャッシュフローの見積りや割引において必要な次の事項も開示すべきである。(1) カレントコスト見積り値，(2) 長期的なインフレ率の見積り値，(3) 将来の決済コストの見積り値，(4) 割引率等 (United Nations [1999], pars. 52-54)。

以上の開示のほかに，財務諸表外の報告セクションでは，環境収益・費用，環境資産・負債に関する会計方針も開示される。具体的には，それぞれの収益・費用，資産・負債の性質と既存の環境規制，予想される法律や規則の変更，金額に影響する環境技術などが挙げられる。さらに，その企業や企業の属する産業に固有の環境問題の種類，環境保全に関連した公的な補助金や税制優遇措置などの政府の政策も開示することが望ましい (United Nations [1999], pars. 57-59)。財務諸表はあくまでも財務会計基準に適合するものでなければならず，環境会計情報に関しても既存の財務会計の基本概念を基礎にして展開されるべきである。

7. 環境財務会計の確立

近年，企業における環境コスト・環境負債の規模は増大し，財務諸表によって企業の財政状態・経営成績・キャッシュフローを判断する上でも，環境会計情報が重要な意味を持つようになってきた。しかしこれまで財務会計において環境情報に対する基準制定が行われてこなかったため，環境会計情報の認識・測定・開示は企業の自由裁量に任されてきた。元来財務会計は企業内外のステイクホールダーに会計情報を提供することを主な目的としているため，情報開示における理解可能性・比較可能性，内容の質に対する目的適合性・信頼性が求められる。このような観点からも，環境情報に対する会計基準の整備，及び必要に応じた新たな基準制定が望まれる。近年の環境活動に対する意識の高まりと活発化，それに伴う環境会計情報の金額の増大及び重要性の高さから鑑みて，財務会計制度において，正確かつ理解可能な認識・測定・開示を行うことが重要である。

そこで本書では，財務会計制度において，既に環境問題に対する会計基準の制定が行われてきている米国を中心に具体的な財務会計基準制定のプロセスをレビューし，そのメカニズムを緻密に分析・検証・考察していく。米国では，企業が直面してきた緊急の環境問題に対して多数の環境法が制定され（第2章図表2-2参照），それに対応するために企業が環境支出を増加させてきた。この

ような一連の環境法規制の遵守およびその会計的な対応として，米国環境保護庁 (Environmental Protection Agency：EPA)，会計検査院 (General Accounting Office：GAO)，SEC，FASB，AICPA などはそれぞれの立場で環境法の強制，環境情報開示の強化・向上，会計基準や解釈指針の公表を行ってきた。こうして米国では財務会計制度としての対応を推進するとともに，さらに実証研究等によって実務の現状を知り，実務に則した指針等を公表することによって，U. S. Environmental GAAP が発展してきた。

第2章以降では，このような U. S. Environmental GAAP を分析・検証・考察することによって，本章において理論的構造を考えてきた環境財務会計の構築を進めていく。個々の環境問題に対して公表されてきた会計基準や指針の首尾一貫性を考えながら，U. S. Environmental GAAP に基づく環境財務会計のメカニズムを考え，環境情報全般に適用可能な包括的な環境財務会計の構築と展開を目指す。

(注)

(1) GAAP とは，一般に公正妥当と認められた会計概念，会計基準，および会計実務の体系を言う。財務会計の基礎概念であるとともに，実務上会計処理を行う際の基本的な体系であり，公認会計士 (CPA) が企業の財務諸表の監査を行う際の適正性に関する判断基準ともなる。また環境の変化などに応じて改訂が繰り返されていく。

(2) 以上，Bisk [2004] *Financial Accounting & Reporting, CPA Ready* 参照

(3) Littleton [1933]．邦訳 [1952] 参照

(4) カナダ会計基準審議会はこの報告書の重要性を認識し，カナダ会計基準における環境情報の認識・測定・開示の諸問題を具体的に取り扱うという見地から，本報告書の結論を検討するための専門委員会を設置した。

(5) 2000年6月に施行され，この法律を基本的枠組みとして個別のリサイクル法が次々と制定・改正された。

(6) 日本経済新聞 2006 年 5 月 31 日付朝刊より

(7) 監査基準書 (SAS) は「一般に公正妥当と認められた監査基準 (Generally Accepted Auditing Standards：GAAS)」の解釈書 (interpretation) であり，AICPA の上位機関である監査基準審議会 (Auditing Standard Board：ASB) によって発行されている。AICPA の会員はこの監査基準書 (SAS) に従わなければならない。1973年に監査基準書第1号 (SAS No. 1) が公表されて以来，現在まで順に番号がつけられている。

（8）ただし2005年にSAS No. 69に対する修正として，SAS No. 91 "Federal GAAP Hierarchy"「GAAPの階層」の公開草案が公表されている。
（9）日本経済新聞（2007年1月15日付朝刊）より
（10）当該見積りコストが環境負債の測定額となる。
（11）将来に亘って随時要求されるキャッシュアウトフローの見積り額を測定額とする。

第2章

土壌汚染と会計
―環境法の制定と U.S. Environmental GAAP の発展―

　前章までに理論的構造を確立してきた環境財務会計は，環境問題に関連して発生した会計数値を，財務会計において如何に認識・測定・開示するかという問題を扱うものである。米国では，既に企業が直面してきた緊急の環境問題に対して個別に会計基準や各種指針が公表され，部分的にではあるが実務に対応した環境情報が財務会計制度の中に取り込まれてきた。

　このような米国における環境財務会計の発展の背景には，環境問題に対する社会的な意識の高まりによる各種環境法の制定，及びそれに伴う環境関連支出の増大があった。その中で最もインパクトを与えたと考えられる環境問題が土壌汚染問題であり，それに対して「包括的環境対処・補償・責任法（CERCLA）」通称スーパーファンド法が制定された。スーパーファンド法の目的は有害廃棄物の不適切な処理・処分に起因する土壌汚染の浄化を推進することであり，有害物質投棄に責任のある者に対して土壌汚染調査，除去，および原状回復等の費用を負担させる。ここで言う責任のある者とは，処分・処理施設の現在ならびに過去の所有者および管理者，有害物質の発生者・輸送者，廃棄物の処分を管理・手配した者等であり，浄化費用を負担する潜在的責任当事者（PRPs）が広範囲に及ぶ。またこの法律は厳格責任（Strict Liability），つまり無過失責任（故意・過失がなくても責任を負う）という特徴を持つ厳しいもので，米国政府の環境問題に対する厳格な対応を顕著に表している。これにより多くの企業で巨額の土壌汚染調査・修復費用や訴訟・損害賠償費用が発生し，その多額のコスト，及び債務に対する会計処理を明らかにするため，U.S. Environmental GAAP が発展した。

　このように米国では，環境法の制定に伴う U.S. Environmental GAAP の発

展があったのだが,それ以前にも,環境問題を会計として扱う試みはなされていた。1970年代初頭,企業社会会計における社会問題の一つとして環境問題が捉えられ,これが所謂環境会計の萌芽ではないかと考えられる。このときの企業社会会計で,環境情報を会計において認識することの必要性が示され,財務諸表の拡張による土壌汚染の会計処理方法も提案された。この時点ではまだ試論的な提案であったが,その考え方は今日の環境財務会計の研究にも重要な示唆を与える。したがって本章第1節では,米国における1970年代の企業社会会計に立ち返り環境問題に対する財務会計のアプローチを追う。

第1節　企業社会会計における環境問題

　企業が社会に及ぼすプラスの影響(社会的ベネフィット)とマイナスの影響(社会的コスト)を測定する試みは,1970年代の企業社会会計においても行われていた。1970年代,米国環境保護庁(EPA)では,企業の公害規制違反による企業自身のベネフィットと社会的コストを基礎にして,公害放出にかかわる罰金の査定を研究し,米国商務省(Department of Commerce)は,企業活動による社会的効果を測定するための社会的業績指標を提案した。またSECは,財務諸表の注記に開示すべき環境上のインパクト情報の必要条件を拡大し,AICPAはSAS No. 8 [1975] "Other Information in Documents Containing Audited Financial Statements"「監査済財務諸表に含まれる文書における他の情報」を公表し,年次報告書(annual report)に含まれる社会的業績情報を検査し事実についての重要な誤述の有無を判断することを義務付けた。同時期に国連でも,「企業は社会に対して,人的資源および天然資源の使用,ならびに企業経営が環境に及ぼす影響を説明すべきである」と表明している(以上,名東・青柳[1979],3頁)。この頃から企業は,財務的業績情報だけでなく,社会的業績情報も保持していかなければならないと考えるようになった。

　このような企業社会会計の発展的な技法を検討し,包括的な社会会計のモデル「社会的インパクト報告書(Social Impact Statement)」を提案した本にEstes,

Ralph W. [1976] *Corporate Social Accounting*（企業の社会会計）がある。Estes は,「企業は多元的目的段階へ, さらには社会的責任段階へ成長することが好ましいことを指摘し, 理性的な資源使用者としての企業が獲得するそれぞれの社会的成果はそれ自身社会的便益をもたらすという仮定の基に, 社会的コストの定量的測定を志向し, "労働成果"・"資本成果"・"社会成果" という3つの企業成果を最低利益基準に基づいてバランスさせるところに社会的責任モデルを構築し, 企業の内発的な構造改革を志向するとともに, 企業間比較を重視した」(名東・青柳訳 [1979], 11 頁)。そこでは実際に企業のプラスおよびマイナスの外部性 (externalities) を取り込み, 社会的ベネフィットと社会的コストを対比して社会的インパクトを表示している。そして会計基準が明示・制定されていない状況において, 試論的ながら包括的な社会会計モデルを提示した。このような社会的利益の計算は, 測定対象や客観性の面で問題があり実践には取り入れられなかったが, 今日環境財務会計を策定していく上での有用な提示である。特に企業社会会計へのアプローチとして提示された財務諸表の拡張（文章記述の開示, 勘定の追加）の中には, 本章の主題である土壌汚染の会計処理を新しい勘定の追加によって行う提案もあり, 今日環境財務会計の研究において, 土壌汚染問題の会計処理方法を考える上で参考になる。

1. 企業社会会計の要求

「財務諸表の目的の一つは, 社会に影響を及ぼすような企業活動のうち, 確定され, かつ説明もしくは測定されることの可能なもので, 企業をとりまく社会環境において企業の役割のうえで重要なものを報告することである」(AICPA [1973] 川口訳 [1976], 1-2 頁)。それでは企業社会会計とはいったいどのようなものであろうか。

1970 年代初頭, 企業社会会計の展開と共に, 会社は所有者のものという位置づけから社会的な存在へと変化してきた。経営者たちは, 株主への利益還元を最大化することだけが会社の目的ではなく, 社会における役割が変化してきていることを認識し始めた。また社会は企業に対する要求を, 必要に応じて法

律や規則を制定することにより実現させるようになった。また会社自体が善良な市民になることを期待され―つまり公害を発生させない，差別をしない，危険な労働条件を課さないということ―さらに会社が保有する巨大な経済力の幾分かを社会的プログラムに献げるべきであると考えられた（Estes [1976], p. 1. 邦訳 [1979], 1-2頁）。しかし企業の経営者たちにとって社会の増大し続ける要求を受け入れ，しかもそれを企業の伝統的な営利主義の観念と一致させることは困難なことでもあった。

米国議会は，公害問題，採鉱問題，エネルギー危機問題などに関する立法化に当たって社会的業績情報が必要であると提言し，州議会や各自治体，公益事業団体等も，社会資源を効率的かつ公平に配分するためには，企業が社会に与える影響についての情報が不可欠であると考えた。しかしそれまで企業が作成し公表してきた報告書は，財政状態や経営成績，統計数値を集計・処理して報告したものであり，財務情報に重点が置かれ社会的業績には触れていなかった（Estes [1976], p. 2. 邦訳 [1979], 2-3頁）。このような中，企業の社会的影響を含めた合理的意思決定を行うため，企業社会会計が展開され始めた。企業の社会的情報の提供に対して使用される言葉は，社会経済会計（socioeconomic accounting），社会会計（social accounting），社会責任会計（social responsibility accounting），社会監査（social audit）など多種存在するが，本書では社会会計（social accounting）という用語を用いる。社会会計の範囲は，伝統的に報告されてきた経済的影響を含み，さらに経済的影響以外のものにも拡大される。

2. 企業社会会計の開示方法―財務諸表の拡張

企業の社会的プログラムや社会的業績などの会計情報を，どのように開示することが可能なのか。企業社会会計へのアプローチとしては財務諸表の拡張，及び新しい報告様式が考えられるが，本書の主旨は環境財務会計の構築と展開であるので，財務諸表の拡張の提示についての分析を試みる。財務諸表の拡張による開示とは，現行の財務諸表の様式の枠内で情報を追加する方法であり，具体的には次項2.1.「文章記述による開示」，2.2.「新しい勘定の追加」，とい

う形式がある。

2.1. 文章記述による開示

社会的情報を報告する最も簡単な方法は文章記述による開示である。アメリカ会計学会（American Accounting Association：AAA）の「組織行動の環境上の影響に関する委員会（Committee on Environmental Effects of Organization Behavior）」は，現行の監査済財務諸表を拡張し，環境情報の開示を含めることを提案している（Estes [1976], pp. 58-60. 邦訳 [1979], 90-91頁）。これは監査済財務諸表の注記として開示するものであり，当委員会では次の環境関連事項に対して文章記述を求めている（AAA [1973], p. 110）。

(1) 環境問題の認識……遵守すべき基準・規則，準拠すべき最低ライン，準拠しなかった場合の罰則，契約時の環境への考慮，その他偶発事象などに関連する特定の諸問題
(2) 企業の公害除去目標……除去計画，タイムスケジュール，コストの見積りや予算などの詳細な記述
(3) 企業の環境問題改善状況……企業の環境目標の達成に関連した実質的な改善点，それに関連して現在までに発生したコスト，将来コストの見積り，および非貨幣的情報
(4) 企業の財政状態，利益，事業活動に及ぼす重要な環境的影響

これらの推奨された開示は，環境問題に関心を持つ一般の人たちに有用な情報を提供するだけでなく，報告された問題点や改善点から類推される潜在的な将来の負債や評価に関心のある投資家に対しても，有益な情報を提供する。当委員会の推奨は主に非数量的な企図を示しているが，このアプローチはさらに洗練され，定量化された開示に向けてのステップになり，会計専門家にも受け入れられるプロセスを踏んでいる。また企業が自然環境に対する影響を考慮するという責務から免れることを抑制する役割も果たす。

AAAが推奨する，独立監査人により証明された文章記述による環境への影響の開示は，この時点ではまだ完全ではなく十分な数量化はなされていない

が，明らかに有用な情報の表明であり，その簡潔さゆえに会計専門家による早期採択が可能であると考えられた。

2.2. 新しい勘定の追加
2.2.1. Floyd Beams による提案

Floyd Beams は，工場地の土壌汚染を新しい勘定によって認識することを提案した（Beams [1970], pp. 657-661)。以下その手法を分析する。

- まず前年度の地質維持に関する遅滞分があった場合には，会計原則審議会意見書（Accounting Principles Board Opinion：APB Opinion）第9号 [1966] "Reporting the Results of Operations"「経営成績の報告」の中の Prior Period Adjustment（前年度修正）に従う。つまり前年度の地質維持に関する遅滞分は Retained Earnings（利益剰余金）を減額させて借方計上し，相手勘定として Allowance for Industrial Site Deterioration（工場地汚染引当金）という資産の評価勘定（資産を減額させる引当金勘定）[1]を貸方計上する。

　　（Dr.）Retained Earnings　　　　　　　　　　　　　　　　　　××
　　（Cr.）Allowance for Industrial Site Deterioration（Land のマイナス勘定）　　××

- 当期の工場地汚染分は，損益計算書に Industrial Site Deterioration（工場地汚染）という費用勘定を借方計上し，相手勘定は同様に Allowance for Industrial Site Deterioration（工場地汚染引当金）を貸方計上する。

　　（Dr.）Industrial Site Deterioration（P/L）　　　　　　　　　　　　××
　　（Cr.）Allowance for Industrial Site Deterioration（Land のマイナス勘定）　　××

- 汚染された工場用地を再生するために支出を行った場合には Allowance for Industrial Site Deterioration（工場地汚染引当金）を減少させて借方計上し，Cash（現金）を貸方記入する。

　　（Dr.）Allowance for Industrial Site Deterioration　　　　　　　　××
　　（Cr.）Cash　　　　　　　　　　　　　　　　　　　　　　　　　　××

- 公害規制や産業廃棄物処理等に対する工場地維持のための他の支出を行った場合には Industrial Site Maintenance（工場地維持費）と呼ばれる新し

い勘定を，その期の費用として借方計上する。

 （Dr.）Industrial Site Maintenance（P/L）   ××
  （Cr.）Cash   ××

（以上，Estes［1976］，p. 60. 邦訳［1979］，92頁を基に分析）

これらの仕訳を含んだ財務諸表（貸借対照表および損益計算書）を示すと図表2-1のようになる。

図表2-1と，通常の財務諸表との本質的な相違点は次の事項である（Estes［1976］，p. 60. 邦訳［1979］，92頁）。

(1)　前年度までに認識されなかった地質維持遅滞分に対して，前年度修正としてRetained Earnings（利益剰余金）が直接減額される。

(2)　汚染土壌は土地勘定の帳簿価格を控除する方法で表示され（Land‒Allowance for Industrial Site Deterioration），新しい費用勘定Industrial Site Deterioration（工場地汚染）が計上される。

(3)　これまでさまざまなコスト勘定に振り分けられていた土壌汚染に関連して発生した費用をIndustrial Site Maintenance（工場地維持費）勘定に集約した。

以上見てきたBeamsの提案は，工場地の土壌汚染に関連した財務会計上の認識・測定・開示を新しい勘定を用いて行うものである。この方法を会計理論に基づいて検証してみる。

まず貸借対照表に基づく資産価値について検証する。工場地のような土地は，土壌汚染等による地質の悪化によって資産価値が低下する可能性があり，ずっと同じ資産価値で維持されていくとは限らない。つまり土地であっても地価の変動によってではなく，使用による土壌汚染等により価値が減少する可能性がある。土壌汚染による資産価値の低下が認識された際，貸借対照表上に取得原価で計上されている簿価を減額し，土地の正しい資産価値を表す必要がある。これに対してBeamsの提案では，Allowance for Industrial Site Deterioration（工場地汚染引当金）という資産の評価勘定を立てることによりLand（土地）の簿価を控除し，貸借対照表において正しい資産価値を表そうと試み

図表 2-1　Beamsの提案する財務諸表

XYZ Company
Balance Sheet
December 31, 19＿

Current Assets			$×××
Fixed Assets			
Land（Note 1）	$×××		
Less Allowance for Industrial Site Deterioration（Note 2）	×××	$×××	
Buildings and Equipment	$×××		
Less Allowance for Depreciation	×××	×××	$×××
			$×××
Current Liabilities			$×××
Long-Term Liabilities			×××
Stockholders' Equity			×××
			$×××

XYZ Company
Statement of Income and Retained Earnings
For the year Ended December 31, 19＿

Sales			$×××
Production Costs			
Materials	$×××		
Labor	×××		
Depreciation	×××		
Industrial Site Deterioration（Note 2）	×××		
Industrial Site Maintenance（Note 3）	×××		
Other Production Costs	×××	$×××	
Nonproduction Costs		×××	×××
Income from Operations			$×××
Provision for Income Taxes			×××
Net Income to Retained Earnings			$×××
Retained Earnings, January 1, 19＿			×××
			$×××
Less：Dividends		$×××	
Delayed Industrial Site Maintenance（Note 4）		×××	×××
Retained Earnings, December 31, 19＿			$×××

Note 1：交換価格にその土地を許容レベルにするまでにかかった費用を加算したもの。
Note 2：当会計年度中に発生した土壌汚染に対する費用はIndustrial Site Deterioration（工場地汚染）として計上され，Allowance for Industrial Site Deterioration（工場地汚染引当金）がLand（土地）のマイナス勘定として貸方計上される。土壌汚染回復のための支出はAllowance for Industrial Site Deterioration（工場地汚染引当金）を借方計上し減額させる。
Note 3：公害規制や産業廃棄物処理等に対する工場地維持のための支出は，Industrial Site Maintenance（工場地維持費）として費用化される。
Note 4：前年度までに発生しているが報告されていない地質維持遅滞分に対してはRetained Earnings（利益剰余金）が借方計上され，Allowance for Industrial Site Deterioration（工場地汚染引当金）が貸方計上される。

(Estes [1976], pp. 62-63. 邦訳 [1979], 93-94頁を基に作成)

た。また実際に土壌を浄化・修復した場合には，その分 Allowance for Industrial Site Deterioration（工場地汚染引当金）を減額または消去することにより Land（土地）の簿価を回復させ，土地の浄化・修復状況を貸借対照表に示した。このように Land（土地）に対する評価勘定を立てることにより正しい資産評価（asset valuation）を行い，企業の正しい経済実態を表そうと試みている。

次に損益計算書に基づく利益測定について検証する。前年度までの地質維持遅滞分については Retained Earnings（利益剰余金）を直接減額し，当期の土壌汚染分や工場地維持のための費用は当期の損益計算書に計上する。つまり引当金勘定を立てることにより費用を発生した会計期間に計上し，発生主義の原則（accrual basis principle）に基づいた正しい利益測定（income measurement）を行い，正しい経済実態を表そうと試みている。

このように1970年代に提案された新しい勘定を用いた土壌汚染に対する会計処理は，現代の財務会計理論にも適合し，現在，土壌汚染問題についての会計処理を考える際にも参考になる。

こうした Beams の提案は，露天鉱，農業関連産業，リゾート開発と管理に従事している企業，ならびに土壌，地表，水の状況が重要な要因となっている産業の企業には適合すると考えられる。そのような産業にとってこの伝統的な財務諸表の拡張は実務的であり，より多くの情報を提供し，監査も可能である。実際，現行の GAAP の枠内で実施することも可能であろう。それに反して，大気汚染，流水路の水質汚濁等の影響を会計処理する際には限界がある。特に大気への大量の排出物質は，当初ある地帯の土壌や植物の生命に損害を与えたとしても，その後根源である工場地帯から他の場所に流れ大気中に滞留する。時に太陽光線を遮るような地球規模での害を引き起こすこともある。このような広範囲に及ぶ環境被害の要因を，一企業の財務諸表において認識することは難しい。また流れている河川は水質汚濁が中断されれば比較的短期間にそれ自身で浄化されていくので，汚染源の企業の資産の長期的な劣化を認識する必要はないと思われる（Estes [1976], p. 61. 邦訳 [1979], 94-95頁参照）。

2.2.2. アメリカ会計学会による提案

アメリカ会計学会（AAA）の「組織行動の環境上の影響に関する委員会」もまた，環境関連事項の開示のために追加的な勘定を使用することを提案している（Estes［1976］, pp. 61-63. 邦訳［1979］, 95-96頁）。Beamsと同様，環境規制費用を損益計算書において，新たに他と分離した単独の勘定に集約することを推奨し，さらに貸借対照表において，環境規制設備とそれに対する減価償却引当金を独立して分類することも提案している。中でも最も重要な提案事項は，脚注開示という現行実務に代えて，過去の取引に起因して発生する将来の公害規制支出を負債計上するというものである。当委員会はこれらの負債の分類として次の3つを挙げている。

(1) 基準に準拠していないために発生した，確定はしているが未払いの罰金や公害税に対する負債
(2) 基準や最低ラインを満たしていないために支払わなければならない，見積りによる（確定していない）罰金や税金に対する負債
(3) 過去または現在の環境損傷を自発的に復旧するための見積りコストに対する負債

これらについて現行の財務会計基準を適用させて検証すると，(1) の負債はすでに認識され報告されている。(2) の例は，企業がそのような負債を完全に公正に報告するのは難しいが，理論的には現行のGAAPのもとで（発生の可能性及び負債金額の合理的な見積りの適用によって）認識可能である。(3) の例は法規制による企業の債務ではなく，推定上の債務と考えられる。現行の基準では正式な勘定科目による負債認識ではなく，脚注開示にとどまることが多い。

基本的に当委員会は，環境問題に関連するすべての金額を，新たに創設した勘定によって別個に計上したい意向であった。これは完全開示の原則を首尾一貫して遵守するものであり，また環境状況の変化や情報ニーズの変化に対する勘定の修正や再分類も示した完全に近い提案であった。前項2.1.「文章記述による開示」の推奨と併せると，伝統的な財務諸表の拡張は有用であり，財務会計における企業の自然環境への影響に対する情報提供が，より有効になると考

えられる。

　本節で見てきたように，1970年代に，既に実際の財務会計理論に適合した土壌汚染の会計処理の提案がされていた。この段階ではまだ試論的な提案であるが，30年以上経た現代に当てはめて考えても理論的に適用可能性があり，検討すべき内容を多く含んでいる。しかしその後米国では，土壌汚染問題に対してスーパーファンド法が制定され，企業にとって土壌汚染修復は法的義務となった。そのような環境法規制への対応を考えると，本節において検証した方法では，企業の土壌汚染修復義務が会計上認識されず不十分である。そこで次に，米国における環境問題に対する法規制と，それに対する財務会計の対応について考察する。

第2節　環境法の制定と財務会計基準

　企業が環境活動を行い，それに伴う環境関連コストを認識する過程において，環境法による規制が大きく影響する。企業は環境法を遵守するために経営資源を投入し，それに伴い環境会計数値が発生する。また環境法の発展により環境情報の開示規制が強化され，定量的に測定する必要が生じる。そのような実務レベルでの対応が企業の財務会計にも重要な影響を及ぼし，財務会計制度において環境会計数値を，正確かつ理解可能・比較可能なものとして認識・測定・開示することが要求されるようになった。このような環境法の制定に伴う環境財務会計を，制度として構築していくことは重要な課題である。

1. 米国における環境法の制定

　米国では環境問題に対して各種環境法を制定し，またEPAの設置によりその遵守を強制し，環境法規制を強化してきた。米国の環境法規は時として巨額な修復費用・損害賠償等を発生させ，企業の財務会計にも重要な影響を及ぼす。その代表的なものが土壌汚染問題に対して制定されたスーパーファンド法（1980年12月に時限立法として成立）であるが，それ以前にもさまざまな環境法が

制定されている。それら米国における主要な環境法を示したものが図表2-2である。

「大気汚染防止法（Clean Air Act）」（1970）は大気汚染の包括的連邦法を規定し、米国のすべての地域で「国家一次/二次周辺大気質的基準（National Ambient Air Quality Standards：NAAQS）」の遵守について評価する。同じく「水質汚濁防止法（Clean Water Act）」（1970）は水質汚濁の包括的連邦法を規定し、国家の水質維持の方法として、水質汚濁を発生させるすべての設備に「国家水質汚濁除去システム（National Pollutant Discharge Elimination System：NPDES）」の認可証を課す。このほか代表的なものとして1976年制定の「資源保護回復法（Resource Conservation and Recovery Act：RCRA）」（1976）があり、「ゆりかごから墓場まで」と言われる有害廃棄物の管理基準を規定している。スーパーファンド法と同様、RCRA セクション7003では、公衆の健康や福祉あるいは環境に切迫した重大な危険がある場合にEPAにその除去・命令的措置・コスト回収等の行動を取る権限を与え、切迫した重大な危険を引き起こす廃棄物投棄を行った者には修復行為とコストの支払いを要求する。同年に制定された「有害物質規制法（Toxic Substances Control Act：TSCA）」（1976）は、健康や環境に悪影響を与える可能性のある化学物質や混合物についての製造・加工・分配を規定している。TSCA では規定物質のリスク情報の報告を求めると同時に、テストと使用制限を義務付けている（SOP 96-1, par. 4.6-4.8参照）。

このように米国では1970年代初頭から議会や州政府が環境保護のための主要な環境法を制定してきたが、これにより米国の証券市場やビジネスも影響を受けるようになった。SECは、1971年に公害問題の社会的関心の高まりから初めて環境に関する情報開示を勧告した。その後局地的な公害問題からグローバルな環境問題へと関心が広がるとともに環境法を背景とした規制を強化し、数々のリリースを出し、企業の年次報告書における環境関連情報の開示を充実・強化してきた。新規にローン契約を結ぶ際、環境上の記載、保障、免責等の考慮が要求される。不動産開発においても、プロジェクトエリアに湿地帯を含んでいないか、過去の活動によって土地や地下水が悪影響を受けていない

図表2-2 米国における主要な環境法

年	環境法	特徴
1970	「大気汚染防止法(Clean Air Act)」	自動車の排気ガス,工場からの排煙など,公衆の健康を脅かす大気汚染物質に関して,EPAが大気の質的基準を設定。原子力発電所(Nuclear Power Plant)についても管理。
	「水質汚濁防止法(Clean Water Act)」	EPAは,河川,湖沼,海洋,湿地などの汚染を減少・除去・防止するために,一定の基準を設定。原子力発電所からの温水の放出も規制。
1972	「騒音規制法(Noise Control Act)」	騒音公害を規制。
	「連邦農薬規制法(Federal Environmental Pesticide Control Act)」	農薬を販売する場合には,予めEPAに登録。
	「海洋保護法(Marine Protection, Research, and Sanctuaries Act)」	海洋投棄を規制。
1973	「絶滅の危機に瀕した種に関する法律(Endangered Species Act)」	絶滅の危機に瀕した種の保護を目的とし,EPAと商務省により執行される。
1974	「安全飲料水法(Safe Drinking Water Act)」	EPAが,公共水道水施設から家庭に供給される水に含まれる汚染物質の上限を設定。
1976	「資源保護回復法(Resource Conservation and Recovery Act:RCRA)」	有害廃棄物を貯蔵・処理・運搬する事業の規制。
	「有害物質規制法(Toxic Substances Control Act:TSCA)」	健康や環境にとって危険な物質について,EPAが製造業者にテストを義務付け規制。
1978	「連邦殺虫剤・殺菌剤・殺鼠剤法(Federal Insecticide, Fungicide, and Rodenticide Act)」	殺虫剤・殺菌剤・殺鼠剤を販売する場合には,予めEPAに登録。
1980	「包括的環境対処・補償・責任法(Comprehensive Environmental Response, Compensation, and Liability Act:CERCLA)」通称スーパーファンド法	有害物質の発生と輸送の規制の対象者に連帯責任を負わせる。①処分・処理施設の現在ならびに過去の所有者及び管理者,②有害物質の輸送者,③廃棄物の輸送を手配した者,④会社のみならず処分を手配した個人も含まれる。

(Whitington [2004], pp. 325-328 を参考にして筆者作成)

か，という環境上の影響を考慮する必要がある。企業の吸収及び買収（Merger and Acquisition：M&A）や土地取引の際にも，過去の廃棄処分に関連した環境修復負債の発生の可能性が厳格責任（strict liability）に基づき影響する。このように環境法規制は，ビジネスのあらゆる事項に影響を及ぼすようになった。また米国の多くの州では連邦法と同様の法律を制定し，さらに先進国を始めとする他の多くの国で，類似の環境法の制定を進めた。

このような諸種の環境法を遵守するために発生する環境コスト・環境負債等の会計数値は，企業の財務会計にも重要な影響を及ぼし，財務諸表の利用者が，期間にわたって，企業の環境上のインパクトと，財政状態・経営成績・キャッシュフローとの関係を認識できる首尾一貫した基準の整備と制定が求められるようになった。このような状況の中，1980年代後半から1990年代にU. S. Environmental GAAP が相次いで公表された。米国では日本の企業会計原則のように，一つに統合された企業会計全体を包括する基準作成ではなく，会計上の問題ごとに会計処理を規定した基準書や指針が発行される "Problem-by-Problem Approach" がとられている。そこで次に，具体的に個別のU. S. Environmental GAAP の制定を見ていく。

2. FASB EITF 89-13「アスベスト除去コストの会計」

FASB 緊急問題専門委員会（EITF）は，財務報告に影響を与える緊急問題を認識し，権威ある表明を履行することによって問題を解決をするため，1984年7月に設立された。1980年代後半，アスベスト汚染に対する社会的関心が高まり，企業所有の建物からアスベストを除去する措置を取らざるを得なくなった。それに伴うアスベスト除去コストの会計処理を定めるため，1989年にFASB EITF Issue No. 89-13 "Accounting for the Cost of Asbestos Removal"「アスベスト除去コストの会計」が制定された。

2.1. EITF 89-13 制定の背景と会計上の問題点

1988年のEPAの統計では，米国内の建物の約20%がアスベストを含んで

いること示していたが，この数値は明らかにさらに高いと推測された。アスベストは防音効果・断熱効果等に優れ，床や天井のタイルのコンクリート中に混入されたり，火災の際の変形を防ぐため構造用建材に吹き付けられたりした。皮肉なことに難燃性が高いため，使用を要求しているビル規範もあった。しかしアスベストのこれら有用な特性が，人体にとっては危険要因となり，発ガン物質であることが認知された。空気中の粒子の肺への侵入を防ぐ人体の通常の防御力ではアスベスト繊維の侵入を食い止めることはできず，人体の通常の免疫力ではアスベストを撃退することはできない。したがってアスベストの暴露は潜在的に危険であり，人体に累積的な影響を及ぼす。しかし建物に使用されているアスベストは，基本的には空気中に放出されたときに人体にとって危険なものとなり，建物中のアスベストの85%は，掻き削られなければ繊維の放出（つまり汚染）を防御できる。したがってアスベストを含んでいても破損していないタイルや建材は，即座に問題となるものではない。本書で使用する「危険なアスベスト」という言葉は，空気中に放出されているアスベストのことを表す。

　連邦法では，潜在的に危険なアスベストに対して学校の検査，及びアスベスト除去計画の作成を要求している。州や地方の法律でも，発見された危険なアスベストの除去や封入を規定している。一般的に危険なアスベストは，発見されたら即座に除去または封入（処理）されなければならない。まだ危険とは考えられないアスベストを処理する建物の所有者の義務については，地方の法律や建物の販売契約，建物の使用目的等に拠る。

　EITF 89-13「アスベスト除去コストの会計」は，資産の所有者がアスベスト除去や封入を行いコストが発生した際の会計処理を規定するものであるが，このとき考慮すべき会計上の問題点として次の2事項を挙げている。
―所有者がすでにアスベスト除去または封入（アスベスト処理）コストをかけたと想定したとき，
　問題1　発生したアスベスト除去コストは，資本化すべきか費用化すべきか
　　　　　(capitalized or expensed)

問題 2　アスベスト除去コストが費用化された場合，損益計算書の Extraordinary Items（特別損益項目）とすべきか

この2点について考察する。

2.2. アスベスト除去コストの資本化または費用化

アスベスト除去コストは，資本化すべきか費用化すべきか。この問題を考察するに当たり，アスベスト除去コストが発生するに至った事象を次の2つに分けて考える。

事象 A：企業がアスベスト問題を既知の事実として当該資産を取得した場合。

事象 B：企業が既存の資産に対して，（例えば要求された検査により）アスベスト問題を認知した場合。建物取得後に，予想外にアスベスト問題が発覚した場合も含む。

事象 A：アスベスト問題を既知の事実として当該資産を取得した場合

取得資産に対して，その意図した用途に適合させるために要したコストを資本化することは，これまでも実務上受け入れられてきた。したがって取得資産の既知のアスベスト除去や封入のために発生するコストは，資産コストの一部として資本化すると仮定される。このときの販売価格は，アスベスト処理コストを考慮して設定されていると考えられる。

また SFAC 6 では資産の3つの主要な特性を述べているが，その1つ目は次のようなものである。「単独または他の資産との組み合わせにより，直接的または間接的に，将来のキャッシュインフローをもたらすという将来便益の可能性が高いものである」(SFAC 6 [1985], par. 26)。この「他の資産との組み合わせにより」，「間接的に」将来のキャッシュインフローをもたらす，という定義に合致しているので資本化すべきと考えることもできる。従業員のモラルという観点だけ捉えても，修復は常に資産を改善し将来便益をもたらす。逆にもしアスベスト処理を行わなければ，その建物は将来のキャッシュインフローをもたらすことはできないかもしれない。

以上考察したように，アスベストの存在を知った上で購入した固定資産に関して合理的期間内に行ったアスベスト除去コストは，その分買値が下げられていたと解され，一般的に資本的支出（capital expenditure）として処理するものと考える。

 基準設定に際して，これに反する意見も存在した。それは，アスベスト除去コストをかけることによって将来期間の便益がもたらされるわけではないので資本化すべきではない，というものである。つまりアスベスト除去コストは通常の資本化要件である ⅰ資産の生産性・効率性の向上，または ⅱ耐用年数の延長，のどちらにも該当しないので，資産を改善させる資本的支出とは区別すべきというものである。

事象Ｂ：既存の資産に対してアスベスト問題を認知した場合

 このとき発生するアスベスト除去コストは，資産の維持コストと考えられる。実務上では，以下 a, b のどちらに該当するかで扱いが決定される。

  a. アスベスト除去コストにより，資産が当初使用時よりも改善されている，または耐用年数が延長している
  b. ただ単に資産を通常の状態に戻しただけである

建築鋼材というのは，アスベストを含むか否かにかかわらず，損傷したら取り替えなければならない。アスベスト除去コストが資産を改善したり耐用年数を延長するとは考え難く，当該コストは発生した期に費用化されると考えられる。さらに法律遵守のためだけにアスベスト処理を行う場合や，処理期間中のテナントや事業移転のために発生するアスベスト処理関連の「特別コスト」は将来期間に便益をもたらすものではなく，常に費用化される。

 しかし事象Ｂに関しても資本化すべきという主張もある。それはアスベスト処理を行わなければ使用不可能となり，耐用年数は非常に短く，アスベスト処理によってのみ建物の耐用年数を延長できるという場合である。また，もしアスベスト処理を行った結果，資産の公正価値が処理コスト以上に高まり資産簿価の上昇をもたらすならば，処理コストを超える資産価値の増加分は資本化すべきと考えられる。このとき所有者は，資産を売却するよりも処理コストを

かけることに経済的インセンティブを持つであろう。実務上は維持コストの性質や大きさが資本化または費用化の決定に影響を及ぼす。

以上事象Bについての考察を要約すると，既存の資産に対するアスベスト除去コストに関して，実務上，ケースにより以下の会計処理のどれかを行うことになる。

(1) アスベスト除去コストは常に費用化する。
(2) アスベスト除去コストは常に資本化する。
(3) 資産の予定された改修に関連した「通常コスト」は資本化し，「特別コスト」は費用化する。
(4) アスベスト処理を行った結果，資産の公正価値が除去コスト以上に高まり資産簿価の上昇をもたらす場合には，除去コストを超える資産価値増加分は資本化し，資産の残存年数にわたって減価償却する。それ以外の除去コストは費用化する。
(5) アスベスト除去コストをカバーする利益を生じさせるに十分な販売価格で資産を売却する，という決定をした後で発生したコストは繰り延べられ，売却益と同じ期に認識する。それ以外のコストは費用化する。

2.3. Extraordinary Items（特別損益項目）

APB Opinion No. 30 [1973] "Reporting the Results of Operations—Reporting the Effects of Disposal of Segment of a Business, and Extraordinary, Unusual and Infrequently Occurring Events and Transactions"「経営成績の報告—ある事業セグメントの廃止，及び性質が異常かつ発生頻度の低い事象や取引による特別損益の影響の報告」の中のExtraordinary Items（特別損益項目）では，Extraordinary Itemsについて次のように規定している。「Extraordinary Itemsとは，性質が異常かつ発生の頻度が低いものであり，他と区別される事象または取引である」(APB Opinion 30 [1973], par. 20)。また次の説明を加えている。「性質が異常または発生の頻度が低いが，その両方を兼ね備えていないものはExtraordinary Itemsの要件を満たしていないので，

継続事業利益の中の独立した項目 Unusual or Infrequent Items（性質が異常または発生の頻度が低い項目）として報告されるべきである」(APB Opinion 30 [1973], par. 26)。

建築鋼材中のアスベストの普及によって，多くの資産所有者がアスベスト除去または封入の問題と直面している。これらのコストは性質が異常ではないが発生の頻度が低いため，上記パラグラフ26を適用し，財務諸表の Income from Continued Operations（継続事業利益）の中で独立した項目として表示することが一般的である。ただし発生頻度の低い項目とするためには，アスベストを含む全資産のすべての見積り処理コストを一度に計上する必要がある。

この問題に関しても基準制定にあたり，Extraordinary Items として報告するのが適当であるという意見も存在した。アスベスト除去コストは，発生頻度が低いというだけでなく，予測できなかったという点で性質が異常である。他の者にとっても同様に債務が発生するという事実は，この主張を覆すものではない。unusual（性質が異常）というのは，ある会社に特有であるということではなく，その会社の知る限りにおいて予測できない類のコストであるということである。

問題2についての以上の考察を要約すると，以下のような会計処理が考えられる。

(1) アスベスト除去コストは性質が異常ではなく，発生頻度も低くないので，Extraordinary Items ではない。
(2) アスベスト除去コストは Extraordinary Items ではないが，発生頻度が低い項目である。
(3) アスベスト除去コストは Extraordinary Items ではないが，アスベストを含む全資産のすべての見積り処理コストを一度に計上するならば，発生頻度が低い項目となる。
(4) アスベスト除去コストは，Extraordinary Items である。

EITF では，アスベスト除去コストは APB Opinion 30 の適用により Extraordinary Items ではなく，Income from Continued Operations の中で独立した

項目として表示すべきであるという合意に達している。

SECは，アスベスト除去コストが資本化されるか費用化されるかにかかわらず，SEC登録企業は「経営者の討議と分析」の中でアスベスト除去コストに関する事項を開示をすべきであると通知している（1989年10月26日 FASB EITF ミーティング議事録より）。

3. FASB EITF 90-8「環境汚染処理コストの資本化」

EITF 89-13「アスベスト除去コストの会計」以後も，環境汚染処理に関連するコストを資本的支出（capital expenditure）とするか収益的支出（revenue expenditure）とするかが議論され，1990年にFASB EITF Issue No. 90-8 "Capitalization of Costs to Treat Environmental Contamination"「環境汚染処理コストの資本化」が制定された。

企業では自発的または法律の要求により，現在または将来の環境汚染を除去・封入・無害化・予防するコスト（環境汚染処理コスト）が発生する。これらは広範囲の支出を含むもので，例えば，石油タンカー漏出に対する汚染除去コスト，ごみ廃棄場の土壌汚染浄化コスト，大気汚染制御機器など有形固定資産取得コストなどが考えられる。ここで問題となるのは，これらの環境汚染処理コストを資本化すべきか費用化すべきか，ということである。

これまでの会計理論では，これら環境に関する支出が企業に将来の経済的便益をもたらす場合には資産計上し，次期以降の収益と対応させて費用化する。その判断においては，財務会計上の資産の要件を満たすかどうかが問題となり，第1章第4節4.「環境資産」では，SFAC 6「財務諸表の要素」の資産の定義を適用して考えた。環境汚染処理コストは，基本的には環境保全という社会的便益を目的としており，企業自体には将来の経済的便益をもたらさないことが多い。したがって財務会計上は評価されず資本化され難い。しかしEITF 90-8「環境汚染処理コストの資本化」制定に際し，一般的には環境汚染処理コストは費用化すべきだが，以下の基準のどれか一つに合致した場合には資本化する，という合意に達した。

(1) 当該資産の生産性，効率性，もしくは安全性を向上するか，または耐用年数を延長する。つまり資産が当初建設または取得された時点の状態と比較して，コスト発生後の状態が改善されている。
(2) 未だ汚染されていないが将来の事業活動等により生じるかもしれない環境汚染を削減または予防する。加えて，資産の状態を当初建設または取得時点よりも改善する。
(3) 現在売却目的として所有している資産の売却準備で発生する。

これらの定義は，資産の生産性や効率性の向上，または耐用年数の延長という従来の会計基準における資本化要件だけでなく，「資産の安全性の向上」「将来の事業活動による環境汚染の削減または予防」も含まれ，資本化要件である将来便益の概念が広義に解釈されている。つまり発生した環境コストはコストを負担した企業自体に将来の経済的便益をもたらすものとは限らず，社会的便益（環境保全）と関連付けられるならば，資産計上して将来の期間に配賦すべきということになる。具体的には企業活動から生じる環境汚染の予防，削減，再生不能資源の保護を目的としたコスト等が資本化される可能性がある。

4. FASB EITF 93-5「環境負債の会計」

FASB EITF は1993年に，環境コストに対して環境負債を認識する場合の会計上の問題点に関して，FASB EITF Issue No. 93-5 "Accounting for Environmental Liabilities"「環境負債の会計」を公表した。

4.1. EITF 93-5 制定の背景と会計上の問題点

企業は環境関連事項に関して，会計上しばしば偶発損失（Loss Contingency）を認識する。SFAS No. 5 [1975] "Accounting for Contingencies"「偶発事象の会計」では，偶発事象（contingencies）を次のように規定している。「将来ある事象が発生したら，あるいは発生しなければ，生じる可能性のある企業の何らかの利益，または損失のうち，その可能性について不確実性を伴うものである」(SFAS 5 [1975], par. 1)。そして同じく SFAS 5 では偶発損失に関して，次

の2つの条件に合致したときに認識を要求している（SFAS 5 [1975], par. 8)。

　a. 財務諸表日において，資産が減損しているか負債が発生している可能性が高い（probable）ということを示す情報を，財務諸表発行前に入手可能である

　b. 損失額が合理的に見積もれる（reasonably estimated）

また FASB 解釈指針（Interpretation）第 14 号 [1976] "Reasonable Estimation of the Amount of a Loss"「損失額の合理的な見積り」では，上記条件 b. において，「単独の金額が合理的に見積り可能になるまで損失計上を遅らせるべきではない」（FASB Interpretation 14 [1976], par. 2）と明言している。具体的には「損失を範囲で見積もることができるならば，偶発損失の金額は，その範囲の中で最も可能性の高い金額（best estimate than any other amount within the range）となる。見積り範囲の中で他よりも可能性の高い金額がない場合には，その範囲の中の最低金額（minimum amount in the range）を偶発損失として計上する」（FASB Interpretation 14 [1976], par. 3）。

以上のような偶発損失認識要件に適合し，環境負債を計上する際の会計上の問題点として，次の2事項を検討した。

　問題 1　発生の可能性が高い環境損失に対する合理的な回収可能額（保険回収額，第三者による拠出など）は，環境負債と相殺可能か

　問題 2　環境負債はどのような場合に割り引かれるか

4.2. 潜在的回収可能額との相殺

基本的に環境負債と，環境損失に対する潜在的回収可能額とは区別して評価されるべきである（a two-event approach）。また環境損失は，回収が合理的に可能というだけでは潜在的回収可能額によって減額されるべきではなく，回収の実現可能性が高い場合にのみ減額されるべきである。

4.3. 環境負債の割引

貨幣の時間価値の影響を反映させて環境負債を割引くことは，具体的に特定

の債務が確定しており，かつ現金支払いの金額と時期が固定している場合にのみ適切である。その際，負債の回収に関連して認識された資産もまた，貨幣の時間価値の影響によって割引かれる。もしも環境負債の認識による損失を範囲でしか見積もることができず，その範囲内で最も可能性の高い金額を見積もることができない場合には，その環境負債に対する支払い金額は固定されているとは言えず「信頼性のある決定」をすることができないので，環境負債の現在価値への割引は適切ではない。

しかし，実際に現金支払いの金額と時期が固定される時点を，どのように決定すべきなのか疑問が残る。SECのオブザーバーは，SECスタッフの見解「信頼性のある決定」は，前出のSFAS 5, par. 8 b.の「損失額が合理的に見積もれる」よりも高い要求水準であると述べている。EITFでは，環境負債の割引に関する「信頼性のある決定」という定義の解釈の出発点として，次のような指針を示した。「負債の計上金額は，負債決済時の見積り支払い金額の（現在利率を使用しての）現在価値とすべきである。ただし長期の負債に対する現在利率での割引は，予想される将来のインフレの影響が認識され，支払いの時期が合理的に見積もられ，割引前の負債の計算に合理的な客観性があり，かつ検証可能な場合において適切である。このときの割引前の負債金額は，アクチュアリーのようなスペシャリストによって計算されるべきである」(EITF 93-5, par. 7)。割引による影響の重要性が高い場合には，財務諸表に割引前の負債金額，関連する回収額，使用された利率等を開示すべきである。

EITFでは環境負債の割引に関する「信頼性のある決定」という定義において，環境負債の見積りにどのようなコストを含めるべきか，インフレの影響を考慮すべきか，どのような割引率を使用すべきか，という問題に対して明確な規定を示そうと試みたが，この問題に対する指針の提示は困難であるという結論に至った。同様の問題を検討するため，AICPAは専門委員会を設立し，FASBは現在価値に基づく会計測定を研究する主要なプロジェクトを開始した。したがって，環境負債の割引に関する更なる討議は，FASBやAICPAの研究結果に委ねるべきであるとして中断された。

実際にこのFASB EITF 93-5「環境負債の会計」の基準は，後に1996年に公表されたAICPA SOP 96-1 "Environmental Remediation Liabilities"「環境修復負債」に組み入れられた。この内容については次節で考察する。

第3節　スーパーファンド法と環境負債の認識

1.　スーパーファンド法制定の背景

　米国では1970年頃から主要な環境法が相次いで制定されてきたが（図表2-2参照），財務会計上，環境問題への対応に最もインパクトを与えたと考えられるのが土壌汚染問題に対するスーパーファンド法である。土壌汚染とは人の活動によって排出された有害廃棄物により土壌が汚染された状態であり，人の健康を損なう可能性だけでなく土地の資産価値を下落させ，企業イメージを低下させるリスクもある。このような土壌汚染が社会問題化した。

　土壌汚染問題に対して，その対策及び開示要求を強めた事件として，1978年の「ラブキャナル事件（Love Canal incident）」がある。これはニューヨーク州ナイアガラ滝近くのラブキャナル運河で起きた有害化学物質による汚染事件で，化学合成会社が同運河に投棄した農薬・除草剤などの廃棄物が原因物質であった。同社の廃棄物の中には，BHC（ベンゼンヘキサクロライド），ダイオキシン，トリクロロエチレン等の猛毒物質も含まれていた。その後運河は埋め立てられ，土地は売却され，小学校や住宅などが建設されたが，埋立後約30年を経て投棄された化学物質が漏出し，地下水や土壌汚染の問題が表面化した。地域住民の健康調査でも流産や死産の発生率が高いことが確認され社会問題となった。小学校は一次閉鎖，住民の一部は強制疎開，一帯は立入禁止となり，国家緊急災害区域に指定された[(2)]。

　この事件を契機に，全米規模の土壌汚染調査が行われた。その結果，土壌汚染の危険のある有害廃棄物処分地は3万から5万ヶ所に上り，各汚染サイトの浄化コストは平均2,500万ドル，最も深刻な問題を抱えるサイトでは1億ドル以上に及ぶと見積もられた（Kieso・Weygandt・Warfield［2004］, p. 638）。このよ

うな土壌汚染に対して EPA は，1980 年に「包括的環境対処・補償・責任法（CERCLA）」を制定したが，その巨額な浄化費用に対処するために信託基金が設立され，通称スーパーファンド法と呼ばれるようになった。

その後 1981 年の「シリコンバレー地下水汚染事件」を経て，1986 年にスーパーファンド法を改正した。スーパーファンド法の厳しい責任追及の影響でブラウンフィールド[3]の開発が進まなくなってしまったため，連邦議会は同法を改正して「スーパーファンド法修正・再授権法 (Superfund Amendments and Reauthorization Act：SARA)」を制定し，汚染責任を免れる者として「善意の土地所有者」[4]を規定した。それとともに，世界に先駆けて有害化学物質の環境への排出量の把握及び管理の改善の促進に関する法律 TRI (Toxics Release Inventory) 法「有害化学物質排出目録」[5]が成立した。スーパーファンド法は 5 年間の時限立法であり，1980 年法の際の信託基金の規模は 16 億ドル（約 1800 億円），1986 年法では 85 億ドル（約 9800 億）に増額された（SOP 96-1, par. 2.2）。1991 年以降更新されていないが，現在も存続している。

スーパーファンド法の主な目的は，有害廃棄物の不適切な処理・処分に起因する土壌汚染の浄化を推進することであり，連邦政府が有害物質投棄場所の分別を行い浄化費用負担者を決める。「汚染者負担の原則 (polluter pays principle)」に基づき，汚染用地の浄化費用を，有害物質処理に関与したすべての潜在的責任当事者 (PRPs) に負担させる。PRPs が特定できない場合や特定できても賠償資力がない場合には，スーパーファンドを使って汚染用地の浄化・改善を行う。PRPs の対象は，以下のように広範囲に及ぶ（SOP 96-1, par. 2.3）。

a. 有害物質を廃棄・処分したサイトの現在の所有者・事業者
b. 有害物質が廃棄・処分された当時の所有者・事業者
c. サイトへの有害物質の廃棄を行った当事者
d. 廃棄処理場としてそのサイトを選別し，有害物質を輸送した当事者

またスーパーファンド法はすべての除去費用に対して，(1) 厳格責任 (strict liability)，(2) 連帯責任 (joint several liability)，(3) 遡及責任 (retroactive liability) を課す。それぞれの法理の内容は以下のようなものである。

(1) 厳格責任主義とは無過失責任の法理であり，加害者の故意・過失の有無を問わず責任を追及する不法行為責任原則である。したがって正当な注意（due care）を払っていても，PRP に該当するだけで自動的に浄化責任者にされる。

(2) 連帯責任主義においては，複数の PRPs を一体として賠償責任者にすることができると同時に，個別に単一の PRP に損害額の全額を請求できる。自己の負担額以上の弁済を行った PRP は，その他の共同責任者に求償できる。

(3) 遡及責任主義とは，過去に法規がなく違法ではなかったとしても，現行の法規によって PRP と認定されると当該責任を回避できないという法理に基づく。遡及責任によって，現在の施設の所有者のみならず過去の所有者・事業者にまで責任が追及される。

つまりスーパーファンド法による責任は，当事者に故意・過失があったか，廃棄・処分の時点で環境法を遵守していたか，また当事者が有害物質の処分に関与しそこから利益を得ていたかに関係なく課せられる。したがって何年も前（スーパーファンド法制定前）に正規に有害物質を廃棄した当事者にも，土壌汚染修復義務が及ぶ可能性がある。また EPA は，違反者に対して行政命令や民事上の罰則を科すことにより環境保護法（Environmental Protection Laws）の遵守を強制する。

土壌汚染に対する厳しい責任追求と修復義務を課すスーパーファンド法の制定によって，企業における環境負債の認識・測定・開示が財務会計上重要な問題となり，1996 年 AICPA は，SOP 96–1「環境修復負債」を公表した。SOP 96–1 の主な目的は，環境修復負債を認識・測定・開示すべき特定の状況において，企業が適用する現行の強制力のある会計規範を改善し，具体化することである。この指針適用に際して，厳格責任，連帯責任，遡及責任という特徴を有するスーパーファンド法を初めとする環境法，及び環境修復手続きの過程を理解することが必要である。したがって SOP 96–1 は 2 つのパートから構成されており，パート 1 では，公害規制（責任）法や環境修復（浄化）法に関する

主要な連邦法,州法,及び米国以外の法規に関して考慮すべき事項が論じられている。パート2では,パート1で示した環境法に起因した環境修復負債の認識・測定・表示・開示に関連した会計問題について,強制力のある指針を示している。

2. スーパーファンド修復プロセス

SOP 96-1パート1に基づき,スーパーファンド法の土壌汚染修復プロセスを追う。図表2-3は「典型的なスーパーファンド修復プロセス」を図式化したものであり,これに沿って各段階の修復手続きの内容を説明していく(SOP 96-1, par. 2.12-2.29に基づく)。

A. 修復のための国家優先リスト (National Priorities List:NPL) への登録

CERCLAセクション103 (c) では,企業に有害物質の廃棄場所の開示を要求する。企業が提供した報告書に基づき,EPAは1981年に3万サイト以上を監視対象に認定し,また「包括的環境対処・補償・責任情報システム (Comprehensive Environmental Response, Compensation, and Liability Information System:CERCLIS or CERCLA Information System)」と呼ばれるデータベースを作成した。

CERCLISデータベースに登録された各サイトは,第一段階として入手可能な情報を基にサイト修復活動の必要性についての事前調査が行われ,その結果,対象からはずされるか,更なる調査や検査が行われるかが決定される。また各サイトは,危険格付けシステムという算術的な格付け技法を用いて格付けされる。EPAと各州は,この技法から得られるさまざまなスコアを用いてサイトに優先順位をつけ,更なる調査や修復のための資財を割り当てる。一般的にハイスコア (28.5以上) のサイトは,長期的又は永久的な解決行動である修復活動を行うため,国家優先リスト (NPL) に登録される。

B. 可能な除去行為

公衆の健康や環境に危険を及ぼす可能性のある場合には緊急または早期の除去行為が必要であり,EPAが適切な除去活動を行うかPRPsに強制執行させる。これは図表2-3の修復プロセスのどの段階においても発生しうる。

図表 2-3 典型的なスーパーファンド修復プロセス

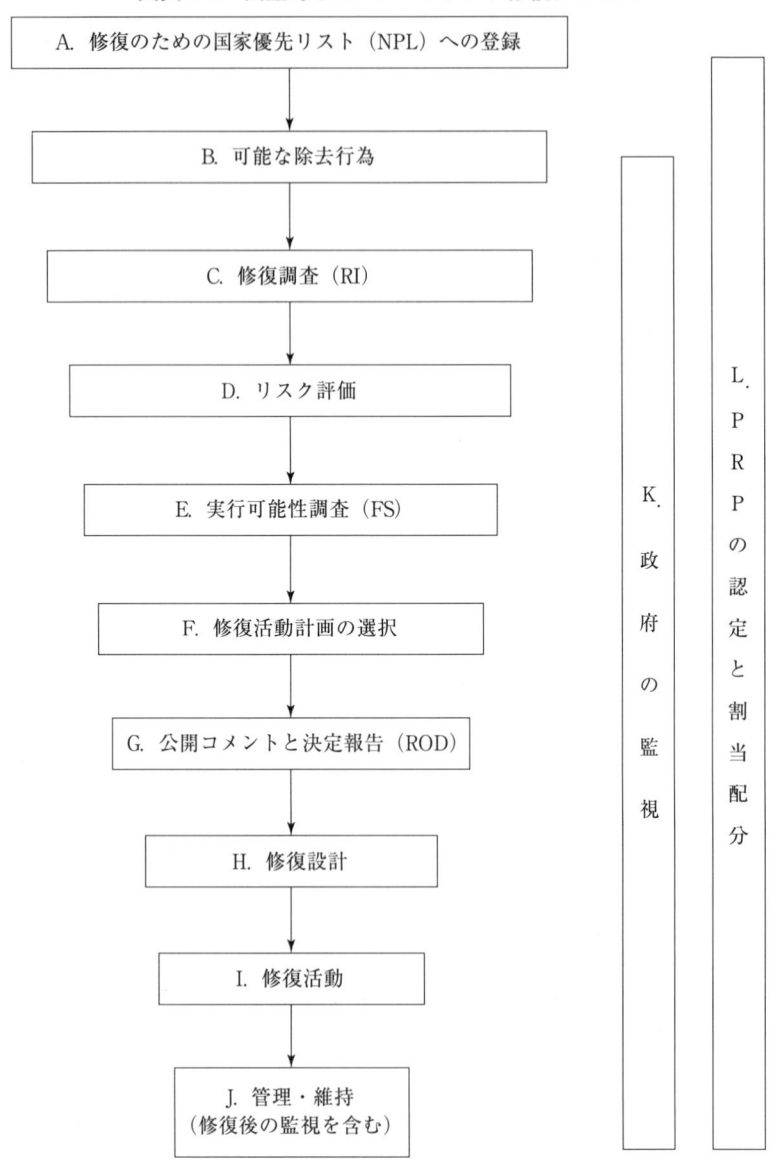

```
┌─────────────────────────────────────────┐
│ A. 修復のための国家優先リスト（NPL）への登録 │
└─────────────────────────────────────────┘
                    ↓
┌─────────────────────────────────────────┐
│           B. 可能な除去行為              │
└─────────────────────────────────────────┘
                    ↓
┌─────────────────────────────────────────┐
│           C. 修復調査（RI）              │
└─────────────────────────────────────────┘
                    ↓
┌─────────────────────────────────────────┐
│            D. リスク評価                 │
└─────────────────────────────────────────┘
                    ↓
┌─────────────────────────────────────────┐
│         E. 実行可能性調査（FS）          │
└─────────────────────────────────────────┘
                    ↓
┌─────────────────────────────────────────┐
│          F. 修復活動計画の選択           │
└─────────────────────────────────────────┘
                    ↓
┌─────────────────────────────────────────┐
│       G. 公開コメントと決定報告（ROD）    │
└─────────────────────────────────────────┘
                    ↓
┌─────────────────────────────────────────┐
│              H. 修復設計                 │
└─────────────────────────────────────────┘
                    ↓
┌─────────────────────────────────────────┐
│              I. 修復活動                 │
└─────────────────────────────────────────┘
                    ↓
┌─────────────────────────────────────────┐
│           J. 管理・維持                  │
│       （修復後の監視を含む）             │
└─────────────────────────────────────────┘
```

K. 政府の監視

L. PRPの認定と割当配分

（SOP 96-1, par. 2.12 figure 1 に筆者加筆）

第3節　スーパーファンド法と環境負債の認識　71

C.　修復調査（Remedial Investigation：RI）

　修復調査（RI）は環境技術者によって包括的に行われる調査であり，サイトにおける有害物質の性質や範囲，潜在的なリスク等を調査する。

D.　リスク評価

　この段階におけるサイト特有の基本的なリスク評価では，サイトにおける潜在的なリスクを特徴づけ定量化する。この基本的なリスク評価は，次の実行可能性調査で用いられる。

E.　実行可能性調査（Feasibility Study：FS）

　修復調査に続いて実行可能性調査（FS）が行われる。実行可能性調査は推奨される修復活動や代替的な修復活動を評価するため，前段階の修復調査の情報に基づいて行われる。具体的には次のような内容を含む。

・潜在的な修復代替案を明らかにする。
・各修復代替案のコストを見積もる。
・技術面，公衆の健康，環境規制要求事項等に照らし合わせて代替案の可能性をスクリーニングし，劣っている代替案をはずす。
・スクリーニング後の代替案に対してEPAの諸規準を適用し，詳細分析を完了する。

　修復調査と実行可能性調査（RI/FS）の完了には最低でも2年を要し，有害物質や土壌造成に関しては5年以上を要する。そのためのコストは100万ドルを超える。EPAはその間，RI/FSの進捗度を監視する。

F.　修復活動計画の選択

　RI/FSが完了すると，修復活動計画選択のプロセスに入る。修復活動計画の選択に当たっては，EPAが最初に当該サイトに適用すべき浄化基準を認定し，選択される修復活動計画はこの浄化基準，他の環境保護要求，規則，制限等を満たしていなければならない。これらは適用されるべき適正な要件（Applicable or Relevant and Appropriate Requirements：ARARs）として知られ，この要件に適合した修復方法を認定し，最後にその中で最もコスト効率のよい修復方法を選択する。

G. 公開コメントと決定報告（Record of Decision：ROD）

選択された修復活動計画（Proposed Remedial Action Plan：PRAP）に対して，関心のある人は公開コメントを出すことができる。EPAは受け取った公開コメントをレビューし，必要があれば修復活動計画を修正し，修復が実施される時間的フレームと修復内容を特定し，決定報告（ROD）を発行する。

EPAは定期的に修復活動計画の有効性をレビューし，計画の変更や追加の測定を要求することができる。EPAのレビューは通常5年ごとに行われ（修復の初期の段階ではもう少し頻繁に），NPLの登録から外れるまで継続される。

H. 修復設計

RODの発行に続いて修復の詳細設計の段階に入る。この段階では，サイト修復の技術的な図面や仕様を含むサイト修復計画の遂行を推進する。

I. 修復活動

RODで特定されたサイト修復に基づく修復設計を実際に構築・施工する。一般的にはRODで特定された技術を使用するが，スーパーファンド法の目的の一つは修復技術の改善を推進することでもあり，EPAは時として代替的な未承認の技術を使用する革新的なアプローチに同意することがある。

J. 管理・維持（修復後の監視活動を含む）

修復活動完了後，修復が有効かつ適切に管理・維持されていることを確認するための行為が取られる。例えば，地下水を汲み上げ処理するシステムの施工（修復活動）のあと，そのシステムを継続して操業管理・維持する。EPAは修復後の監視活動を要求することができ，これらの管理・維持活動は30年以上続くこともある。

K. 政府の監督

スーパーファンド法の基では，アメリカ大統領が有害物質除去に対する広範な自由裁量を有しているが，実際には大統領は，土地，地下水，上水に関するこの権限を主にEPAに委任している。したがってスーパーファンドプログラムは，修復プロセスのそれぞれの段階を通してEPAによって支配されている。

第3節 スーパーファンド法と環境負債の認識   73

L. 潜在的責任当事者（PRP）の認定と割当配分

図表2-3に示すように，PRPの認定とPRPs間でのコストの割当配分は，修復プロセスの全行程を通して継続的に行われる。次項で，PRPの認定とコストの割当配分について，具体的なプロセスを述べる。

3. 潜在的責任当事者（PRP）

CERCLISデータベースに登録された国家優先リスト（NPL）や，州の優先リストに企業が関連するサイトが出現することによって，企業はスーパーファンドサイトへの潜在的関与を知る。時に企業は，指定サイトに輸送した廃棄物に関してEPAから情報要求（セクション104(e)要求）を受け取ることによって関与を知ることもある。しかしスーパーファンドへの関与が確定するのは，通常EPAからPRPであることを通知されたときである。

一たびPRPとしての通知を受けたら，特定サイトにおけるPRPsの組織を結成し，政府との交渉を行い，調査や修復行為の責任が生じる。事前に各PRPのサイトへの廃棄量（相対的な毒性には関係ない）などによりコスト配分が行われることもあるが，後にサイトについて新たな情報が入手された段階で変更になりうる。コスト配分の交渉プロセスは，究極的には次の3つのどれかに帰する（SOP 96-1, par. 2.35）。

- a. **当事者間の交渉による決着** PRPsとEPAとで，サイトを浄化する者及びコストの配分について合意する。EPAは時として強制力を持たない介助を行う。
- b. **一方的な執行命令** EPAはCERCLAセクション106—有害物質の廃棄によって人の健康や環境に「切迫した本質的な危険」をもたらすサイトを浄化することを強制する—に基づき，PRPsに対して一方的な執行命令を発行する。
- c. **セクション107** EPAがサイトを修復した後，セクション107に基づいてPRPsにコストの回収を請求する。EPAは対応コスト（除去コスト，修復コスト，強制行動コスト）の支払い要求をするため，PRPsに書面を

発行する。この書面によって決着しない場合には，裁判によって支払いを請求することができる。

修復に参加したPRPsはコストを回収するため，修復に参加しなかったPRPsを訴えることができる。

以上本節ではSOP 96-1パート1に基づき，1.スーパーファンド法制定の背景，2.スーパーファンド修復プロセス，3.潜在的責任当事者 (PRP)，について概観してきたが，次にPRPとなった場合の環境修復コスト及び負債に関する会計処理方法をSOP 96-1パート2に基づいて考察する。

4. AICPA SOP 96-1「環境修復負債」part 2 会計指針

4.1. SOP 96-1制定の背景

1992年のプライスウォーターハウスの調査で，調査対象となった米国の大企業523社のうち，約62％の企業が財務諸表に計上すべき環境関連負債の存在を認識していながら計上していない，ということが明らかになった。またこの調査では，環境修復コストの測定は難しく，環境修復負債を報告する時期が実務上まちまちであることが判明した (Price Waterhouse [1992])。

このような状況を受け，1993年1月にAICPAでは環境問題円卓会議を開催し，次項の調査・検討を行った。

・財務諸表における環境関連事項に対して，一般に公正妥当と認められた会計原則（GAAP），及び一般に公正妥当と認められた監査基準（GAAS）を適用する際の実務上の問題点

・環境関連事項に現行の会計及び監査基準を適用する際，強制力のある会計及び監査の指針が必要とされる会計問題の認識

・環境関連事項に関する会計問題への新たな指針の公表及びその推進

特にSECスタッフが注目した事項は，環境修復負債の会計処理及び開示の問題であった。このような調査・検討の結果，AICPAは1996年10月に環境負債に関する実務指針SOP 96-1「環境修復負債」を公表し，1996年12月15日

以降に始まる会計年度に対して適用した。

基本的に SOP 96-1 が規定するのは次のような環境法に起因した環境修復負債である。

- ・スーパーファンド法
- ・資源保護回復法（RCRA）の正規活動規定
- ・RCRA に類似した州及び U.S. 以外の法律または規則

SOP 96-1 は主に上記環境法により義務付けられた環境修復負債に，SFAS 5 による偶発損失の認識要件を適用するための指針であり，通常環境修復負債は SFAS 5 パラグラフ 8 の負債認識要件に適合したときに計上される。一般に米国は EU 諸国に比べ，法規制に対する厳格な負債認識要求と高額なペナルティを設定しており（Bennett・James [1998], p. 53），財務会計においても負債とペナルティの認識及び回避に焦点を当てた環境負債の認識・測定・開示の問題を扱っている。また SOP 96-1 は，主に過去の事業活動に起因する環境汚染の改善・修復・浄化等により発生する環境負債を規定しており，将来の事業活動に起因する環境負債の会計処理については，2001 年に FASB が公表した SFAS 143 号 "Accounting for Asset Retirement Obligations"「資産除去債務の会計」等で規定されている。SFAS 143 に関しては，第 3 章第 1 節で取り上げ，詳細な分析・考察を行う。

4.2. 環境修復負債の認識

SFAS 5 では，次の 2 つの条件に合致したときに負債認識を要求している（SFAS 5 [1975], par. 8）。（本章第 2 節 4 項にも記載）

a. 財務諸表日において，資産が減損しているか負債が発生している可能性が高い（probable）ということを示す情報を，財務諸表発行前に入手可能である

b. 損失額が合理的に見積もれる（reasonably estimated）

企業によって認識される環境修復負債は，現実的には発生の可能性の程度を明確な事象として区別したり，特定時点において損失額を確定することは困難な

場合が多いが，上記 a., b. の負債認識要件の適用について検証してみる。

a. 環境修復負債の原因となる事項は，修復活動（少なくとも調査）が行われるサイトにおける過去又は現在の活動や，そのサイトへの廃棄や輸送によるものであるが，環境修復コストに対する負債の存在はその事象や活動の継続によって明確となり，それに伴い損失額の見積りが可能となる。財務諸表において負債を認識するためには，これらの事項が財務諸表日前に明らかになっていなければならない。

b. 損失額の見積りは，どの段階においても不確実性を含んでいるが，特に修復プロセス（本節2項参照）の初期の段階では不確実性が高いため，コストの見積りが困難な場合が多い。コストの見積りに必要な要因として，次の事項が考えられる。

・サイトにおける有害物質の種類と量
・修復に使用可能な技術の範囲
・修復に対して許容された基準
・他の PRPs の数，財政状態，及び修復に対する彼らの責任の範囲（つまり彼らがサイトに廃棄した有害物質の種類と量）

FASB Interpretation 14「損失額の合理的な見積り」では，SFAS 5 のパラグラフ 8 b.「損失額が合理的に見積もれるとき」の認識要件を，「損失額の範囲が合理的に見積もれるとき」に拡張している。修復プロセスの初期の段階では不確実性が高いため損失額を簡単に定量化することはできないが，実務的には見積りは範囲で行われる。決定される見積り金額は，範囲の中で最も可能性の高い見積り金額がある場合にはその金額，ない場合にはその範囲における最低金額となる（例 2-1 参照）。

環境修復負債の見積りは，当該サイトに他の PRPs が含まれているとき，さらに複雑になる。サイト修復に関連するコストは PRPs 間で配分されるが，企業の最終的な債務は PRPs 間でのコストの配分交渉や，他の PRPs の基金の能力に依存し，修復が実質的に完了するまで確定しない。しかし配分に関する不確実性は，企業の負担割合を最善の見積り額で認識することを妨げるものでは

例2-1　環境修復負債の合理的な見積り額

A社は，環境修復コストがAICPA SOP 96-1の負債認識要件に合致していると認定し，下記4つの構成要素からなる環境修復負債について，見積り額を決定する。

要素W	単独見積り額	$450,000
要素X	見積り額の範囲	$300,000から$700,000，範囲内の最善の見積り額 $325,000
要素Y	見積り額の範囲	$75,000から$200,000，範囲内の最善の見積り額なし
要素Z	見積り不能	

上記に対する見積り額は，現時点では以下のように決定される。ただし将来追加情報により調整する可能性がある。

要素W	$450,000
要素X	325,000
要素Y	75,000
要素Z	0
	$850,000

(Williams・Carchello・Weiss [2000], 12.09を参考に筆者作成)

なく，最善の見積りができない場合でも，修復負債の合計金額が一定の範囲で合理的に見積もれるのであれば，見積り範囲の最低金額が認識される。

4.3. 環境修復負債の測定

前項で示したように，企業は環境修復コストの発生可能性が高いと認識した場合には，入手可能な情報に基づき損失額を見積もる。環境修復負債を財務諸表で報告するに当たり，計上金額の測定では次の事項を考慮すべきである。

4.3.1. 予想される将来事象の影響及び割引

サイト修復に要する期間は長期に及ぶことが多く，修復プロセスを統制する法律や修復活動を遂行するための技術は修復過程で変更になりうる。加えてインフレの影響や生産性の改善も，発生するコストの見積りを変える。修復技術は絶えず変化しており，多くの場合，新技術は環境修復コストの変更をもたらすが，基本的に負債見積りのための修復活動計画は，当初見積り時において，

修復行為を完了するために承認されると予想される技術に基づくべきである。そして改訂が受容される可能性が高いとみなされるまでは，それを負債認識のベースとして継続するべきである。

また負債の測定は，負債に対する現金支払いの金額と時期が確定しており，「信頼性のある決定」がなされるならば，貨幣の時間価値を考慮して現在価値に割り引く。これは EITF 93-5「環境負債の会計」に適合させた考え方である（本章第2節4項参照）。EITF 93-5 において合意した結論は，パブリックコメントを含み正当なプロセスを踏んで制定された当 SOP 96-1 に組み入れられ有効に引き継がれた。つまり EITF 93-5（カテゴリーC）で表明された会計基準は，GAAP のより階層の高い SOP 96-1（カテゴリーB）に引き継がれたのである（GAAP の階層については図表1-6参照）。

4.3.2. 潜在的責任当事者（PRPs）間での配分

環境修復負債は，PRPs 間での割当配分の見積りに基づくべきである。サイト修復に対して責任を持つ PRPs は，図表2-4の5つのカテゴリーのどこかに属する。修復プロセスの途中で，ある PRP カテゴリーから他の PRP カテゴリーへ移行することもある。

サイトの割当配分を決定するための方法および比率は，(a) PRPs 間での合意，(b) コンサルタントによる指示，(c) EPA による決定，などによって行われる。また使用された配分方法や比率は，修復プロセスが進行するにしたがって変更になることもある。また，各 PRPs が修復負債の割当を支払う可能性を評価すべきであり，他の PRPs が支払いを拒否すると予想される場合には，負債額の中に当該金額を含めるべきである。

4.3.3. 潜在的回収の影響

環境修復コストに対する潜在的回収額は，環境修復負債とは区別して認識される。潜在的回収は，保険会社，関与している PRPs 以外の PRPs，政府，第三者のファンドなど多様な当事者から為される。基本的に環境修復負債の金額はいかなる潜在的回収額からも区別して測定されるべきであり，回収に関連する資産は，回収請求の実現可能性が高いときにのみ認識される。もしも請求が

訴訟に関わる場合には，回収請求の実現可能性が高いとは考えられない（SOP 96-1, par. 6.21）。

潜在的回収額の測定には，基本的に公正価値が使用される。公正価値の概念において，回収受領に関連する取引コスト，貨幣の時間価値が考慮される。しかし，(a) 負債が割り引かれていない場合，(b) 回収時期が負債決済時期に

図表2-4　**PRPs のカテゴリー**

カテゴリー	属性
a.「関与している PRPs（Participating PRPs）」	サイトへの潜在的な関与を認めている PRPs。能動的態度でサイトに関する管理，交渉，監視活動及び修復活動に参加している PRPs と，受動的態度で関与の強い PRPs の行動や決定を監視している PRPs とに分かれる。「プレイヤー（player）」とも呼ばれる。
b.「反抗的な PRPs（Recalcitrant PRPs）」	サイトへの関与を示す証拠があるにもかかわらず，修復活動全体に対して反抗的な態度をとる PRPs。概してこのカテゴリーの PRPs は，修復負債の割当配分を回収するために訴えられることが多い。「関与していない PRPs（nonparticipating PRPs）」とも呼ばれる。
c.「立証されていない PRPs（Unproven PRPs）」	EPA によって PRPs として認識されているが，そのサイトに関わる現存する実質的証拠がないため潜在的な関与を立証できない。負債の存在を示す実質的証拠が見つからず結局はリストからはずされるか，実質的な証拠が見つかりこのカテゴリーから a.「関与している PRP」，または b.「反抗的な PRP」に再分類される。時に「雑草に隠れている PRPs（hiding in the weeds PRPs）」とも呼ばれる。
d.「PRPs とは認識されていなかった当事者（Parties that have not been identified as PRPs）」	修復プロセスの初期の段階では，PRPs のリストは容易に判明した一握りの企業に限られており，そのサイトの更なる調査や修復活動によって，追加の PRPs が認識されることもある。一旦 PRPs として認識されたら，追加の PRPs は，このカテゴリーから a.「関与している PRPs」，または b.「反抗的な PRPs」に再分類される。時に「知られざる PRPs（unknown PRPs）」とも呼ばれる。
e.「PRPs ではあるが，所在がわからないまたは資産を持たない当事者（Parties that are PRPs but cannot located or have no assets）」	認識されたとしても，このカテゴリーの PRPs からの拠出はない。時に「孤児のシェア（orphan share）」とも呼ばれる。

（AICPA SOP 96-1 [1996], par. 6.15 を基に作成）

依存する場合には，潜在的回収額の測定に貨幣の時間価値を考慮すべきではない。通常，環境修復負債の発生可能性が高く，かつ金額が合理的に見積もれる時点は，関連する潜在的回収の実現可能性が高い時点よりも先行する（SOP 96-1, par. 6.22）。

4.4. 開　　示

APB Opinion No. 22［1972］"Disclosure of Accounting Policies"「会計方針の開示」は，財務諸表の注記の会計方針に記載すべき会計原則に関して規定しており，「財政状態や経営成績の認識に重大な影響を及ぼす会計原則は開示すべきである」（APB Opinion 22［1972］, par. 12）と述べている。特に代替的な方法が存在する場合には，適用した会計原則及びその適用方法を開示すべきである。環境修復コストの重要性は高まっており，多くの環境偶発損失の会計は判断すべき内容を含んでいるため，環境修復コスト・環境修復負債計上における適用基準等の開示は，企業の財務諸表の使用者の理解に有用である。

また環境修復負債が割引ベースで測定されているかどうかも開示すべきである。現在価値法を使用している場合には，追加の開示が必要となる。この他要求事項ではないが，企業の環境修復関連の債務によって発生する偶発損失の認識の引き金となった事象や状況（実行可能性調査中や終了時の事項等）についての開示や，潜在的回収の認識時期に関する開示などが自発的に行われている（SOP 96-1, par. 7.12）。例2-2は，環境修復コストに関する会計方針の注記による開示例である。

以上見てきたように，米国では1980年のスーパーファンド法を代表とする各種環境法の制定に伴い，財務会計における環境負債の認識・測定・開示が重要な課題となり，1996年にそれに対応するための会計基準 AICPA SOP 96-1「環境修復負債」が公表された。これにより実務的にも，部分的にではあるが，環境問題に対する会計処理をGAAPに準拠した形で行うことが可能になり，さらにGAASを適用した監査を実施することが可能になった。

つまり米国において環境財務会計が発展してきた背景には，土壌汚染問題に

第4節　日本の土壌汚染対策法と会計

例2-2　環境修復コストに関する会計方針の注記による開示

　環境修復コスト—B社は環境修復債務に関わる損失を，発生の可能性が高く，かつ金額が合理的に見積もれるときに計上する。環境修復債務に対する見積り損失の計上は，一般的に実行可能性調査の終了前に認識される。その計上金額は，追加の情報や状況の変化によって調整される。環境修復債務に対する負債は，現在価値に割り引かれていない。他の当事者からの環境修復コストの回収は，その受領の実現可能性が高いと判断された時点で，資産として認識する。

（Williams・Carchello・Weiss［2000］, 12.16を参考に筆者作成）

対するスーパーファンド法の制定とそれに伴う多額の負債認識があり，現在では米国の多くの企業が財務諸表上に土壌汚染に関する環境修復負債を計上している。これらを踏まえた上で，次節では土壌汚染に対する国際的動向，特に日本における2002年の土壌汚染対策法の制定およびその後の企業の実態について，会計的な対応を含めて考察していく。

第4節　日本の土壌汚染対策法と会計
—企業の実証例を踏まえて—

　前節では米国における土壌汚染問題に対するスーパーファンド法の制定，及びその会計的な対応を見てきたが，他の国では土壌汚染に対してどのような対策がとられてきたのだろうか。これまで各国ごとに行われてきた会計基準設定活動は，今後はグローバルスタンダードという視点で行われていく必要がある。そこで本節では，欧州及び日本の土壌汚染対策法と，その会計的な対応を見ていく。特に2002年制定の日本の土壌汚染対策法については，企業の対応・取り組みに関する調査を行い，結果を欧米との比較を交えながら分析した上で，土壌汚染対策法制定に伴う会計的な対応の問題点を考察し，課題・展望を見出す。

1. 土壌汚染対策の国際的動向

1.1. 欧州における土壌汚染対策

土壌汚染対策では米国が世界の先鞭と言えるが,ドイツ,オランダ,イギリスなど欧州各国でも対策が進められてきた。欧州諸国は地理的に面積が狭く工業密度が高いため,何らかの処理を施さなければならない状況にあった。1980年代に入り,欧州先進国からの廃棄物がアフリカの開発途上国に放置され,環境汚染問題が発生した。経済協力開発機構(Organization for Economic Co-operation and Development:OECD)及び国連環境計画(UNEP)で検討が行われ,1989年にスイスのバーゼルにおいて,一定の廃棄物の国境を越える移動等の規制に対して国際的な枠組み及び手続等を規定した「有害廃棄物の国境を越える移動及びその処分の規制に関するバーゼル条約」が作成された[6]。

1990年代半ばからはドイツ,オランダ,イギリスなどの欧州各国でも,土壌汚染対策のための土壌保護法等が制定された(図表2-5参照)。欧州の土壌汚染対策は米国のように埋め立てを主とするものではなく,何らかの浄化処理を施すものであり,それを導くために強力な法制度をつくっている。米国型は,土壌汚染が人の健康に対してリスクにならないような手段を維持・管理していくことに主眼を置き,経済活動の中でバランスよく吸収しようと考えるのに対し,欧州型は,あるべき形に法制度を策定し,強引に牽引しようとするものである。

1.2. 日本における土壌汚染対策

1.2.1. 公害問題と法規制

日本では,1950年代に水俣病,イタイイタイ病,1961年に四日市ぜんそく,1968年にカネミ油症など,公害問題が地域的に発生した。この間,公害に対する法規制として,1958年に水質2法と呼ばれる「水質保全法」と「工場排水規制法」,1962年に大気汚染対策として「煤煙規制法」が制定された。しかし,これらの公害規制法は特定地域への対応,及び後追い規制であった。

図表 2-5 海外における主な土壌汚染対策法

	米 国	ドイツ	オランダ	イギリス
規制法	・「包括的環境対処・補償・責任法（CERCLA）」 ・「スーパーファンド法修正・再授権法（SARA）」	「連邦土壌保護法」	「新土壌保護法」	「1995年環境保護法（The Environmental Protection Act 1995）」
制定年次	・CERCLA：1980年 ・SARA：1986年	1999年	1994年	1995年
目的・経緯等	有害物質により汚染された土壌を浄化して人の健康と環境を保護する	10年近い議論の末制定され，従来各州で行われてきた土壌汚染対策が統一化された（従来は「土壌保護法」（州）と「循環経済廃棄物法」（連邦）で規制）	土壌浄化について規定した暫定土壌浄化法（1982年）を改正し，汚染防止の枠組を決めた土壌保護法(1986年)と一本化したもの	従来，大気，水，土壌を別々に規制していたものを統一的に規制し，どの程度まで汚染物質の排出を容認しうるかを現実的視点に立って決定する「1990年環境保護法」（汚染土地及び特定施設の登録の義務付け等を規定）を基に新しい制度を創設
責任当事者の範囲（浄化義務者）	・汚染されたサイトの現在の所有者または使用者 ・汚染原因物質がサイトに処分された当時の所有者または使用者 ・汚染の原因となった有害物質の排出者 ・当該サイトへの汚染原因物質の輸送を手配した者（汚染発生企業に融資した金融機関が責任当事者となった判例もあり）	・汚染者 ・土地所有者 ・管理者（法令を遵守しなかった輸送業者も責任当事者となりうる）	・汚染者 ・土地所有者・管理者(法令を遵守しなかった輸送業者も責任当事者となりうる)	・汚染者（汚染発生を知りながら許可を与えた者を含む） ・土地所有者，占有者
その他	・厳格責任 ・連帯責任 ・遡及責任（法制定以前の行為による汚染発生にも効力が及ぶ）	・連帯責任 ・スーパーファンド法との決定的な違いは遡及責任が適用されない点		

（住友信託銀行 CAFE_NEWBUSINESS，及び東京海上火災保険株式会社編『環境リスクと環境法：米国編，欧州・国際編』（有斐閣）を参考に作成）

その後，予防的な公害防止計画と環境基準の設定を基軸とする「公害対策基本法」，「廃棄物の処理及び清掃に関する法律」，「水質汚濁防止法」，「農用地の土壌の汚染防止等に関する法律」など，具体的な個別法が可決・成立した。また1971年には「環境庁」が創設され，1972年には「自然環境保全法」が制定された。以後，「公害対策基本法」と「自然環境保全法」を基本的な法規制として公害対策が進められてきた（山上・菊池［1995］，149頁）。

「公害対策基本法」は1967年に制定され1993年に廃止されたが，そこでは「典型7公害」—大気の汚染，水質の汚濁（水質以外の水の状態又は水底の底質が悪化することを含む），土壌の汚染，騒音，振動，地盤の沈下（鉱物の掘採のための土地の掘削によるものを除く），及び悪臭—を規定している[7]。公害対策基本法の規定により，地域限定的なものではあったが，大気汚染・水質汚濁に関しては技術革新と共に具体的な法規制が行われた。しかし土壌・地下水汚染に関しては，対策は講じたが法規制には至らなかった。公害として扱われてきた環境媒体の大気・水は公共財であるが，同じく環境媒体である土壌は，土地として使用する場合には価格のつく私財でもある。公害は公法で規定できるが，私有地の汚染は民法上の解釈も加味した上で制度を確立しなければならない[8]。従って典型7公害のうち，土壌汚染だけは具体的な法規制が行われてこなかった。

1.2.2. 土壌汚染問題

日本の土壌汚染の歴史をたどると，古くは明治10年（1877年）頃，渡良瀬川流域の足尾銅山で銅による水田汚染である鉱毒事件が発生した。その後1950年代に神通川流域のカドミウムによる米の汚染（イタイイタイ病）が発生したが，これら1960年代までの土壌汚染は，主として重金属による農用地の汚染であり，収穫量の低下や農作物の摂取による健康被害が問題となった。これらの経緯から1970年に「農用地の土壌の汚染防止等に関する法律」が制定された。しかし近年問題化してきたのは農用地ではなく市街地における土壌汚染であり，これに関しては1975年に東京の江東区と江戸川区で，鉱滓の六価クロム事件が発生し土壌汚染が社会問題化したが，国として法律を制定するには至

らなかった。

　日本は、戦後一貫して米国型の経済システムを導入してきたが、国土の狭さなど地理的な状況は欧州と似ている。したがって有害廃棄物処理の体制は欧州型が適しているように思える。しかし日本では農用地を除いて、土壌保護のための法規制は行われてこなかった。欧州のバーゼル条約批准による有害項目増加は処理体制の確立より先に行われた経緯があるが、日本では法規制の前に有害廃棄物の処理方法の技術的な確立をしなければならないと考えた。日本には高度な化学技術やプラント力があり、それらを生かした廃棄物処理方法の開発を推進し、多方面から対策を講ずるべきである。これらの現状を踏まえ、次に日本における土壌汚染対策法の制定と、その現状について考察する。

2. 日本の土壌汚染対策法の制定

2.1. 土壌汚染対策法制定の背景

　図表2-6は、米国と日本の土壌汚染関連事項を年表にしたものである。米国では1978年にラブキャナル事件が発生し、それをきっかけに土壌汚染対策が進められ、1980年に「スーパーファンド法」が制定された。日本でも同時期に六価クロム事件が発生したが、地域的な対策にとどまり、国としての法律制定には至らなかった。日本では2002年に漸く「土壌汚染対策法」が制定されたが、米国よりも20年以上法的対応が遅れた。

　日本における土壌汚染対策法制定以前の経緯として、1991年に人の健康を保護し、生活環境を保全する目的で「土壌の汚染に係る環境基準」が設定され評価基準ができた。1994年には土壌調査・対策に関する指針を策定し、1999年に改正を行った。しかしこれは調査・対策時のガイドライン的なもので、法的拘束力を持つものではない。土壌汚染は法律にするには難しい問題があるため、このような指導の形で対策が進められてきたが、この頃から土壌汚染判明事例数が増加し、社会問題としてクローズアップされるようになった。その背景には、工場跡地の再開発による住宅地への売却、工場周辺の都市化、工場の増改築や閉鎖等があり、重金属・揮発性有機化合物等の土壌汚染問題が顕在化

図表 2-6 米国・日本の土壌汚染関連年表

	米　国	日　本
1975 年		六価クロム事件
1978 年	ラブキャナル事件	
1980 年	「スーパーファンド法」制定	
1981 年	シリコンバレー地下水汚染事件	
1986 年	「修正スーパーファンド法」制定 TRI（PRTR）法「有害化学物質排出目録」制定	
1991 年	スーパーファンド法延長	「土壌の汚染に係る環境基準」設定
1996 年	経済協力会開発機構（OECD），PRTR 制度導入の勧告	
1999 年		PRTR 法「化学物質排出管理法」制定
2001 年	土壌汚染調査項目を含む ISO 14015（環境サイトアセスメント）スタート	
2002 年		「土壌汚染対策法」制定
2003 年		「土壌汚染対策法」施行

（地球環境産業技術研究機構（RITE）［2001］，5頁「土壌・地下水汚染関連年表」を参考に筆者作成）

した。これらの有機化合物による土壌汚染は，放置すれば人の健康被害への影響が懸念される他，土地取引のトラブルや土地活用阻害の恐れもあり，指導指針だけでは不十分になった。統一した明確なルールの必要性が認識され，土壌汚染対策法の確立への社会的要請が高まった。

また国際的な動向としても，1996年に OECD が加盟国に対して PRTR（Pollutant Release and Transfer Register）制度[9]の導入を勧告した。これを受けて日本では 1999 年に PRTR 法「特定化学物質の環境への排出量の把握等及び管理の改善の促進に関する法律」が制定され，2001 年に施行された。また 2001 年には環境国際規格 ISO14015（環境サイトアセスメント）が導入され，土地売買に関連して汚染の有無を調査するようになった。こうして土壌汚染対策は内外の環境変化から要請される課題となり，日本では環境省主導で，国民の安全と安心の確保を図るため，土壌汚染の状況の把握，及び土壌汚染による人の健

康被害の防止に関する措置等の対策を実施することを内容とした「土壌汚染対策法」を，2002年5月に成立・公布，2003年2月に施行した。

米国のスーパーファンド法の最大の特徴は，有害・危険物質問題に対する政府の迅速かつ責任ある対応及び厳しい責任追及主義にあり，責任当事者は土地所有者，製造業者，輸送業者，融資金融機関等多方面に及ぶ。またスーパーファンド法の浄化費用は1件平均2,500万ドルと巨額であるため，汚染の可能性が高い土地の再開発が滞るという弊害を生み出した。また商取引においても，汚染された土地を保有するリスクを回避するため，汚染懸念のある土地の流動性が低下する事態も生じている。米国には45万箇所以上の汚染された（またはその可能性のある）土地があり，その多くが活用計画が立たず放置され，多大な経済的損失につながっている[10]。したがって日本の土壌汚染対策法の制定ではこの教訓を生かし，土地の利用状況に応じ個々に設定された対策目標に基づいた浄化発動要件となっている。

2.2. 土壌汚染対策法の概要

土壌汚染対策法の目的は，汚染土壌の把握と措置による人の健康被害の防止である。土壌汚染は人の健康被害のほか，生活環境への影響など多様な側面を持つが，法律上の義務の範囲は人の健康被害の防止に限定している。また土壌汚染対策は，汚染の未然防止と，既に発生した汚染の浄化対策に大別されるが，本法は既に発生した汚染について，その状況の把握・除去等の事後的な対策を講ずるものである。例えば，有害物質を扱っていた工場が，土壌汚染の有無が不明のまま放置され，住宅・公園など不特定多数の人が立ち入る土地として再利用される場合に懸念される，人の健康への悪影響を防ぐことを目的としている。そのような有害物質を取り扱う施設など汚染の可能性の高い土地について調査を実施し，その結果土壌汚染が判明し人の健康被害が生ずる恐れのある場合には，必要な措置を講ずることを定めている。

本法の対象となる特定有害物質は，土壌含有に起因して健康被害を生ずる恐れがあるもので，図表2-7に示す26項目が政令で定められている。これら

は，(1) 直接摂取によるリスク（特定有害物質を含む汚染土壌の直接摂取によるリスク），(2) 地下水等の摂取によるリスク（特定有害物質を含む汚染土壌からの溶出に起因する汚染地下水等の摂取によるリスク）の2種類のリスクから選定されている。(1) は人が直接摂取する可能性のある土壌の表層に高濃度の状態で蓄積し得る重金属類であり，図表2-7の土壌含有量基準項目（重金属類）を対象物質としている。この被害例としては，粉塵として舞い上がってくるもの，手について手から口に入るもの，皮膚について皮膚から入るものなどがある。(2) は地下水等の摂取の観点から定められた土壌溶出基準項目（揮発性有機化合物，重金属類，農薬等）を対象物質としており，図表2-7の26項目すべてが対象物質となる。この被害例としては，地下水を飲用に供している場合等がある。

　土壌汚染調査の結果，特定有害物質が基準値を超えている場合には都道府県などが指定区域に登録し，台帳を作成し公開する。指定区域台帳には，指定区域の所在地，特定有害物質の含有量・溶出量などの土壌汚染の状態，汚染除去等の措置の実施状況等が記載される。

　汚染リスク低減措置は浄化措置に限らず，経路遮断による措置を認めている。具体的には土壌の直接摂取に係る措置として，立入禁止，盛土，舗装等，地下水等の摂取に係る措置として，地下水汚染がある場合には封じ込め等，地下水汚染がない場合には地下水モニタリング等を行う。なお，汚染除去等を行って完全に汚染がなくなれば指定区域解除となるが，除去以外の措置（封じ込め，盛土，舗装等）が行われた場合は，土壌中に一定の基準値を超える特定有害物質が存在していることに変わりはないので，指定区域の指定は解除されない。

　土壌汚染対策法制定以前，土壌汚染問題は実態がわからず水面下に潜っていた事例が多かった。しかし近来，多くの事例が顕在化し，社会的な意識が高まり，日本でも土壌汚染対策が重要な課題となった。それに伴い2002年に土壌汚染対策法が制定され，土壌汚染対策のルールが明確になり，土壌汚染調査・

図表 2-7 土壌汚染対策法による特定有害物質の基準

区　分	特定有害物質	土壌汚染対策法指定基準		土壌ガス検出下限
		土壌含有量基準（直接摂取によるリスク）	土壌溶出量基準（地下水の摂取によるリスク）	
		mg/l	mg/kg	vol/ppm
揮発性有機化合物 （第1種特定有害物質）	ジクロロメタン	―	0.02	0.1
	四塩化炭素	―	0.002	0.1
	1,2-ジクロロエタン	―	0.004	0.1
	1,1-ジクロロエチレン	―	0.02	0.1
	cis-1,2-ジクロロエチレン	―	0.04	0.1
	1,1,1-トリクロロエタン	―	1	0.1
	1,1,2-トリクロロエタン	―	0.006	0.1
	トリクロロエチレン	―	0.03	0.1
	テトラクロロエチレン	―	0.01	0.1
	ベンゼン	―	0.01	0.05
	1,3-ジクロロプロペン	―	0.002	0.1
重金属類 （第2種特定有害物質）	カドミウム	150	0.01	―
	鉛	150	0.01	―
	六価クロム	250	0.05	―
	砒素	150	0.01	―
	総水銀	15	0.0005	―
	アルキル水銀	―	検出されないこと	―
	セレン	150	0.01	―
	フッ素	4000	0.8	―
	ホウ素	4000	1	―
	シアン	50(遊離シアンとして)	検出されないこと	―
農薬等 （第3種特定有害物質）	チラウム	―	検出されないこと	―
	シマジン	―	0.006	―
	チオベンカルブ	―	0.003	―
	有機リン	―	0.02	―
	PCB	―	検出されないこと	―

（「環境研究センター　環境事業部　土壌・地下水汚染にかかわる特定有害物質の調査・対策」に筆者加筆）

対策が推進されてきた。日本の土壌汚染対策法は米国のスーパーファンド法ほど厳格ではなく，修復プロセスも簡略でそれほど長期に及ぶものではないが（本章第3節2.「スーパーファンド修復プロセス」参照），企業の土壌汚染対策に伴い会計数値が発生し，それを財務会計においても適切に認識・測定・開示する必要がある。そこで次に土壌汚染対策法施行に伴う企業の実態と，会計的な対応を調査・分析すると共に，今後の課題・方向性を考察する。

2.3. 土壌汚染対策法に対する各企業の対応

日本で2003年に土壌汚染対策法が施行されて以来，企業の対応は着実に推進されてきているのだろうか。図表2-8は，土壌汚染対策法施行前の2002年と，施行後の2003年及び2004年における土壌汚染対策事業実績統計をまとめたものである。法施行前後を比較すると，受注件数，受注高ともに顕著に増加している。

また日本経済新聞（2005年7月5日付朝刊）では，企業が土壌汚染対策を急ぎ始めたことを報じている。新日本石油など石油大手が給油所の土壌汚染調査に着手したほか，土壌汚染隠蔽で社長交代に追い込まれた三菱地所はコンプライアンス（法令順守）体制の再構築を表明し，出光興産は1200店の土地履歴や地下水経路の調査を終了した。また同新聞（2005年8月1日付朝刊）では，清水建設が土壌汚染対策事業を強化し，約10億円を投資して重金属や油で汚れた土壌を浄化するプラントを増設することを報じている。このように土壌汚染対

図表2-8　土壌汚染対策事業実績統計（2004年度）

	2002年度	2003年度	2004年度
受注実績のある企業数（社）	97	109	106
受注件数（件）	3,424	5,178 (151%)	8,349 (244%)
受注高（億円）	553	729 (132%)	935 (169%)

（　）内の%は，対2002年度比

（社団法人土壌環境センター　土壌汚染対策事業実績統計（平成16年度）を参考に作成）

策法施行により，各企業はその対応を迫られているが，その実態はどのようなものなのか，またそれに対する情報を環境報告書[11]などに適切に開示し，さらに会計的な認識はなされているのだろうか。

企業が環境法規制に対応し，環境報告書等に開示するという動きは，近年急速に発展してきた。横浜国立大学生態会計研究室では，2000年度から3年間にわたり環境報告書の内容調査を行ったが，その調査項目の中に「法規制遵守」「PRTR」がある。それらの開示企業数の3年間の推移を見ると，「法規制遵守」は2000年 <u>36.8％</u>，2001年 <u>65.6％</u>，2002年 <u>94.7％</u>，「PRTR」は2000年 <u>43.0％</u>，2001年 <u>62.8％</u>，2002年 <u>77.1％</u>（ただし製造業のみでは <u>92.6％</u>）と顕著に増加している[12]。この結果より，各種環境法に対する企業の取組みが推進され，さらにその開示の必要性が認識されてきていることがわかる。この流れを受けて，2003年の土壌汚染対策法施行に伴い，土壌汚染対策情報も徐々に開示されるようになってきた。その開示内容及び会計認識の現状についての調査を試みた。

2.3.1. 土壌汚染対策情報開示に関する調査

(1) 調査目的…土壌汚染対策法施行に伴う各企業の対応の実態と開示状況，さらに会計的な認識の状況を把握し，その結果を明らかにする。

(2) 調査対象・範囲…日経産業新聞が2005年8月から11月に実施した第9回「企業の環境経営度調査」の上位にランキングし土壌汚染にも対応している企業を業種ごとにピックアップし，各企業の2005年の環境報告書，財務諸表（貸借対照表，損益計算書，及び注記）を対象にその開示内容を調査した。土壌汚染対策法は有害物質を取り扱っている工場等が対象であるが，土壌汚染はそれ以外にもさまざまな業種に対して直接的，間接的に影響を及ぼす。製造業は汚染原因者になる可能性，不動産業はマンション用地が汚染されている可能性，金融業は不動産担保への影響，保険業は土壌汚染リスクに対する保険商品の提供など広範囲の影響が考えられる。従って製造業のみならず，多業種の環境報告書を調査対象とした。

(3) 調査方法…環境報告書における土壌汚染対策情報の開示内容について調査し，土壌汚染対策及びその関連項目を抜き出した。内容について不明な点・疑問点は直接または電話で聞き取り調査を行い確認を取った。そして調査結果を基に土壌汚染対策情報を内容別に分類し各企業の開示内容を分析し，また環境報告書における会計的な数値の公表状況，さらに財務諸表における計上・開示状況の調査・分析を展開した。

2.3.2. 調査結果

(1) 環境報告書における調査結果

図表2-9は，調査対象企業が環境報告書において開示している土壌汚染対策情報を，内容別に分類したものである。調査対象企業は比較的土壌汚染対策への取組が進み，環境報告書にも公表している企業である。しかしこれらの条件を満たす企業自体現時点ではまだ少数であり，土壌汚染対策に関する開示企業数及びその内容については途上段階にあると言える。

図表2-9のB汚染調査結果・対策を公表している企業は，製造業の化学，電気機器などPRTR法や土壌汚染対策法の影響を受けやすく，土壌汚染対策に投入された経済的資源が大きく今後も増加が予想される企業である。しかしその開示内容には径庭があり，ユニ・チャーム（化学）のように"土壌汚染は発生していません"と1行だけのものから，ソニー，キヤノン，リコー（以上電気機器）のように土壌汚染調査結果・対策などの状況を表にして詳細に述べているものまである（図表2-10参照）。

さらに注目すべきは，リコー（電気機器），新日本石油，出光興産（以上石油）は，C会計数値までを公表していることである。これらの数値は企業の財務諸表の中にも入り込み，今後企業の財政状態，経営成績を判断する上でも影響を及ぼしうる。従ってその会計的な認識方法，つまり当期のみの費用なのか債務なのか，また債務に対しては米国のように負債計上するのか引当金計上するのか，将来発生する可能性のあるものを偶発債務として開示するのか，などの点については今後の検討課題になろう。

このように環境報告書における土壌汚染対策情報の開示内容は，A土壌汚

染対策方針，B汚染調査結果・対策が主流であるが，清水建設（建設），新日本石油，出光興産（以上石油）ではその業種柄，D土壌浄化事業を詳細に述べており，損保ジャパン（保険）では，E保険商品についての記述内容になっている。また不動産などは，土壌汚染が土地取引や価格のリスクに影響する。三菱

図表2-9　環境報告書における土壌汚染対策情報に関する開示内容の分類

調査対象企業		開示項目区分				
企業名	業種	A 土壌汚染対策方針	B 汚染調査結果・対策	C 会計数値	D 土壌浄化事業	E 保険商品
大成建設	建設		■			
清水建設	建設				■	
アイカ工業	化学		■			
エスエス製薬	化学		■			
富士フィルム	化学		■			
ユニチャーム	化学					
新日本石油	石油	■	■		■	
出光興産	石油	■	■		■	
松下電器産業	電気機器	■				
ソニー	電気機器	■				
キヤノン	電気機器		■			
リコー	電気機器		■			
日産	輸送用機器	■				
トヨタ	輸送用機器	■				
凸版印刷	その他製造		■			
西友	商業					
損保ジャパン	保険					■
三菱地所	不動産	■				
NTTドコモ	情報・通信		■			
合計　19社		10社	13社	3社	3社	1社

■は開示項目を示す

図表2-10 ソニーの土壌汚染調査結果・対策

ソニーの事業活動に起因する土壌・地下水汚染除去の状況

サイト名	確認時期	検出物質	原因	対策
ソニー(株)横浜リサーチセンター(日本)	2005年4月(土壌汚染対策法にもとづく調査)	フッ素鉛セレンヒ素	一部埋設配管からの漏洩	汚染拡散防止計画の策定後,対策実施予定
ソニー羽田(株)(日本)	2004年9月(土壌汚染対策法および東京都条例にもとづく調査)	フッ素ホウ素鉛トリクロロエチレン	過去に物質を使用していた場所での漏洩	2005年7月より地下水の汲み上げを実施予定
ソニーイーエムシーエス(株)稲沢テック(日本)	2001年6月(自主調査)	フッ素	排水系統での亀裂による漏洩	・排水系統に漏洩検出センサー付き二重配管を設置 ・地下水浄化とモニタリングを継続中。汚染濃度は最大時58 mg/lから2 mg/l以下まで改善
ソニーマグネティック・プロダクツドーサン工場(アメリカ)	1990年(自主調査)	有機溶剤	過去に物質を使用していた場所での汚染(特定できず)	・土壌改良を完了 ・地下水を汲み上げ,曝気処理後ドーサン市の汚水処理施設へ搬送。汚染濃度はモニタリングを要しないレベルにまで改善

(出所:ソニー株式会社CSR(企業の社会的責任)レポート2005年3月期,70頁)

地所では,大阪アメニティパーク(OAP)の土壌・地下水問題の発生に伴い,その経緯を公表し対策を記載しているが,会計数値は公表していない。三菱地所の聞き取り調査によると"製造業と違い直接の汚染者ではないので,調査費用のみで浄化費用は発生せず,会計数値の公表にはいたらない"ということであった。

2003年の土壌汚染対策法施行以降,2004年,2005年と土壌汚染対策情報に関する開示企業数は徐々に増加しているが,全体から見るとまだ少数である。

またB汚染調査結果・対策を記述している企業であっても，C会計数値まで公表している企業は，本調査では新日本石油，出光興産（以上石油），リコー（電気機器）の3社のみである。その理由として重要性の原則が挙げられる。キヤノンでの聞き取り調査によると，"SEC基準（米国基準）では売上高の10％未満の場合は独立した項目として開示することを要求していないので，この基準を適用し土壌汚染に関する金額の公表はしていない"ということであった[13]。この場合，財務諸表においても独立した勘定科目としてではなく，複数の項目を統合した勘定科目の中に含まれていることが多い。そこで次に，土壌汚染に関連する会計数値の財務諸表における開示状況について調査を行った。

(2) **財務諸表における調査結果**

財務諸表における土壌汚染対策費の計上は，現在のところ多くの企業は独立した勘定科目は使用せず，特別損失等の中に包含している。例えば図表2-11は，東急電鉄株式会社 平成16年度 有価証券報告書 第2【事業の状況】4【事業等のリスク】からの抜粋である。これより，土壌汚染関連の費用・損失が損益計算書の特別損失に計上されていることはわかるが，独立した勘定科目としてではなく他の項目と統合して計上されているので，注記に記述がない限り土壌汚染対策費独自の金額は把握できない。これは重要性の観点から，特別損失全体の10％未満なので独立計上が要求されていないためと思われる。

図表2-11　東急電鉄有価証券報告書における土壌汚染対策費の記述

> (9) 不動産取引における瑕疵担保責任について
> ……（略）……当社では，平成14年3月にマンション用地として売却した土地について，買主によるマンション建設工事の過程で当該土地の一部に地中埋設物が存在し土壌が汚染されている事実が判明し，前連結会計年度に当該土地売買契約を解約するとともに，<u>土地改良費</u>，<u>損害賠償等</u>を**特別損失**として計上しております。……（略）……

(出所：東急電鉄株式会社 平成16年度 有価証券報告書 第2【事業の状況】4【事業等のリスク】，20頁)

しかし一部の企業では，財務諸表上の勘定科目として土壌汚染対策費を計上している。図表2-12は凸版印刷株式会社 平成16年度 有価証券報告書におけ

図表2-12　凸版印刷有価証券報告書 連結損益計算書の抜粋

区　分	注記番号	前連結会計年度 (自　平成15年4月1日 至　平成16年3月31日)		当連結会計年度 (自　平成16年4月1日 至　平成17年3月31日)	
		金額 (百万円)	百分比 (％)	金額 (百万円)	百分比 (％)
(途中省略)					
Ⅶ　特別損失					
1　固定資産除売却損	※2	3,024		4,097	
2　減損損失	※5	―		8,439	
3　投資有価証券評価損		3,259		1,505	
4　土壌汚染対策費用		―		1,276	
5　会員権等評価損		129		693	
6　投資有価証券売却損		24		77	
7　関係会社事業整理損失		864		―	
8　事業拠点統合費用	※6	450		―	
9　特別退職金	※6	531	8,286　0.7	―	16,090　1.1

(出所：凸版印刷株式会社 平成16年度 有価証券報告書 第5【経理の状況】1【連結財務諸表等】
②【連結損益計算書】，55頁)

る【連結損益計算書】の抜粋であるが，特別損失の内訳項目の1つに「4 土壌汚染対策費用」があり，平成15年度までは計上されていなかったが，平成16年度に新たに1,276百万円が計上された。この土壌汚染対策費用の具体的な内容としては，調査費用，浄化費用，損害賠償などが考えられる。

東京・大阪・名古屋証券取引所第1部上場1,645社を対象とした2005年度財務諸表における環境会計情報の開示項目の調査（小川［2005］，98-100頁）によると，財務諸表上で土壌汚染対策関連とわかる勘定科目を使用している企業は9社であった（図表2-13参照）。2001年の同様の調査では，財務諸表の勘定科目名として「土壌汚染」を使用している企業はなかったが，2003年に土壌汚染対策法が施行されたことにより各企業の土壌汚染対策が推進され，財務諸表にもその影響が表れてきたものと考えられる。法を遵守するために土壌汚染対策に取り組み，その結果会計数値が発生し，新たな環境会計情報の勘定科目として財務諸表に計上されてきた。しかし現在のところまだ土壌汚染対策関連費を

図表 2-13　財務諸表における土壌汚染対策関連勘定科目の計上実態（2005年調査）

財務諸表名	開示箇所	勘定科目名	開示企業数 (単位：社)
貸借対照表	固定負債	土壌汚染処理損失引当金	2
損益計算書	営業外費用	土壌調査費用	1
		土壌浄化費用	1
	特別利益	土壌汚染処理損失引当金戻入額	1
	特別損失	土壌汚染処理損失	1
		土壌汚染処理損失引当金繰入額	1
		土壌処理費用	1
		土壌汚染処理対策費	1

（小川［2005］, 98-99頁を基に作成）

独立した勘定科目として計上している企業数が少ないのは，金額の割合が低く，重要性の原則に合致しないためと考えられる。

2.3.3.　調査結果の考察

土壌汚染対策法施行後の日本企業の対応と，その開示状況の実態調査の結果，開示企業数，開示情報の質・量などはまだ途上段階にある。今後さらに環境報告書の有効性を高めるためには，特定企業の時系列比較，及び企業間比較が要求され，そのためにはある程度統一された公表のフレームワークを工夫する必要がある。これらを踏まえた上で，今後より有効な情報を開示するために必要と思われる方向性と課題を見出すため，土壌汚染対策に関して先駆的な米国に本社を置きスーパーファンド法も適用しているIBMの環境報告書の，土壌汚染に関する開示を分析してみたいと思う。

米国企業にとって環境報告書の公表は1990年代初めから強制されるようになってきたが，その中で開示されている環境コスト関連の情報の多くは土壌汚染の修復コストに関する記述である。「IBMコーポレート・レスポンシビリティー・レポート2005」の"our world 持続可能な地球環境へのコミットメント"の**浄化**というセクションでは，1ページにわたってスーパーファンド法に

基づく汚染土壌のサイト数や浄化の状況，土壌汚染の浄化活動の概要，修復費用の会計処理などについて述べている。図表 2-14 はその一部抜粋であるが，スーパーファンド法の適用による調査・浄化の状況のみならず，会計的な計上金額及びその会計処理方法までが具体的に記載されている。これは財務諸表にも計上されている金額であり，財務諸表と関連づけて考えることができる。このように米国ではスーパーファンド法の制定に伴い，土壌汚染対策を始めとする環境情報を財務会計制度の中に取り込み，それらを適切に認識・測定・開示するための環境財務会計基準が制定されるに至っている。

これに対して現在の日本の開示形式は，主に企業が土壌汚染の調査・対策を実施している事実を公表しているに過ぎず，今後はプロジェクト単位，物質単位等，より詳細で各企業統一された開示が望まれる。また調査・修復に要するコストなどの会計情報の開示，及びそれらが当期のみの費用なのか，負債または引当金として計上すべきなのか等，会計的な認識方法を示すことも重要である。今回の調査において（図表2-9参照），開示項目 D 土壌浄化事業，E 保険商

図表 2-14　IBM のスーパーファンド法の適用及び会計認識の記述

（略）

　米国のスーパーファンド法により，IBM は過去に廃棄処分を委託した取引先の処分場の浄化活動にも関わっています。スーパーファンド法とは，たとえ当時は技術的にも法的にも容認されていた行為であっても当時に遡って責任を追及し，そうした処分場に廃棄物を委託した企業に対して浄化費用の分担を義務付けるものです。

　2003 年末現在，IBM は104ヵ所で浄化責任の可能性のある旨の通知を連邦政府，州，あるいは民間当事者から受けています。これらのうち55ヵ所は，米国の「国家優先リスト（National Priority List）」に掲げられています。その104ヵ所のほとんどは，IBM に全く責任がないと判断しているか，あるいは既に解決済みです。結果として，IBM として今後の対策が必要であると考えているのは，現在，わずか14ヵ所のみとなっています。

（略）

　IBM の事業所や事業所外の施設で調査や浄化が確実となり，その費用を合理的に見積もることが可能になった時点で，環境引当金として計上しています。化学物質貯蔵施設の撤去や修復などの閉鎖活動に関する費用の見積もりは，施設閉鎖の決定がなされた時点で引当計上されます。IBM 全体のこの引当計上額は，2003 年 12 月 31 日の時点で 2 億 4,300 万ドル（約 255 億円）です。

（略）

（出所：IBM コーポレート・レスポンシビリティー・レポート 2005，75 頁より抜粋）

品,は特殊な業種にのみ当てはまるものであるが,通常 A 土壌汚染対策方針,B 土壌汚染調査結果・対策,C 会計数値の開示と,さらに C については会計数値に対する会計処理方法まで記載されることが望ましい。A,B,C の 3 項目すべての開示を行っているのは,自社で土壌浄化事業を行っている石油業社を除けばリコー 1 社のみであった。ただしリコーにおいても C における会計処理方法の記載はなく,財務諸表との関連が明確ではない。これに対して IBM の報告書では会計処理方法まで記載されており,財務諸表における環境会計数値との関連が明確になっている。このような情報開示により,環境報告書と財務報告書との情報が,相互補完的に有効なものになるであろう。

2.3.4. 環境報告書と財務諸表との相互関連

環境報告書は,企業の環境管理システム,環境負荷の状況など環境に係わる内外のパフォーマンスを貨幣額,物量,叙述によって開示したものである。今日企業は積極的に環境報告書を公表し企業情報の一環としているが,多くはこの中に「環境会計」というセクションを設けている。前出の「IBM コーポレート・レスポンシビリティー・レポート 2005」にも環境会計のセクションがあり,環境保全活動の資本投資と経費の金額,環境対策関連費用の内訳,環境関連引当金の計上金額,経営における環境会計の役割等,詳細に記載している。

会計の役割は,1966 年にアメリカ会計学会 (AAA) による「基礎的会計理論に関する報告書 (A Statement of Basic Accounting Theory：ASOBAT)」が公表されて以来,情報の有用性が強調され,外部利害関係者の意思決定に有用な情報を提供してきた。しかし環境報告書に含まれている環境会計は企業の任意であり,既存の財務会計との整合性や比較性に乏しい。今後環境会計をより有効なものへと発展させるためにはアカウンタビリティ概念のみではなく,既存の財務会計のフレームワークの中に環境会計数値を入れ込み,制度化していくことが望まれる。つまり環境会計の数値を現行の財務会計の枠内における環境収益・環境費用・環境資産・環境負債等に分類し,財務諸表との関係を明確にする必要がある。現行の環境報告書で開示されている環境会計情報の多くは,環境保全コストとそれに対する効果というフロー情報が中心であるが,環境負債

等のストック情報及びその財務諸表との関連性を示し，企業の環境リスクをより明確にすべきである。環境報告書の中の環境会計情報と財務会計項目との整合性を持たせ，その情報価値を高めていくことはこれからの課題である。

これまで見てきたように，日本の土壌汚染対策法に対する会計処理方法は未だ確立されておらず，企業によってその開示方法もさまざまである。米国ではスーパーファンド法の制定（1980年）に伴う環境修復債務を会計としても適切に認識・測定・開示するため，十数年かけて財務会計基準が作成・公表された。今後日本においても環境負債等に対する財務会計基準の発展は大いに期待される。しかし日本では，環境負債認識において特に問題となる不確実性が会計基準設定において考慮されていないため，環境負債の計上が推進されず，企業の環境リスクの実態が財務諸表に適切に反映されていない状況である。しかし土壌汚染に対する負債が多額に上っている企業も多数あり，財務会計制度における早急な対応が望まれる。

第5節　土壌汚染に対する財務会計の課題と展望

1.　土壌汚染による環境リスク

米国のスーパーファンド法，及び世界各国の土壌汚染対策法の制定を背景に，土壌汚染問題は企業にとって重大な環境リスクとして認識されるようになった。土壌汚染により想定されるリスクには次のようなものがある。①土壌汚染調査・対策費用の負担，ならびに巨額な修復債務の発生。②土地の資産価値の低下―不動産価格は従来の価格から地質汚染の調査・浄化費用を差し引き，さらに汚染が発覚した場合のスティグマ（風評被害）コストを差し引くことが予想される。これにより不動産の担保価値が減少し，金融機関の不良債権処理にインパクトを与えることが懸念される。③企業イメージの低下―環境問題に対する社会的な関心の高まりにより，土壌汚染への対処方法により企業イメージが大きく影響を受けることが考えられる。

本章第1節で論じたように，米国では1970年代に企業の社会的責任に関す

る議論が高まり，企業社会会計が発展した。その考え方は今日のCSR（Corporate Social Responsibility）にも通じ，土壌汚染によるリスクは環境的側面だけでなく，経済的側面・社会的側面からも重大な問題であり適切な会計的対応が求められる。企業にとって重大な土壌汚染による環境リスクを明らかにし，土壌汚染対策に伴うコストや負債，また土壌汚染による資産価値の低下等を財務諸表に適切にオンバランスするため，必要に応じて財務会計基準の整備・制定を行い，土壌汚染の影響を含めた企業の正しい経済実態を表す必要がある。そこで土壌汚染問題に対する財務会計における認識・測定・開示の課題と展望について考察する。

2. 土壌汚染に対する負債認識

土壌汚染認識時，当該土地の資産価値は一般的に低下していると考えられるが，現行では通常，地価の切り下げは行わない。しかし土地の正しい資産価値を表すためには，土壌汚染による土地の価値の減少分を認識する必要があり，資産価値の減額に対しては減損会計の適用が考えられる。減損とは，資産の収益性の低下により投資額の回収が見込めなくなった状態であり，減損会計ではこの資産価値の低下を簿価に反映させ，将来の収益から回収できる見込みのない投資額を損失として認識する。しかし土壌汚染に対して減損会計を適用すると，資産の簿価が直接回収可能額または公正価値[14]まで切り下げられ，その後土壌の浄化・修復による資産価値の回復を認識することはない。

そこで次に，本章第1節で論じた土地に対する評価性引当金による会計処理を考えてみる。米国では1970年代に企業社会会計が発展し，このときBeamsは新しい勘定を用いた土壌汚染に対する会計処理を提案した。これは土壌汚染対策費用の独立した認識と，土壌汚染による資産価値の低下の認識に重点を置いたものであった。つまり「工場地汚染引当金」という引当金勘定を立てることにより土壌汚染対策費用を発生した期に損益計算書に計上し，発生主義の原則に適応させた。またこの引当金勘定は資産の評価勘定であり，これにより土壌汚染による土地の価値の低下を認識し，貸借対照表において正しい資産価値

を表そうと試みた。この Beams による提案は，損益計算書における利益測定 (income measurement), 及び貸借対照表における資産評価 (asset valuation) において正しい経済実態を表し，かつ将来の土壌汚染の浄化・修復を認識することも可能であった。

しかし本章第3節で論じたように，米国では1980年にスーパーファンド法が制定され，企業の土壌汚染対策は法的義務となった。つまり土壌汚染は土地の資産価値を低下させるだけでなく，企業に土壌汚染修復義務という多額の債務をもたらす可能性を考えなければならなくなったのである。企業は土壌汚染対策を法的に強制され，それに伴い多額のコスト及び負債が発生する。それらを会計として適切に認識するためには，土壌汚染による資産価値の低下を認識するだけでなく，将来の土壌汚染対策コストまでも正確に測定する必要性がある。そのような企業における土壌汚染対策義務をも含めた会計処理方法を財務会計において制度化する努力が続けられ，十年以上にわたって財務会計基準の制定が検討されてきた。そして特に環境負債の認識に関する会計基準が推進され発展した。しかし土壌の浄化・修復作業は通常非常に長期に渡るため，浄化方法や浄化活動期間の変更，浄化技術の進歩などに影響を受け，将来コストの支払時期や金額には不確実性が伴う。したがって，負債金額の合理的な見積りが可能かどうかが論点となる。

1996年に公表された AICPA SOP 96-1「環境修復負債」は環境負債の認識・測定・開示について包括的に扱った会計基準であるが，そこでは SFAS 5 を適用し，負債の認識要件を (1) 発生の可能性 (probable), 及び (2) 金額の合理的な見積り (reasonable estimate) とした。しかし2000年に FASB SFAC No. 7 [2000] "Using Cash Flow Information and Present Value in Accounting Measurements"「会計測定におけるキャッシュフロー情報と現在価値の利用」が公表されると，その後2000年以降に公表された会計基準，例えば FASB SFAS No. 143 [2001] "Accounting for Asset Retirement Obligations (AROs)"「資産除去債務の会計」や同 No. 146 [2002] "Accounting for Costs Associated with Exit or Disposal Activities"「撤退または処分活動に関連する

第5節　土壌汚染に対する財務会計の課題と展望　103

コストの会計」（これらの会計基準については第3章で詳述）では，負債の認識要件を発生可能性ではなく測定可能性に置くようになった。つまりSFAC 7を適用し，負債支払いのために必要な将来キャッシュフローを現在価値に割り引いたものを公正価値と考え，この公正価値の測定が可能であれば財務諸表に負債計上すべきと考えた。負債金額は企業の決済方法に関係なく客観的に評価された固有のものであり，それには負債の公正価値が適切な属性を有する（Foster・Upton［2002］邦訳120頁）。

　SFAC 7パラグラフ23では2つの現在価値法を論じているが[15]，土壌汚染に対する負債測定には期待キャッシュフロー・アプローチが適している。土壌汚染問題というのは個々の事例によって性質が異なり，その負債測定にあたっては事例ごとに不確定要因が異なるため，個別対応しなければならない。このような複雑な測定上の問題を有する土壌汚染に対しては，伝統的な負債認識アプローチよりも期待キャッシュフロー・アプローチの方が有効性が高い。つまり，すべての起こりうるシナリオごとのリスク調整後の将来キャッシュフローに対し，それぞれの確率によって加重平均した期待キャッシュフローを算出し，それをリスクフリー・レートで現在価値に割り引く。このようにして測定された土壌汚染修復債務に対する負債の公正価値が財務諸表に計上される。土壌汚染に対する将来支出は企業にとっての現在の債務であるが，これまで不確実性により最善の見積りができないという測定上の問題から認識されないものが多かった。しかし期待キャッシュフロー・アプローチを適用することにより環境負債の測定が改善されるのではないだろうか。

　土壌汚染対策が企業にとっての現在の債務である場合，基本的には負債認識すべきであるが，その際注意を要する点は，「減損会計」，「評価性引当金」による資産価値の減額との関連性である。土壌汚染発覚時，一般的に当該土地の資産価値は低下していると考えられるが，これに対して最初に減損会計，または評価性引当金を適用し土地の簿価を減額してしまうと，当該土地を修復する義務が認識されない。土壌汚染修復義務が企業にとっての現在の債務であり，かつ負債認識要件（上記考察においては測定可能性）に適合するならば，まず

第一段階として負債計上すべきである。そしてその後，どのように浄化・修復を行っても完全には汚染前の土壌水準への回復が見込めない場合に限り，第二段階として，汚染前の簿価と，浄化・修復により物理的改善が見込める水準において算定される簿価回復額との差額部分についてのみ減損会計を適用する。このときの差額部分の回復は既に不能と判断されているので，地価の減額に対して評価性引当金ではなく，減損会計を適用する。

　土壌汚染問題は企業に多額の債務をもたらす可能性がある。米国ではスーパーファンド法の制定に伴い企業の土壌汚染対策は法的義務となり，巨額な土壌汚染調査・修復費用や損害賠償費用等が発生し，企業の財務会計にも多大な影響を与えてきた。それらを財務諸表に適切にオンバランスし，企業の正しい経済実態を財務諸表に反映させることが大切である。そのためには，企業が直面している土壌汚染問題に対する環境リスクを正確に把握し，環境コスト，環境負債および減損等を扱う首尾一貫した包括的な財務会計基準を確立し，国際的に統一された会計処理方法で対応していくことが望まれる。これらの課題については，第4章において包括的な環境財務会計を構築・展開し，再度土壌汚染問題全般に対する適用可能性を考える。

（注）
（1）ここで使用しているAllowance（引当金）という言葉は，いわゆる一般的な負債性引当金ではなく，減価償却引当金，減損引当金，貸倒引当金等と同様の意味を持つ評価性引当金である。つまり正しい資産価値を表すための勘定であり資産の控除項目である。
（2）Environmental Information & Communication Network 環境用語集より
（3）ブラウンフィールドとは有害物質などで汚染された土地のことで，汚染のない通常の土地をグリーンフィールドと呼ぶのに対比して使われる言葉。
（4）商習慣に照らし合わせて合理的であり，一般に認められる「あらゆる適正な調査（All Appropriate Inquiry：AAI）」の実施及び適合が，善意の土地所有者の条件とされた。
（5）TRIは，1986年のスーパーファンド修正・再授権法（SARA）のタイトル「緊急計画および地域社会の知る権利法」により制定された。大気・水質・土壌に排出される化学物質（300種類が指定されている）を製造，加工，利用している設備が対象となり，その設備は各指定物質ごとにEPAの作成標準様式（フォームR）を提出しなければならない。

(6) 2006年12月現在締約国数は168か国，1機関（EU）。
(7) 公害対策基本法（廃）第1章総則（定義）第2条第1項
(8) 村岡浩爾［2002］「土壌汚染対策法の制定に向けて」社団法人土壌環境センター　土壌環境ニュース22号より
(9) 人の健康や生態系に有害な恐れのある化学物質について，環境中への排出量及び廃棄物含有移動量を事業者が自ら把握して行政庁に報告し，行政庁は事業者からの報告や統計資料を用いた推計に基づき排出量・移動量を集計・公表する制度。
(10) 日経エコロジー（2005年10月号）「米国の土壌汚染調査①」より
(11) 環境報告書の名称としてはこの他にも，レスポンシブル・ケア報告書，サステナビリティレポートなど各社各様のものを使用しているが，ここではそれらを総称して環境報告書と呼ぶこととする。
(12) 詳細は，朴［2004］152-168頁参照。
(13) SEC基準の「重要な影響を与える事実」の中には，その判断規準として，財政状態及び経営成績に一定以上の影響を与えるもの，具体的には，当該事実による連結売上高の増加又は減少見込み額が，前連結会計年度の売上高の10％以上という規定がある。
(14) 減損会計については現在のところ，国際会計基準（IAS）36号［1998］"Impairment of Assets"「資産の減損」では回収可能価額，米国基準 SFAS 144号［2001］「長期保有資産の減損又は処分の会計」ではSFAC 7による公正価値による資産認識を求めており，違いがある。
(15) 1. 伝統的アプローチは，最も発生可能性の高い最善の見積り額を用いる。これに対して 2. 期待キャッシュフロー・アプローチは，発生可能性の範囲及びその分布に基づいて加重平均したリスク調整後の見積りキャッシュフローを算定し，これをリスクフリー・レートで割り引く。

第3章

資産除去債務と会計
―環境負債の測定と U.S. Environmental GAAP の展開―

　米国に現存する有害廃棄物サイトの浄化のための見積り額は，今後30年にわたって7,520億ドル以上であり，さらに空気清浄や将来の環境悪化防止のためのコストはそれ以上と見積もられている（Kieso・Weygandt・Warfield [2004], p. 637）。同時期における各産業の一企業あたりの平均環境コストの見積り額は，ハイテク企業200万ドル（収益の6.1%），公益企業3億4,000万ドル（収益の6.1%），鉄鋼・金属5,000万ドル（収益の2.9%），石油4億3,000万ドル（収益の1.9%）である。米国における大規模な製造会社500社の平均税引き前利益が，近年販売の7.7%程度であることを考えると，これら環境コストの数値は驚異的であり，財務会計にも重要な影響を及ぼす。

　前章で考察してきた2000年以前の U. S. Environmental GAAP は，主に過去の活動からもたらされた汚染に対する環境改善・修復・浄化等の活動に焦点を当てたものであった。特にスーパーファンド法等の環境法に対応するために公表された SOP 96-1「環境修復負債」は，企業の過去の事業活動に起因する土壌汚染等の修復という債務に焦点を当て，環境関連負債を認識・測定することを目的として制定された。従ってこれら2000年以前の U. S. Environmental GAAP は，将来の環境汚染防止や資産除去において回復が要求されるという状況をカバーしていない。将来の資産除去において発生する債務に対する会計処理は，FASB SFAS 143 [2001]「資産除去債務の会計」で規定されており，これは SOP 96-1 以降の U. S. Environmental GAAP の設定として興味深い。したがって本章では，まず最初に SFAS 143 について詳細な分析と考察を試みる。

第1節　FASB SFAS 143「資産除去債務の会計」

1. SFAS 143 制定の背景と目的

1.1. SFAS 143 制定の背景

　各産業において，長期保有資産の取得・建設・開発，かつ（または）使用に伴い，将来の資産除去活動という債務が発生する。例えば採鉱業者が露天採鉱を行った際，採鉱活動終了時に採鉱地の再生を要求され，また石油会社が海洋上の掘削用プラットフォームを建設した際，その耐用年数終了時にプラットフォームを解体・撤去することが法的に要求される。この他，原子力施設が廃炉になった際のサイトの汚染除去及び資産の撤去，生産活動に貢献した有形固定資産の適正な除去などが要求される。これらの資産除去活動が企業にとっての現在の債務であるならば，会計上でもその債務を認識し，環境被害の改善を目指さなければならない。

　SFAS 143「資産除去債務の会計」制定以前も，このような長期保有資産の除去に関連した債務について，さまざまな会計手法が開発され試みられてきた。例えば，これらの債務を負債として認識したり，関連資産の耐用年数にわたって減価償却費（及び減価償却累計額）としたりして，一定の比率で計上してきた。FASB SFAS No. 19 [1977] "Financial Accounting and Reporting by Oil and Gas Producing Companies"「石油・ガス生産会社による財務会計報告」では，ケースによって資産除去債務の計上を要求している[1]。このSFAS 19 の下では，資産除去債務は資産の耐用年数にわたって認識され，累積コストアプローチ[2]を使用して測定されることが多かったが，現在価値には割り引かれず，また独立した負債としてではなく資産の減額勘定として報告されることが多かった。電力会社の多くは，原子力発電所の汚染除去費用に対してこの基準を適用した。しかし将来支出の計上に関する明確な規定が存在しなかったため，実務では以下の事項において首尾一貫性がなかった（White・Sondhi・Fried [2003]，p.280）。

・計上がなされるべきか，またその計上時期
・関連資産の簿価の増加を計上するか（またそれらを減価償却するか）
・負債の測定（現在価値に割り引くか，また割り引くとしたらその利率）
・開示の内容

また資産が除去されるまでそれらの債務に対する負債を認識せず，可能性のある負債を財務諸表に文章開示するのみという企業も多かった。例えば注記として，「負債は偶発債務であり，金額を見積もることは難しい。」というような文章開示が行われた。

しかし SEC は，経営者は不確かさのために負債の認識を遅らせるべきではないと考えた。環境負債に関してより広範囲の開示が要求され，さらに文章開示だけではなく，金額計上して報告されるべきであると考えられた。このような背景の下，FASB は 2001 年 6 月，資産除去債務に対する負債と費用の認識・測定のための会計基準である SFAS 143 を制定した。

1.2. SFAS 143 制定の目的

本基準は，すべての企業に対して適用される。そして長期保有資産の取得・建設・開発，かつ（または）通常の使用による結果である資産除去活動に関連した法的債務に対して適用される（SFAS 143, par. 2）。当初公開草案の段階では，原子力施設が廃炉となった際のサイトの汚染除去及び資産の撤去に類するコストに限定していたが，最終的にはそのような資産に限定せず，有形の長期保有資産で，しかも取得時のみならず通常の使用において生ずるコストにまで拡大した。また本基準で使用されている除去という言葉は，長期保有資産の売却・廃棄・リサイクルなど何らかの方法による処分を包含するものであるが，転用や用途変更，一時的なサービスからの撤退を意味するものではない。また資産の通常の活動とは言えないものから発生する負債もこの基準の適用範囲ではなく，そのような負債は前章で論じた AICPA SOP 96-1「環境修復負債」において規定している。

SFAS 143 では，債務の範囲を法的債務と約束的禁反言原則[3]の債務に限定

している。つまり，法律・規則・条令・書面または口頭による契約の結果，あるいは契約ではないが，約束的禁反言原則に基づく法的設定によって支払いを要求される債務である。現行の財務会計基準に基づいて環境負債の計上を考えたとき，これまでは負債の概念の拡張が考えられてきた。つまり負債とは従来の法律上の義務だけでなく，推定上の義務と衡平法上の義務も含めると考え，これら二つの義務に対しても負債認識が要求されると考えた（植田［2005a］，89-90頁参照）。しかし本基準では，拡張された債務から再び法的債務に立ち返っているように思われる（長束［2004］，53頁）。

次に，資産除去債務に対する負債の認識および測定を具体的にどのように行うのか，基準に沿って考察していく。

2. 資産除去債務に対する負債の当初認識及び測定

資産除去債務に対する負債の当初認識に当たっては，もしも公正価値の合理的な見積りが可能であれば，その期に資産除去債務が発生したかのように負債を認識する。つまり資産除去債務が起こりうる有形長期保有資産が取得され，その時点で公正価値の合理的な見積りが可能であるならば，資産取得日が債務発生日となり負債が認識される。もしも資産取得日に公正価値の合理的な見積りができなければ，公正価値の合理的な見積りが可能となった時点で負債は認識される。

ではこの負債の認識要件について考察する。SFAS 143以前のSOP 96-1では，環境負債の認識要件としてSFAS 5「偶発事象の会計」の発生の可能性が高い *(probable)* を適用した。しかしSFAS 143では，あえてSFAS 5の概念ではなく，SFAC 6「財務諸表の要素」の負債概念に立ち返り基準を設定した。SFAC 6では負債を次のように定義している。「負債とは，過去の取引や事象の結果として，将来，特定の企業が他の企業へ資産を提供したりサービスを提供したりする現在の債務から発生する可能性の高い *(probable)* 将来の経済的便益の犠牲である」(SFAC 6 [1985], par. 35)。この定義における *probable* という言葉は，SFAS 5で負債の認識要件としてテクニカルに使用している発生の

可能性の高さの程度を表すものではなく，むしろ一般的な意味である。つまりこの定義の中に含有されている発生の可能性が高い (probable) 事象とは，入手可能な証拠や理論に基づき合理的に見積もられたものであるが，それでもなお不確実性を含み証明されてはいない，という状況である。元来，事業活動や他の経済活動は，結果がわからない不確実な状況において行われるものであり，そこから起こる債務に対する負債は，程度の差はあれ不確実性を含んでいる。したがってSFAC 6の負債の定義における probable は，SFAS 5ほど発生の可能性の高さを要求するものではなく，より広義に捉えられる。負債の認識・測定には極めて多くの仮定・予測・判断が必然的に伴うが，特にSFAS 143の将来の事業活動に起因する負債では，それら不確実性がより高いと考えられる。これに対してSFAS 5の probable を適用してしまうと負債認識要件のハードルが高く，企業における現在の債務でありながら負債を認識しないケースが多く出てきてしまう可能性がある。そこでSFAC 6による一般的な負債の定義に立ち返り，負債の認識要件を拡張して基準設定を行ったと考えられる。

このようにSFAC 6の負債の定義に基づいた上で，SFAS 143が資産除去債務の負債認識要件として適用したのが公正価値の測定可能性である。FASBは2000年にSFAC 7「会計測定におけるキャッシュフロー情報と現在価値の利用」を制定し，この技法を用いた測定の目標値は公正価値であると結論付けた。またSFAC 7パラグラフ 55-61 では，SFAC 7に基づく公正価値の測定における不確実性と，SFAS 5の偶発事象の会計における不確実性との関係を論じ，これらは異なる不確実性の概念を扱っていると述べている。SOP 96-1 で使用したSFAS 5やFASB Interpretation 14「損失額の合理的な見積り」では，不確実性は会計上の発生可能性を判断する概念であり，これにより偶発損失の認識自体を直接的に決定した。つまり不確実性は，負債の認識要件の概念として扱われた。これに対しSFAC 7は，負債の公正価値の測定における決済金額及び時期に関する不確実性を扱う測定技法であり，不確実性は認識される公正価値の中に織り込まれる。SFAS 143では，SFAS 5ではなくSFAC 7を適用することによって，負債の認識要件を発生可能性ではなく公正価値の測

定可能性に置き機能させている。この公正価値の測定については，後に例示によって詳述する。

このようにSFAS 143では，債務性の範囲を法的債務と約束的禁反言原則の債務に限定し，その債務に対する負債の認識要件を測定可能性に置き，実際の測定は公正価値の合理的な見積もりとした。ここで言う資産除去債務に対する負債の公正価値とは，関連責任者間で，現在の取引において決済されるべき金額である。この負債の公正価値の測定の優先順位は，まず第一に当該資産の取得原価に含有されている場合にはその金額，次にアクティブな市場において付けられた市場価格があれば，それが公正価値の測定の基礎として使用される。市場価格とは，例えば当該資産が資産除去コストを含有した価格で市場で取引されている場合，その価格情報を用いて評価する方法である。しかし市場価格が存在しない場合には，公正価値の見積りはその状況において入手可能な情報を基礎として行われる。このとき負債の公正価値を見積もるための最善の技法と考えられるのが，前述したSFAC 7のキャッシュフロー情報と現在価値を利用した測定である。

SFAC 7では2つの現在価値法を論じているが（第2章注15参照），資産除去債務に使用されるのは，公正価値の見積りに信用調整リスクフリー・レート (credit-adjusted risk-free rate) を使用する期待キャッシュフロー・アプローチである。資産除去債務は通常，負債決済の金額と時期の両方に不確実性があり，そのように不確実性が多様化している状況では，最善の見積り値よりも，確率分布全体を考慮して決定する期待キャッシュフロー・アプローチの方が適している。公正価値の見積りに使用される将来キャッシュフローは合理的な裏付けのある仮定に基づくものであり，将来の賃金上昇分，インフレ率など，すべての入手可能な証拠を考慮して算出される。さらに期待キャッシュフローの技法を使用する際，不確実性及びリスクが見積りキャッシュフローにおいて調整され，利子率としてリスクフリー・レートが適用される。信用調整リスクフリー・レートとは，リスクフリー・レートを企業の信用リスクの影響によって調整するもので，これは企業の信用リスクによって増加する。最終的に財務諸表

に計上すべき負債の公正価値は,期待キャッシュフローをこの信用調整リスクフリー・レートで割り引いた現在価値である。

このようにSFAS 143では,負債の認識要件を発生可能性よりも測定可能性におき,公正価値の合理的な見積りが可能であれば,この基準の適用範囲(法的債務及び約束的禁反言原則の債務)におけるすべての資産除去債務の計上を要求するものである。

例3-1①は,資産除去債務の公正価値の見積りを,期待キャッシュフロー・アプローチにより現在価値に割り引く方法を示したものである。

また資産除去債務をもたらす事象が一会計期間以上にわたって起こるとき,それに対する負債も一会計期間以上にわたって発生すると考えられ,当初認識した負債に加えて,追加的な負債増加分が次年度以降の会計期間にも認識される。例えば,原子力発電所の解体・撤去のための負債は発生した汚染にも起因すると考えられ,汚染発生各期において区別された負債増加分が測定される。その際,初期に多額の負債が発生する場合もあるし,比例的に発生する場合もある。これに関する例を示したものが例3-2である。

資産除去債務に対する負債の認識・測定に関して考察を進めると,更なる検討事項がある。例えば,取得資産を使用途中で売却することもありうるが,その際の資産除去債務に関連する負債額を資産の売却価格に反映させるのか,企業独自で決済するのか等明確ではない。また将来使用途中で環境に関連した修繕支出が法的債務として発生した場合も,同様に負債として認識すべきではないかと考える。しかしこれに対しては負債認識せず,通常の会計処理と同様に実際の支出が起こった時点で,ケースによって資本的支出または収益的支出として会計処理するものと思われる。これらの点については検討事項であろう。

次に負債の相手勘定である資産除去費用の認識と配分について具体的な考察を行う。

3. 資産除去費用の認識と配分

資産除去債務に対する負債の当初認識において,負債と同額,関連する長期

例 3-1 ①　資産除去債務の当初認識及び測定 part 1

例 1) 2003 年 1 月 1 日,C 石油会社は,海洋上の石油プラットフォームを建設した。そのプラットフォームの耐用年数は 5 年と見積もられ,耐用年数終了時に解体・撤去することを法的に要求されている。

* SFAS 143 の適用により,C 社は 2003 年 1 月 1 日に,資産除去債務に対する負債と,資産除去費用に対する資産計上を行う。
● 期待キャッシュフロー・アプローチにより,負債の公正価値の当初見積りを行う。
　a. 海洋上の石油プラットフォームの解体・撤去に要する費用の見積り
　　一見積り値には,すでに解体・撤去のための現在の市場水準による労働費,将来の賃金上昇分,間接費,設備費等は含まれているものとする。また本来なら算出のプロセスとして,インフレ率の係数をかけてインフレの影響によって調整された見積りキャッシュフローを算出し,それをマーケットリスクプレミアムで調整してマーケットリスク調整後の見積りキャッシュフローを算出するが,ここでは資産除去債務に対する負債計上,及び資産除去費用に対する資産計上の構造についての考察に重点を置くものとし,これらはすでに織り込まれているものとする。

見積りキャッシュフロー	発生可能性	期待キャッシュフロー
$100,000	25%	$25,000
120,000	50	60,000
180,000	25	45,000
		$130,000

上記のように,見積りキャッシュフローの金額を加重平均した期待キャッシュフローは $130,000 となる。

　b. 2003 年 1 月 1 日におけるリスクフリー・レート 5%,企業の信用度の影響による修正が 3.5% 必要だとすると,現在価値の見積りに使用される信用調整リスクフリー・レートは 8.5%(5%+3.5%)となる。
　8.5%,期間 5 年で割り引いた現在価値は,$86,456($130,000 × 0.6650)となる。
〈この後のプロセスは例 3-1 ②へ続く〉

(FASB SFAS 143, Appendix C, Example 1 を参考に筆者作成)

保有資産の簿価を増加させることによって資産除去費用を計上する。つまり資産除去債務に対する負債金額は直接期間費用として計上されるのではなく,まず同額が資産計上される。この資産除去費用の資産計上は,SFAC 6 で規定されている資産の定義「資産とは,過去の取引または事象の結果として特定企業が支配し,将来の経済的便益を発生させる可能性の高いものである」(SFAC 6

例 3-2　資産除去債務の当初認識及び測定 part 2

例2）D社は，2003年12月31日に原子力施設を操業開始した。耐用年数は20年で，耐用年数終了時にその施設を廃炉にすることを法律で要求されている。この施設において資産除去債務をもたらす事象は，2003年から2005年にかけて発生する。

● 資産除去債務に対する負債の公正価値の，各発生日における当初見積りは以下のようになる。

発生日	期待キャッシュフロー	信用調整リスクフリー・レート	割引期間	現在価値
12/31/03	$23,000	9.00%	20年	$4,104
12/31/04	1,150	8.50	19	244
12/31/05	1,900	9.20	18	390

(FASB SFAS 143, Appendix C, Example 3 を参考に筆者作成)

[1985]，par. 25) に基づいてなされたというよりも，負債認識に伴う費用をストックしておくためのものと考えられる。

　この資産除去費用を資産の簿価に上乗せするという会計処理において気になることは，資産の取得原価の意義の変容である。FASB SFAC No. 5 [1984] "Recognition and Measurement in Financial Statements of Business Enterprises"「企業の財務諸表における認識と測定」では，資産の取得原価の構成要素を，「その資産を取得し使えるような状態になるまでに支払った現金及び現金同等額」と定義しているが，この定義にプラスして将来の資産除去費用が算入されており，資産の取得原価の構成要素が不明確になっている。SFAC 5 はあくまでも取得し使用するまでに必要なものという定義であり，そこに資産除去のための費用，言い換えれば使用後に発生する費用は含まれていないが，SFAS 143 では資産除去費用を取得した資産の原価に算入させている。前掲例 3-1 ①において，例えば従来の SFAC 5 の定義による資産の取得原価（資産を取得し使えるような状態になるまでに支払った現金及び現金同等額）が 1,000,000 ドルであったとする。しかしここでは取得原価 1,000,000 ドルの資産に資産除去費用の 86,456 ドルを上乗せし，資産簿価を 1,086,456 ド

ルと計上することになる。この86,456ドルという超過額は、厳密に言うと資産の取得原価というよりも、資産を取得し使用したために発生する費用である。前項2「資産除去債務に対する負債の当初認識及び測定」では、資産を取得して使用し、使用を終了し、除去行為を終了するまでを含めて考えており、その相手勘定である資産除去費用を算入した資産簿価（資産価値）も、資産の取得原価のみでなく、使用・廃棄に供する費用、つまり使用価値をも含めたものになっている。さらに別角度で見ると、これは資産の利用によって見込まれる回収可能価額の意義を付与したものとも考えられる。このように資産計上によって認識された資産除去費用は、FASB SFAS No. 34 [1979] "Capitalization of Interest Cost"「利息費用の資産計上」で規定されている支出とは分類されず、その資産除去費用はシステマティックで合理的な方法（通常は減価償却）によって、資産の耐用年数にわたって費用配分される。

また資産除去費用を資産計上することにより、FASB SFAS 144「長期保有資産の減損または処分の会計」の適用による減損テストとの整合性が懸念される。SFAS 143を適用すると、減損測定対象の資産の簿価は、資産除去債務の認識によって資産計上された資産除去費用を含み増加している。資産の取得原価そのものに資産除去費用を算入しているため、資産本来の簿価が変容しているが、減損会計の適用はそれに合わせて行うことになる。減損会計は歴史的原価の特性を有し、基本的に資産取得時に回収必要額が確定されている。しかしここでは将来の資産除去費用の算入による資産簿価の増加が、回収必要額の上昇を引き起こし、また資産使用開始後に見積り額に変更があった場合には、回収必要額の再計算が必要になる。このような資産簿価の増減が財務諸表の利用者を混乱させる懸念もあり、減損会計との整合性についても更なる考察の必要がある。実務的に資産除去費用を簿価に上乗せ計上した資産に対する減損では、資産除去債務に対する負債がすでに計上されているので、回収必要額から資産除去費用部分を控除して適用することになるであろう。この他、資産除去債務に対する負債についての検討事項として挙げた修繕支出については、資産計上においても言及されていない。

4. 当初認識後の変更

当初認識後の会計期間において，次のような理由により，資産除去債務に対する負債を期間ごとに変更する。

(a) 時間の経過
(b) 割引前キャッシュフローの当初見積り金額や時期の修正

これらの変更を行う順序は，最初に (a) 時間の経過による変更額を測定した上で，必要があれば，(b) 割引前キャッシュフローの当初見積り金額や時期の修正による変更の測定を行う。

(a) 時間の経過による資産除去債務に対する負債の変更額は，期首に利息法によって負債金額を配分することによって測定される。このとき使用される利子率は債務発生時，当初測定において使用された信用調整リスクフリー・レートである。負債額は予想決済日における見積りキャッシュフロー総額に等しく，この金額は現在価値に割り引かれた後，利息法によって年々増加していく。つまりこの増加額は，負債の簿価の増加および損益計算書の営業項目に分類された費用として認識される。以降，この利息法に基づき時間の経過とともに認識する費用を *accretion expense*（アクリーション（増額費用））と表す。このアクリーション自体も，利息法の適用により年々増加する。これはSFAS 34「利息費用の資産計上」の適用対象となる利息費用ではない。

(b) 割引前キャッシュフローの当初見積り金額や時期の修正から発生する変更は，次のものを増加または減少させる。

・資産除去債務に対する負債の簿価
・関連する長期保有資産の簿価の一部として資産計上された資産除去費用

つまりこれらの変更額は，当初認識と同様，資産と負債とに両建て計上される。割引前見積りキャッシュフローの上方修正は当期の信用調整リスクフリー・レートで割り引かれ，下方修正は当初負債が認識された時点での信用調整リスクフリー・レートで割り引かれる。見積りキャッシュフローの修正の結果による変更は，FASB SFAS 154〔2005〕「会計上の変更及び誤謬修正—APB

Opinion 20 及び SFAS 3 の置換え」にしたがって修正する。

例 3-1 ②は,当初認識後の負債額の変更((a) 時間の経過による変更,及び (b) 見積りキャッシュフローの変更)と,全期間を通しての計上仕訳を,前掲例 3-1 ①に基づいて示したものである。

また例 3-1 ②において,最終的に負債が決済されたとき(つまりキャッシュフローが起こったとき),支払った金額とその時点における資産除去債務に対する負債の簿価との差額は,損益計算書において利益または損失として認識される。それを示したものが例 3-1 ③である。

以上例 3-1 に基づいて資産除去債務の構造を表したものが図表 3-1「資産除去債務の構造図」である。

資産除去債務に充当可能な保険により,関連負債の相殺や償還はできないが,基金や保険契約の存在は,信用調整リスクフリー・レートに影響を与えることはありうる。また基金や保険契約の変更は,資産除去債務の当初測定や,その後のアクリーションに何ら影響を与えるものではないが,負債の割引前キャッシュフローの上方修正を割り引く際に使用する信用調整リスクフリー・レートに影響を与える可能性はある。なお基金や保険契約の設定に関連したコストは,資産除去債務とは別に会計処理される。

SFAS 143 制定後,IASB 国際財務会計報告解釈指針委員会(International Financial Reporting Interpretations Committee : IFRIC)が公表した IFRIC Interpretation No. 1〔2004〕"Changes in Existing Decommissioning, Restoration and Similar Liabilities"「廃棄,原状回復及びそれらに類似した既存の負債の変動」では,本項で論じた 2 つの変更((a) 時間の経過,(b) 割引前キャッシュフローの当初見積り金額や時期の修正)のほかに,(c) 直近の市場評価による割引率の変動についても規定している。これは IFRIC 解釈指針が,負債認識において SFAS 143 とは別のアプローチを選択しているためと考えられる。IFRIC 解釈指針では IAS 第 37 号〔1998〕"Provisions, Contingent Liabilities and Contingent Assets"「引当金,偶発負債,及偶発資産」を適用し,負債認識を現在の最善の見積り値による測定としているため,これに対

例3-1 ②資産除去債務の当初認識後の変更

〈例3-1 ①からの続き〉
●当初認識後の変更の認識と測定

2004年12月31日，C社は信用の上昇によって，信用調整リスクフリー・レートを0.5%下げ8%とした。またC社は10%の物価上昇の影響を加味して労働費の見積りを変更し，これにより見積りキャッシュフロー及び発生可能性を以下のように変更した。期待キャッシュフローの増額分は現在の利率8%で割り引かれた。

見積りキャッシュフロー	発生可能性	期待キャッシュフロー
$110,000	30%	$ 33,000
132,000	45	59,400
198,000	25	49,500
		$141,900

期待キャッシュフローの増額分 $11,900（$141,900 — $130,000）を信用調整リスクフリー・レート8%，期間3年で割り引いた現在価値は，$9,447（$11,900 × 0.7938）となる。

利息法による配分

年	負債残高 1/1	アクリーション	見積りキャッシュフローの変更額	負債残高 12/31
2003	$86,456	$7,349		$93,805
2004	93,805	7,973	$9,447	111,225* (101,778 / 9,447)
2005	111,225	9,407 (8,651 / 756)		120,632 (110,429 / 10,203)
2006	120,632	10,202 (9,386 / 816)		130,834 (119,815 / 11,019)
2007	130,834	11,066 (10,184 / 882)		141,900 (130,000** / 11,900)

* 2004年以降の期末負債残高は，当初の負債額（8.5%で割り引かれたもの）と，見積りの変更により増加した負債額（8%で割り引かれたもの）の合計である。
** rounding errorを含む。

計上費用金額表

年（期末）	アクリーション	減価償却費	費用合計
2003	$7,349	$17,291（$86,456÷5）	$24,640
2004	7,973	17,291	25,264
2005	9,407	20,440（$61,321÷3）	29,847
2006	10,202	20,440	30,642
2007	11,066	20,440	31,506

● 各時点における仕訳

2003.1/1	長期保有資産, 掘削用プラットフォーム(資産除去費用)	86,456	
	資産除去債務に対する負債		86,456
	＊資産除去債務に対する負債・費用の当初の計上		
2003.12/31	減価償却費(資産除去費用)	17,291	
	減価償却累計額		17,291
	＊定額法による資産除去費用の損益計上		
	アクリーション	7,349	
	資産除去債務に対する負債		7,349
	＊資産除去債務の負債に対するアクリーションの計上		
2004.12/31	減価償却費(資産除去費用)	17,291	
	減価償却累計額		17,291
	＊定額法による資産除去費用の損益計上		
	アクリーション	7,973	
	資産除去債務に対する負債		7,973
	＊資産除去債務の負債に対するアクリーションの計上		
	長期保有資産(資産除去費用)	9,447	
	資産除去債務に対する負債		9,447
	＊見積りキャッシュフロー変更の計上		
2005 –2007.12/31	減価償却費(資産除去費用)	20,440	
	減価償却累計額		20,440
	＊見積りキャッシュフローの変更を修正した後の定額法による資産除去費用の損益計上		
	アクリーション	Per schedule	
	資産除去債務に対する負債		Per schedule
	＊資産除去債務の負債に対するアクリーションの計上		

〈この後のプロセスは例 3-1 ③へ続く〉

(FASB SFAS 143, Appendix C, Example 2 を参考に筆者作成)

例 3-1 ③　資産除去債務の決済

〈例 3-1 ②からの続き〉

C 社は 2007 年 12 月 31 日, 資産除去債務に対する負債を現金 $141,000 を払って決済した。負債決済に伴い $900 の利益を認識した。

● 仕訳

2007.12/31	資産除去債務に対する負債	141,900	
	現金		141,000
	資産除去債務清算益		900
	＊資産除去債務に対する負債決済の計上		

(FASB SFAS 143, Appendix C, Example 2 を参考に筆者作成)

図表 3-1 資産除去債務の構造図

($)
86,456

- Useful Life : 5 years
- Salvage Value : 0
- Depreciation Method : Straight-Line

Asset

17,291
17,291
9,447
20,440
20,440
20,440

0　1　2　3　4　5　(year)

86,456
93,805　7,349
101,778　7,973
111,225　9,447
120,632　9,407
130,834　10,202
141,900　11,066

Liability

■ : Depreciation Expenses
□ : Accretion Expenses

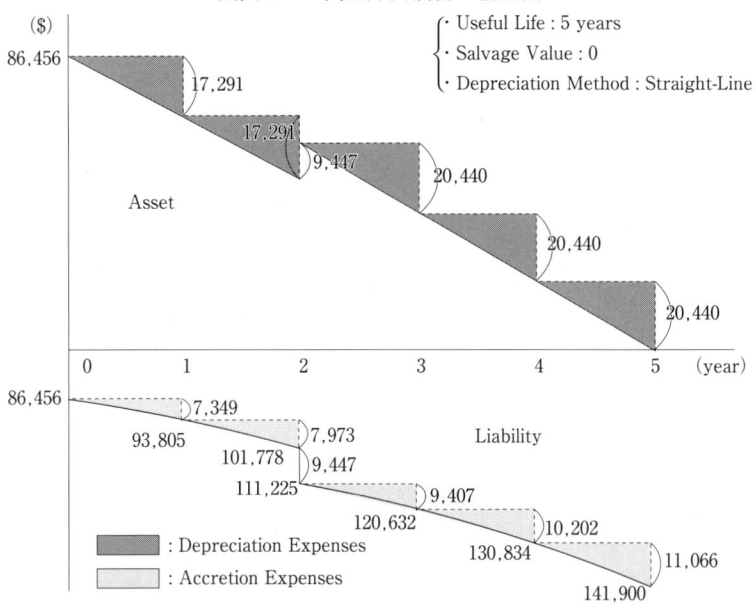

時点	仕訳	借方	貸方
0時点：	Asset	86,456 / Liability	86,456
1時点：	Depreciation Expense	17,291 / Accumulated Depreciation	17,291
	Accretion Expense	7,349 / Liability	7,349
2時点：	Depreciation Expense	17,291 / Accumulated Depreciation	17,291
	Accretion Expense	7,973 / Liability	7,973
	Asset	9,447 / Liability	9,447
3〜5時点：	Depreciation Expense	20,440 / Accumulated Depreciation	20,440
	Accretion Expense	Per schedule / Liability	Per schedule

●図表 3-1 における B/S（資産・負債），P/L（費用），C/S（キャッシュフロー）に関する分析

0時点：B/S…資産・負債同額（＄86,456）計上
　　　　C/S…資産の取得原価に対するキャッシュアウトフローはあるが，資産除去債務に対するキャッシュフローはない。（例えば，資産の取得原価が＄1,000,000 だとすると，キャッシュアウトフローは＄1,000,000 のみであるが，B/S における資産の簿価は＄1,000,000 ＋＄86,456 ＝＄1,086,456〔取得原価＋5年後の資産除去支出の見積り額＄141,900 の現在価値〕で計上される。）

1〜5時点：B/S…資産は定額法によって減少 86,456 → 0
　　　　　　　　負債は利息法によって増加 86,456 → 141,900
　　　　　　P/L…毎年減価償却費（定額法）とアクリーション（利息法）が計上される。
　　　　　　C/S…耐用年数にわたって回収額としてのキャッシュインフローがあったものと思われるが，詳細についてはここでは省略する。

5時点：B/S…負債＄141,900 → 0
　　　　P/L…資産除去債務清算益＄900
　　　　C/S…キャッシュアウトフロー＄141,000

しては直近の割引率を反映すべきである。またIFRICは，(b) 見積りキャッシュフローの変更と (c) 割引率の変動を，同じ方法で処理することが重要であると考えている。

さらに2008年3月には，日本の企業会計基準委員会（The Accounting Standards Board of Japan：ASBJ）が企業会計基準第18号「資産除去債務に関する会計基準」及び企業会計基準適用指針第21号「資産除去債務に関する会計基準の適用指針」を公表し，環境財務会計においても今後の国際的な会計基準のコンバージェンスが注目される。

5. 会計基準移行による財務諸表の修正と財務的影響

5.1. 会計基準移行による財務諸表の修正

SFAS 143は2002年6月15日以降に始まる会計年度に発行される財務諸表に対して有効である。従って，多くの企業は2003年カレンダーイヤーからの適用になる。本基準の制定によって，SFAS 19「石油・ガス生産会社による財務会計報告」のパラグラフ37[4]は書き換えられ，SFAS 19で規定されていた解体・除去・除却費用のための負債は，SFAS 143「資産除去債務の会計」の規定によって会計処理される。

本基準の最初の適用にあたり，貸借対照表において以下の事項を認識すべきである。

(1) 本基準適用日までのアクリーション累計額によって修正された，現在の資産除去債務に対する負債額
(2) 関連する長期保有資産の簿価に加算して資産計上された資産除去費用
(3) 資産計上された資産除去費用の減価償却累計額

本基準の最初の適用による金額は，基準適用日における情報，仮定，及び利率を使用して測定される。資産除去負債，及び資産除去費用として認識される金額は，資産除去債務が発生した日を基準日として測定され，アクリーション累計額及び減価償却累計額は，資産除去債務発生日から当基準適用日まで，期間にわたって測定される。

例3-3 資産除去債務に関する会計原則の変更

例3) E社は，2001年1月1日に資産除去債務を認識する必要のある長期保有資産を取得した。その資産の耐用年数は10年，減価償却方法は定額法を使用している。
　2003年1月1日現在，2010年の資産除去債務に対する負債額は割引前キャッシュフローが$50,000，8.5%の信用調整リスクフリー・レートで割り引くと，2001年1月1日の現在価値は$22,114である。SFAS 19の規定による（割引前）見積りキャッシュフローは$45,000であった。E社は10年間にわたって定額法で減価償却費及び減価償却累計額を計上しており，1年あたりの計上金額は$4,500であった。

SFAS 19適用により計上された金額

	2001	2002
減価償却累計額 1/1		$4,500
減価償却費（$45,000÷10年）	$4,500	4,500
減価償却累計額 12/31	$4,500	$9,000

SFAS 143適用による移行金額

	2001	2002
負債額 1/1		$23,994
アクリーション	$1,880	2,039
当期発生した負債額	22,114	——
負債額 12/31	$23,994	$26,033
資産 1/1		$22,114
当期の計上額	$22,114	——
資産 12/31	$22,114	$22,114
減価償却累計額 1/1		$2,211
減価却費（$22,114÷10年）	$2,211	2,211
原価償却累計額 12/31	$2,211	$4,422

● 仕訳

2003.1/1	減価償却累計額（SFAS 19）	9,000	
	長期保有資産（SFAS 143）	22,114	
	減価償却累計額（SFAS 143）		4,422
	資産除去債務に対する負債（SFAS 143）		26,033
	会計処理方法の変更による影響額		659

(FASB SFAS 143, Appendix D, Example 2を参考に筆者作成)

最初に本基準を適用した会計期間において，SFAS 154「会計上の変更及び誤謬修正— APB Opinion 20 及び SFAS 3 の置換え」で規定している会計原則の変更によって遡及的に（retrospective）認識する[5]。つまり以前に発行された財務諸表においても，SFAS 143 が適用されていたかのように考えて資産・負債の残高を計算し，比較財務諸表ではその最も早い期間の財務諸表の期首の Retained Earnings（利益剰余金）を修正し，以降の財務諸表は当期まで SFAS 143 を適用して修正する。

例 3-3 は，SFAS 19 から SFAS 143 への，資産除去債務に関する会計原則の変更例である。

5.2. 財務的影響

SFAS 143 の履行により，財務諸表に以下の影響が考えられる。
・固定資産の簿価の増加
・資産除去債務に対する負債の認識による負債の増加（ただし，すでに資産除去債務に対する負債を見積りキャッシュフロー合計金額によって認識していた企業は，SFAS 143 の適用により減少させることが可能である。なぜならば SFAS 143 では，資産除去債務に対する負債は現在価値に割り引いて測定されるからである。）
・追加的な減価償却費（固定資産の簿価の増加に対するもの）と利息費用（資産除去債務に関する負債に対するもの）の認識による純利益の低下。
利息法の適用により利息費用は毎年増加する。
また以下の財務比率の影響も起こる。
・資産回転率の低下（資産レベルの上昇による）
・負債資本比率の低下（純利益の低下による資本の減少，負債の増加による）
・資産収益率の低下（純利益の低下，資産の増加による）
・インタレスト・カヴァレッジ比率の低下（利息費用の増加による）

これらの比率による社債契約条項もまた，会計原則の変更は認識しないと書かれている場合以外は影響を受ける。これらの影響は通常開示によって示され

る。ただしキャッシュフローは影響を受けない（White・Sondhi・Fried［2003］, pp. 281-282 参考）。

6. SFAS 143 に関する考察

物を購入・使用すると，同時にそれを処分する義務が発生する。これは現在の日本の家電リサイクル法，自動車リサイクル法等にも見られる考え方である。さらに近年では，企業（生産者）が消費者へ供給後の廃棄処理費用に対する負債認識についても規定されてきている。IASB IFRIC Interpretation No. 6 ［2005］"Liabilities Arising from Participating in a Specific Market—Waste Electrical and Electronic Equipment"「特定市場への参加から生じる負債—電気・電子機器廃棄物」，FASB スタッフ指針（FASB Staff Position：FSP）第 143-1 号［2005］"Accounting for Electronic Equipment Waste Obligations"「電気機器廃棄物債務の会計」では，消費者へ供給後の電気・電子機器の廃棄に関連する負債を認識する必要がある場合についても明確にしている。そのような考えに基づくと，企業における資産除去債務の発生は不可避な支出と言える。特に環境保全を目的とした資産除去コストは多額に上ることがあり，財務諸表にも重要な影響を及ぼす。したがって，財務諸表により企業の財政状態・経営成績・キャッシュフローを評価する上でも重要性が高い。

SFAS 143 は，資産除去債務を会計上どのように認識・測定・開示するかを扱う会計基準であるが，ここでは長期保有資産の取得・建設・開発かつ（または）通常の使用に際して発生する除去債務に対して，その債務履行のために必要とされる将来キャッシュフローを見積もり，それを割り引いて得た現在価値を公正価値と考えて負債計上し，同時に資産除去費用を同額資産計上する。その後，負債認識時から決済時において，負債についてはアクリーションを，資産については減価償却費を認識し費用化していく。つまりこれは資産除去債務を公正価値で評価して資産・負債に両建て計上し，将来の資産除去に関する費用を現在のストックとして計上するという会計基準である。資産取得時または使用時において，資産除去行為及びそれに伴う費用はまだ発生していないが，

予測に基づいてそれらを測定するという点が本基準設定に当たって最も複雑で困難な点であったと思われる。資産を取得した段階で将来の資産除去行為までも考慮し，それを前提として資産・負債計上を行うという会計処理については，さらに第4章で他の環境問題に対する会計基準も総括し，総合的な環境財務会計を構築・展開していく中で再考する。

第2節　FASB Interpretation 47「条件付資産除去債務の会計—FASB SFAS 143 の解釈指針」

1. Interpretation 47 制定の背景と目的

FASB Interpretation No. 47 [2005] "Accounting for Conditional Asset Retirement Obligations—an interpretation of FASB Statement No. 143"「条件付資産除去債務の会計—FASB SFAS 143 の解釈指針」は，本章第1節で論じた SFAS 143「資産除去債務の会計」に対する解釈指針である。企業における資産除去活動は将来事象であり，資産除去債務が負債認識要件を満たすかどうかは不確実である。そのような資産除去債務のことを *conditional asset retirement obligation*（条件付資産除去債務）と表し，本解釈指針では，企業の将来事象に起因する資産除去債務を負債として認識すべき状態を明確にする。

土地以外の有形固定資産は永久に維持されるものではなく，資産除去活動に関連する債務は無条件に（unconditional）存在する。しかし将来事象に起因する資産除去債務履行の時期および（または）方法は不確実であり，公正価値の合理的な見積りが可能かどうかが論点となる。また負債認識の時期は，一般的には資産除去債務発生時であり，これは長期保有資産の取得・建設・開発時，かつ（または）資産の通常の操業を通してである。このとき，企業が資産除去債務の公正価値を合理的に見積もるための十分な情報を得ている場合，債務に対する負債認識を要求される。したがって企業が資産除去債務の公正価値の合理的な見積りのための十分な情報を得た時期・状態を明白にすることは，財務諸

表における計上金額の適切性,信頼性,比較可能性を改善する上で有効である。

SFAS 143 では,資産除去債務の公正価値を合理的に見積もるための十分な情報が得られない状態があることを認めた上で,「もしも公正価値の合理的な見積りが可能であるならば,企業は発生した期に当該資産除去債務の公正価値に対する負債を認識することが要求される」(SFAS 143 [2001], par. 3)[6] と規定している。しかし実際には,資産除去活動は将来事象であり債務履行の時期及び(または)方法には不確実性が存在するため,SFAS 143 制定後も資産除去債務に対する負債認識において,次のような種々の会計実務が展開されることになってしまった。

- 債務履行の時期及び(または)方法について不確実性が存在し,公正価値の合理的な見積りのための十分な情報が得られていないにもかかわらず,資産除去前に負債を認識
- 資産が特定の日,特定の方法で除去される可能性が高いときに負債の公正価値を認識
- 資産が実際に除去されるときに負債の公正価値を認識

この解釈指針は,「もしも公正価値の合理的な見積りが可能であるならば,発生した期に当該資産除去債務の公正価値に対応する負債を認識する」という規定を再確認し,企業が資産除去債務の公正価値を合理的に見積もるための十分な情報を得ている状態を明確にした。

この解釈指針により,財務報告は次の点において改善されると考えられる。

(1) 資産除去債務に対する将来キャッシュフローを見積もる際の情報の適切さ
(2) 資産除去債務に対する負債測定額の適正性
(3) 資産除去費用は長期保有資産の一部として認識されるため,当該資産への適切な投資情報

この解釈指針は 2005 年 12 月 15 日以降に終了する会計年度(カレンダーイヤーの企業では 2005 年 12 月 31 日)に効力を持つ。中間財務報告における遡

及的な適用は，許可されるが要求されるものではない。この解釈指針の早期適用は奨励される。

2. 条件付資産除去債務（Conditional Asset Retirement Obligations）

2.1. 公正価値の合理的な見積りが可能な場合

　企業にとって資産除去債務の履行自体は無条件に存在するが，そのうち企業が公正価値を合理的に見積もるための十分な情報を得ている場合には，債務発生時に負債を認識すべきである。資産除去債務の公正価値が合理的に見積り可能な状態とは，次のような場合である。

(1)　債務の公正価値が資産の取得原価に織り込まれていることが証明されているとき

(2)　債務を測定できる活発な市場が存在するとき[7]

(3)　見積り現在価値法適用のための十分な情報が存在するとき[8]

見積り現在価値法では，債務履行の時期および（または）方法についての不確実性は公正価値の測定値の中に含有される。例3-4は，企業が債務発生時に公正価値の合理的な見積りのための十分な情報を得ている場合の，当解釈指針の適用例である。

　資産除去債務の公正価値の見積りに現在価値法を適用するための十分な情報を得ている状態とは，入手可能な情報が，次の事項に対する合理的な見積りを可能にする場合である。

a.　債務清算日または潜在的清算日のレンジ

b.　債務清算方法または潜在的清算方法[9]

c.　潜在的清算日や潜在的清算方法に関する適用可能性[10]。

潜在的清算日，潜在的清算方法，及びそれらの適用可能性の基準等を提供すると予想される情報は，企業やその産業の過去の実務，経営者の意図に依拠する。例えば一般的には資産の見積り経済的耐用年数は，資産除去債務の潜在的清算日を示唆するが，企業は資産の耐用年数を延長するような改良を加える意図があるかもしれないし，また資産の経済的耐用年数を超えて債務の清算を繰

第2節　FASB Interpretation 47「条件付資産除去債務の会計」

例3-4　債務発生時に公正価値測定のための十分な情報を得ている場合

* F社は，ある化学物質を含有する木製ポールを使用するコミュニケーションネットワークを所有し事業を行っている。そのポールを即座に地面から取り除くべき法的要求はない。また操業上の理由により，ポールを何本か定期的に移動する。ポールは後に処分されるか，売却されるか，他の活動の一部として再利用される。企業の属する州では，ポールを処分する際の法律が存在する。
* ポール購入日に，企業は潜在的清算日，潜在的清算方法，及び確立された産業実務に基づく潜在的清算日と方法に関する適用可能性についての情報を有していた。従って企業はポール購入日に，見積り現在価値法を使用して，要求される処分手続のための債務の公正価値を見積もる事ができた。
* 資産除去活動を行う時期は，ポールを地面から取り除き処分する時点であるが，F社が当該ポールを購入したときに資産除去の義務と責任が発生している。F社がポールを地面から取り除かないと決定したり，そのポールを再利用すると決定し，債務の清算を繰り延べたとしても，債務清算の繰り延べはF社の債務自体を救済するものではない。ポールは永久に存続するものではないので，結局は特定の手順により処分される必要がある。またF社が処分前にポールを売却するという可能性も，F社の現在の債務を救済するものではない。ポール売却は債務を他の企業に移転させるものであり，債務の見積りは売却価額に影響する。
⇒ F社はポール購入時に，資産除去債務の公正価値を見積もるための十分な情報を得ているのだから，資産除去債務は認識されるべきである。法的要求は当該ポールの処分にのみ関わるものなので，ポールの移動のためのコストは資産除去債務には含まれない。しかしながら，もしも当該ポールを移動させる際の法的要求があったならば，移動コストも含まれる。

(FASB Interpretation 47 Appendix A, par. A2-A5 を基に作成)

り延べることも可能なので，当初の資産の見積り経済的耐用年数それ自体が債務清算日を決定するものではない。そのような状況では，企業は資産除去債務の公正価値を見積もる際に使用すべき清算日や潜在的清算日のレンジの決定において，資産の経済的耐用年数を超えて見積もるであろう。債務清算日のレンジの幅がより狭く，企業にとって可能な潜在的清算方法がより少ないとき，企業は資産除去債務の公正価値の合理的な見積りのための情報をより多く持っていると考えられる。

2.2.　公正価値の合理的な見積りが可能でない場合

債務発生時に公正価値を見積もるための十分な情報が得られなかった場合に

ついて，SFAS 143 では次のように規定している。「十分な情報が得られた時点で最初に負債認識すべきである」(SFAS 143 [2001], par. 3)。しかしこのときも，「負債の公正価値が合理的に見積もれない事実と理由を開示すべきである」(SFAS 143 [2001], par. 22)。例 3-5 は，企業が債務発生時に公正価値の合理的な見積りのための十分な情報を得ていない場合の，当解釈指針の適用例である。また例 3-6 は，企業が当初資産除去債務の公正価値の合理的な見積りのための十分な情報を得ていなかったが，後に十分な情報を得られた場合の例示である。

例 3-5 債務発生時に公正価値測定のための十分な情報を得ていない場合

* G 社はアスベストを含む工場を取得した。工場取得後に，もしも工場に大規模な改修や取り壊しを行った場合には，G 社が特定の方法でアスベスト処理を施すことを要求する法律が制定された。それ以外の場合には，アスベスト処理は法的に要求されていない。G 社は将来その工場からの撤退に際して，取り壊し，売却，廃棄など，いくつかの選択肢がある。
* 債務清算日または潜在的清算日のレンジは他の要因（法規制など）によっても特定されておらず，現在の情報では見積り現在価値法の適用が可能ではない。例えば，アスベスト処理が要求されるような工場の大規模な改修，取り壊しの計画や計画予定がない場合である。現在のところ，技術の変化，事業内容の変化，またはその他の要因による大規模な修繕の必要性は認識されておらず，工場はアスベスト処理を含まない修繕維持活動によって維持されていくことが予想される。従って G 社は，資産除去債務の公正価値を見積もるための十分な情報を得ていないと考えられる。
⇒ 資産除去活動を行う時期は工場の大規模な改修や取り壊しを行うときであるが，取得時点ではアスベスト処理の法規制が存在していないので，G 社が特定の方法でアスベスト処理を行う義務や責任が発生し債務を負うのは，法律が制定されたときである。したがって資産除去債務は，もしも企業が公正価値を合理的に見積もれるのであれば，法律が制定されたときに認識すべきであるが，この例では，債務清算日または潜在的清算日のレンジは見積もることができないので，資産除去債務の清算日は不確定であり，負債を合理的に見積もることはできない。従って G 社は法律が制定されても，資産除去債務に対する負債を認識することはできない。しかしその際にも次の事項を開示する必要がある。(a) 債務についての説明，(b) 公正価値を合理的に見積もれないため負債が認識されないという事実，(c) なぜ公正価値が合理的に見積もれないのかという理由。
⇒ その後公正価値を合理的に見積もるための十分な情報が得られた時点で負債認識する。

(FASB Interpretation 47 Appendix A, par. A9–A10 を基に作成)

第2節　FASB Interpretation 47「条件付資産除去債務の会計」　131

例3-6　当初公正価値測定のための十分な情報を得ていなかったが，後に得られた場合

* H社はアスベストを含む工場を取得した。工場取得時に，もしも工場に大規模な改修や取り壊しを行った場合には，H社が特定の方法でアスベスト処理を施すことを要求する法律が存在していた。それ以外の場合には，アスベスト処理は法的に要求されていない。H社は将来その工場からの撤退に際して，取り壊し，売却，廃棄など，いくつかの選択肢がある。
* 工場取得時，取得原価の中に資産除去債務の公正価値は織り込まれておらず，同様の工場売買の活発な市場も存在しなかった。また債務清算日が不確定なため，見積り現在価値法を適用するための十分な情報は得られなかった。
* 取得から10年後，工場で生産された製品の需要の変化に基づく追加情報により，H社は潜在的清算日のレンジ，潜在的清算方法に関する見積りが可能となった。従ってその時点で，見積り現在価値法を利用して，アスベスト処理に対する債務の公正価値を見積もる事が可能となった。
* 資産除去活動を行う時期は，工場に大規模な改修や取り壊しを行うときであるが，H社が特定の方法でアスベスト処理を行うことを要求する法律は資産取得時に既に存在していた。資産除去活動に対する債務は，清算の時期や方法に不確実性が存在するとしても無条件に（unconditional）存在する。従って債務を発生させる事象は工場の取得である。もしも法律が取得後に制定されたのであれば，債務発生事象は法律の制定になる。（これに関しては例3-5参照）
* H社が工場の処分の延期を決定し債務清算を将来期間に繰り延べたとしても，債務清算の繰り延べはH社の債務自体を救済するものではない。どんな建物も永久に存続するものではないので，アスベストはいずれ特定の方法で処理される必要が起こる。工場の売却もH社の現在の債務を救済するものではなく，債務を他の企業に移転させるものであり，債務の見積りは売却価格に影響する。

⇒ 工場取得時には，H社は公正価値を見積もるための十分な情報を得ていないので，資産除去債務は認識されない。ただしこのとき，例3-5と同様の事項（a）〜（c）を開示すべきである。

⇒ 取得から10年後，H社は資産除去債務の公正価値を見積もるための十分な情報を得られ，この時点で資産除去債務を認識する。

(FASB Interpretation 47 Appendix A, par. A11-A13 を基に作成)

3.　会計処理方法の移行

当解釈指針の最初の適用にあたり，貸借対照表において以下の事項を認識すべきである。

（1）当解釈指針適用日までのアクリーション累計額によって修正された，現在の資産除去債務に対する負債額

(2) 関連する長期保有資産の簿価に加算して資産計上された資産除去費用
(3) 資産計上された資産除去費用の減価償却累計額

当解釈指針の適用による資産除去負債，及び資産除去費用の金額は，資産除去債務が発生した日を基準日として測定され，アクリーション累計額及び減価償却累計額は，資産除去債務発生日から，当解釈指針適用日までの期間に対して報告される。

企業は当解釈指針の最初の適用による影響額を，会計原則の変更として認識する。つまり当解釈指針適用前に貸借対照表で認識された資産・負債の残高と，上記 (1)～(3) を当期貸借対照表で認識した後の資産・負債の残高との差額を期首の Retained Earnings（利益剰余金）で修正する。また提示されているすべての年の財務諸表に，当解釈指針があたかもずっと適用されてきたかのように，資産除去債務に対する負債金額を示す。さらに企業の見積りベースでの計算を，当解釈指針適用の最初の財務諸表の注記に開示する。

第3節　FASB SFAS 146「撤退または処分活動に関連するコストの会計」

1. SFAS 146 制定の背景と目的

FASB SFAS No. 146 [2002] "Accounting for Costs Associated with Exit or Disposal Activities"「撤退または処分活動に関連するコストの会計」は，撤退または処分活動に関連するコストのための財務会計報告を規定したもので，FASB EITF Issue No. 94-3 [1994] "Liabilities Recognition for Certain Employee Termination Benefits and Other Costs to Exit an Activity (including Certain Costs Incurred a Restructuring)"「従業員の退職給付および活動からの撤退のためのその他のコスト（リストラによって発生するコストを含む）に対する負債認識」を無効にするものである。SFAS 146 は，企業結合[11]によって新規に取得した企業を含まない *exit activity* [12]（撤退活動），またはSFAS 144「長期保有資産の減損又は処分の会計」[13]によって規定されている

第3節　FASB SFAS 146「撤退または処分活動に関連するコストの会計」

処分活動に関連したコストに対して適用する。それらのコストは次のものを含むが、限定されるものではない。

(1) 実質的に他の基準[14]によってカバーされている継続的給付プランや個人の繰り延べ報酬契約ではなく、一時退職給付による不本意退職の現在の従業員に対する退職給付金

(2) キャピタルリース以外の契約終了のためのコスト

(3) 設備の統合や再配置された従業員のコスト

また当基準は、本章第1節で分析を行ったSFAS 143「資産除去債務の会計」によって規定されている長期保有資産の除去に関連するコストを規定するものではない。

　企業における撤退および処分活動は増加している。これまで、それらの活動に関連するコストは、EITF 94-3により計画（遂行）日に負債として認識していたが、これはSFAC 6「財務諸表の要素」の負債の定義に合致していない。そこでFASBは、撤退または処分活動に関連する会計報告の基準設定に着手し、SFAS 146を制定した。EITF 94-3とSFAS 146との基本的な違いは、撤退または処分活動に関連するコストに対する負債の認識要求である。EITF 94-3では企業の撤退または処分活動計画（遂行）日に負債を認識していたが、企業の計画（遂行）自体は、SFAC 6の負債の定義に合致する「他者への現在の債務」を作り出していない。そこでSFAS 146では負債認識時点を厳密に規定し直し、負債発生時点で負債認識することを明確にした。審議会が到達した負債認識の根本概念では、撤退または処分活動の開始は、その行動に権限を持つ経営者が撤退または長期保有資産（処分グループ）等の処分を託したときであり、この時点を負債発生時点と考え、負債認識が要求される時点とした。

　さらに本基準では、負債の当初認識には公正価値が使用されるべきである、という結論を明確に打ち立てた。FASBは、公正価値による測定は取引の根底にある経済実態の目的適合性や表現の忠実性に最も適応しているという見解を表明し、この公正価値の測定において、SFAC 7で規定された現在価値法による算出を規定している。

つまり本基準は，撤退または処分活動に関連するコストに対する負債を，常に負債発生当初に公正価値で認識・測定することにより財務報告を改善し，また同様の事態や状況に対する会計処理と整合性を持たせることにより，財務情報の比較可能性，表現の忠実性を改善する。それにより投資家，債権者，及び財務諸表の他の使用者が，2つの経済事象の類似や相違を認識することができる比較可能な財務情報を提供することを目指し，最終的には財務情報が投資，融資，その他の資源配分の決定を促進し，資本市場の有効な情報を提供し機能させることを目指す。

本基準書の規定は，2002年12月31日以降に開始される撤退または処分活動に対して有効であるが，より早期の適用は奨励される。以前に発行された財務諸表は書き換えられず，本基準書適用前に，EITF 94-3を適用した計画において開始されている撤退または処分活動に対しては，EITF 94-3の規定が継続して適用される。

2. 負債の認識・測定と当初認識後の変更

撤退または処分活動に関連するコストとは，具体的には，設備に関連するもの，閉鎖に関連するもの，再配置した従業員のコスト等が含まれるが，限定されるものではない。撤退または処分活動に関連するコストに対する負債は，一時退職給付に対する負債を除いて，負債が発生した会計年度において，当初公正価値によって認識・測定される。公正価値が合理的に見積もれない状況では，公正価値が合理的に見積り可能になった最初の会計年度に負債認識される。

2.1. 負債の認識

撤退または処分活動に関連するコストに対する負債は，負債の定義に合致したときに発生する。たとえ計画の直接的な結果として他の事業コストを増加させたとしても，負債は発生前には認識されない。このとき考慮すべき負債とは，前述したSFAC 6「財務諸表の要素」で規定された負債の要件に合致する

ものであり，他の実体に対する企業における現在の債務のみを指す。撤退または処分活動計画それ自体において発生すると予想されるコストは，負債認識のために必要な過去の取引又は事象ではなく，他者への現在の債務を発生させるものではない。企業に，資産を将来移転したり債務清算のために使用するという自由裁量がほとんど又は全く残されていないような取引や事象が発生した時，その債務は企業における現在の債務となる。

2.2. 負債の測定

負債の公正価値は，関連者間で現在の取引において決済される金額である。負債の測定にあたって，公正価値は企業の義務としての将来活動に対する不確実性，リスクプレミアム[15]を含む債務の固有リスクを反映し，かつ債権者が要求する受取金額を表している。もしもアクティブな市場でついた価格があれば，それは最も適正な公正価値であり，測定の基礎として使用される。しかし当基準書で扱われている負債の多くは，市場価格での決定が可能ではない。そのような状況において，公正価値は同様の負債金額や他の測定技法を利用し，その状況における入手可能な最善の情報を基に見積もられる。

SFAC 7では2つの現在価値法を述べている（第2章注15参照）。第1の技法は，公正価値の見積りに単独の見積りキャッシュフローと，単独のリスク調整レートを使用する伝統的アプローチである。第2の技法は，公正価値の見積りに，可能性のある結果のレンジにおける複数のシナリオを発生可能性割合に応じて加重平均したリスク調整後の見積りキャッシュフローを，リスクフリー・レートを使用して現在価値に割り引く期待キャッシュフロー・アプローチである。伝統的アプローチに対して，SFAS 143でも使用した期待キャッシュフロー・アプローチは，見積りキャッシュフローの金額と時期の両方に不確実性が存在する場合の測定技法としてより適している。したがって，もし処分活動に関連する負債が，見積りキャッシュフローの金額と時期の両方に不確実性を持つならば，期待キャッシュフロー・アプローチが合目的な測定技法となるであろう。特定の状況においては，現在価値法ではなく他の測定技法を使用して得

られた負債の公正価値が，現在価値法を使用して得られた公正価値と重要な点において相違ない結果になることもある。本基準書は，そのような状況において，公正価値測定目的をなす他の測定技法による見積り，および計算の簡便法の使用を除外するものではない。

2.3. 当初認識後の変更

当初認識後の負債金額の変更には，(a) 時間の経過による変更，(b) 見積りキャッシュフローの金額や時期の変更，がある。(a) 時間の経過による変更は，負債簿価の増加及び費用（例えばアクリーション）として認識される。(b) 見積りキャッシュフローの金額や時期の変更から生じる累積的影響額は，変更の年の負債の調整として認識され，関連コストは当初認識された損益計算書の同じ項目として報告される。

3. 報告と開示

3.1. 報　　告

非継続事業を含まない撤退または処分活動に関連するコストは，損益計算書の継続事業利益に含まれ，Income from Continued Operations before Provision for Income Taxes（税引き前継続事業利益）の中の項目として報告される。Operating Income（営業利益）という途中総計が示されている場合にはその中に含まれる。非継続事業を含む撤退または処分活動に関連するコストは，Discontinued Operations（非継続事業項目）[16]に含まれる。

もし以前の会計期間に認識した撤退または処分活動に関連する負債を決済する責任が，消滅または変更される出来事や状況が発生した場合には，負債は消去または減額される。関連するコストは，それらのコストが当初認識されたときに使用された損益計算書の同じ項目で反対記帳される。

3.2. 開　　示

以下の情報は，撤退または処分活動の開始から終了までの継続した期間の財

務諸表の注記に開示されるべき事項である。
(1) 予想される活動や予想される完了日等の事実や状況を含む撤退または処分活動の記述
(2) 活動に関連するコストのそれぞれの主なタイプ(例えば一時退職給付,契約終了コスト,他の関連コストなど)
　a. その活動に関連して発生すると予想される総金額,その期に発生した金額,その期までに発生した累積的金額
　b. 期間中新たに発生または変更したコストに関しては,負債の変更を別個に示したもの,期間中の支払いまたは決済コスト,及びそれに対する負債の調整額と期首・期末の負債残高
(3) 上記(2)のコストの合計額が表示された損益計算書において,その内容の個別事項
(4) 報告部署ごとの,その活動に関連して発生すると予想されるコストの総額,その期に発生した金額,その期までに発生した累積的金額,及びそれらのコストの発生理由の説明と負債調整後の相殺金額
(5) もしも公正価値を合理的に見積もる事ができないために,その活動に関連するコストに対する負債が認識されない場合は,その事実及びそれに対する理由

第4節　石油メジャー Chevron の実証例

　本章第1節で検証したSFAS 143では,将来事象である資産除去活動に対する債務に関して,当該資産を取得・建設・開発かつ(または)使用した時点を債務発生時点と考え,企業による環境汚染発生前にその負債額を公正価値で見積もり計上した。本節では,そのような財務会計基準の制定を受け,実際に企業の財務諸表がどのように変化してきたのか,米国の石油会社の例を取り上げ実態調査を試みる。第1節でも述べたように,石油会社の多くはSFAS 143［2001］制定前は,資産除去コストをSFAS 19［1977］に基づいて会計処理していた。したがって資産除去債務に関する会計基準制定により,財務諸表がどの

ように変化してきたのかを検証するための企業選別にあたり，石油会社が適していると考え，本節では石油メジャー，シェブロン（Chevron）（現在の呼称）の実証例を取り上げ分析する。この資産除去債務の実証例の分析は，今後環境問題全般に対する財務会計基準の制定を考察する上でも有意義であると考える。

1. メジャー（国際石油資本）の編成

石油の上流部門（探鉱・開発・生産）から下流部門（輸送・精製・販売）までの一貫操業を，世界的な規模で行う国際大手石油会社をメジャー（国際石油資本）という[17]。全盛期のメジャーの原油生産シェアは70％以上あり，価格決定にも絶対的な権力を持っていた。しかし1990年代後半の石油危機以降，OPECの躍進，産油国の石油産業国有化や下流部門進出などによりシェアは10％程度に落ち込み，その影響力は低下した。その後も長引く原油価格の低迷や環境投資の増加など厳しい事業環境が続いたため，メジャー各社は大幅な合理化を進めることにより，国際石油産業における地位の保持に努めた。

また図表3-2に示すように，原油価格が大幅に下落した1998年頃から世界の石油会社の再編が始まり，活発に買収・合併等の交渉が行われるようになった。1999年，米国最大のエクソン（Exxon）がモービル（Mobil）を買収・合併し，世界最大の石油会社エクソンモービル（ExxonMobil）が発足した。また2001年には，シェブロン（Chevron）とテキサコ（Texaco）が合併し，天然ガスの生産量，埋蔵量で世界4位のシェブロンテキサコ（ChevronTexaco）が発足した。このように石油大手の買収・合併が進んだ結果，1970年代初めまで世界の石油市場を支配し，セブンシスターズ（7大メジャーズ）と呼ばれていたメジャー7社が，「エクソンモービル（米）」，「シェブロンテキサコ（米）」，「ロイヤル・ダッチ・シェル（英・蘭）」，「BP（ブリティッシュペトロリアム）（英）」，「トタールフィナエルフ（仏）」の5社に集約され，スーパーメジャーが誕生した（図表3-2参照）。

また2005年，石油メジャー4位，米国2位のシェブロンは，米国9位のユノカル（Unocal）を買収した。この買収によりシェブロンの生産量は19％増

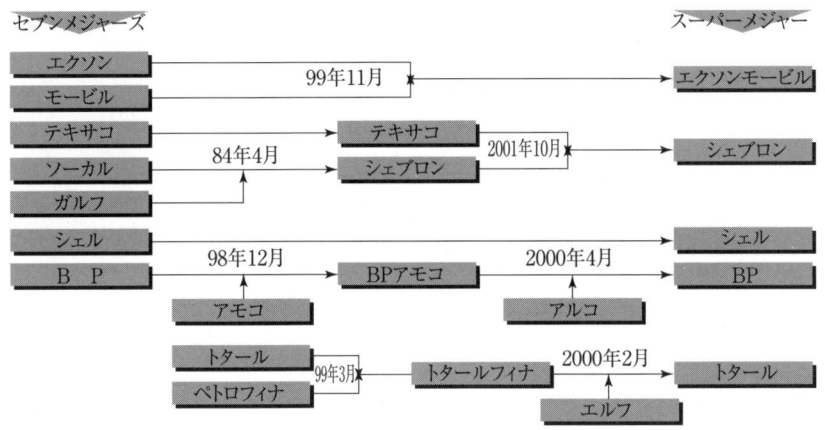

図表 3-2　スーパーメジャー誕生の流れ

セブンメジャーズ			スーパーメジャー
エクソン／モービル	→ 99年11月 →		エクソンモービル
テキサコ／ソーカル／ガルフ	→ 84年4月 → テキサコ／シェブロン → 2001年10月 →		シェブロン
シェル			シェル
BP／アモコ	→ 98年12月 → BPアモコ → 2000年4月（アルコ） →		BP
トタール／ペトロフィナ	→ 99年3月 → トタールフィナ → 2000年2月（エルフ） →		トタール

（出所：石油連盟　石油統計情報　今日の石油産業データ集（2006年4月発行）より）

加，埋蔵量は16％増加し，アジア地域及びメキシコ湾で原油・天然ガス生産の拡大に乗り出す足がかりを作った。図表3-3に示すように石油埋蔵量では英蘭ロイヤル・ダッチ・シェルを抜き，ロシアを除く石油メジャーでは第3位となった。米シェブロンのユノカル買収は1990年代後半以来の大型編成であり，今後も世界的な大型買収により，石油業界再編が起こる可能性もある[18]。

　スーパーメジャー誕生による大規模集約化により収益は改善されたが，石油の上流事業である油田の研究開発・設備投資等の競争は激化している。メジャー各社は下流事業を中心とする石油会社から，総合エネルギー商社へと転換し，売上高及び利益面でも世界トップ企業となっている。米経済誌フォーチュンによると，2005年の米企業の売上高で，エクソンモービルが2004年まで4年連続首位だったウォルマート・ストアーズを抜いて5年ぶりに1位になり，同じく米石油会社のシェブロンは2004年の6位から4位，コノコフィリップスは同7位から6位になるなど，石油関連企業が順位を上げた。メジャー各社の業績上昇の要因の一つはガソリン価格の高騰であり，中東情勢の緊迫化などの影響による原油高の恩恵も受けている。以降さらに石油の高騰が続き，2008年には原油1バレル当たり100ドルを超す世界的な石油高によるインフレ懸念

図表 3-3　米欧石油大手の埋蔵量

社　名	埋蔵量（単位：億バレル）
エクソンモービル	217
BP	183
シェブロン＋ユノカル	130
ロイヤル・ダッチ・シェル	125
トータル	112
コノコフィリップス	85
ENI（伊炭化水素会社）	72
スタトイル	43

（出所：日本経済新聞 2005 年 8 月 11 日付朝刊）

が高まる中，石油メジャーはいずれも純利益増加の好決算となっている。半面，ガソリン価格の高騰は消費者の家計を圧迫しており，石油会社は儲けすぎ，という反感を抑えるためにも，利益の一部を採掘事業などの増産活動に還元すべきである。石油会社の役割は，単なる流通販売から油田開発及び石油生産量の拡大も期待されるようになり，今後も油田の探査・開発，採掘事業の比重が大きくなるものと思われる。

こうした状況において，石油会社は環境保全対策にも積極的に取り組み，環境面でも優良企業になることが求められる。特に海洋上油田プラットフォームなどの取得・建設・開発・操業及びそれらの資産除去時において，環境法に則った適切な環境対応が要求され，それに伴い財務的な負担が増大することが予想される。これに対し，前節までに考察してきた資産除去債務の会計基準を適用し，適切に会計処理する必要がある。石油会社にとって今後ますます環境対策が求めれれ，それに伴う会計処理を適切に行うことが重要になっている。

そこで次に，石油会社の資産除去債務に対する，会計基準制定前と制定後の財務諸表の実証例をみていく。本節で取り上げるシェブロンは，次の 2 項 2000 年以前は合併前なのでテキサコ（Texaco）を取り上げ，3 項 2000 年以降は合併後であるが，名称は 2003 年はシェブロンテキサコ（ChevronTexaco），2005

年は改称されシェブロン (Chevron) となっている。以下それぞれの年次報告書を取り上げ，考察を行う。

2. 2000年以前の石油会社の例 ─ Texaco ─

図表3-4は，米国の石油会社テキサコ (Texaco) の1999年の年次報告書からの抜粋である。この時点ではまだ将来の資産除去債務に関する会計基準 SFAS 143 は制定されていないが，その当時の会計処理の実務の実態を調べるため，年次報告書の財務セクションにおける Management's Discussion and Analysis (MD & A) 「経営者の討議と分析」と，Description of Significant Accounting Policies 「主な会計方針の記述」の中から，資産除去コストおよび負債に関連する記述を抜き出した。

図表3-4の例は，資産除去債務に関する会計基準 SFAS 143 制定前の代表的な石油会社の開示例である。この「経営者の討議と分析」の中で，資産除去コスト及び負債について次のように報告している。

「1999年の石油・ガス生産施設の再生及び除去に関する支出は，2600万ドルである。1999年期末において，再生及び除去コストをカバーするために計上されている負債額は，9億1100万ドルである。」

さらに「主な会計方針の記述」では，次のように述べている。

「生産施設の償却率を決定するにあたり，見積り将来再生及び除去コストを含めている。」

このような最小限の開示例が，SFAS 143 制定前の実務における代表例であった。ここに記載されている内容及び金額は，財務諸表だけを見ても確認することはできないが，この文章記述により開示された数値が，財務諸表の連結損益計算書 (図表3-5)，及連結貸借対照表 (図表3-6) の中にどのように入り込んでいるのかを分析してみる。

まず，石油・ガス生産施設の再生及び除去は企業の事業活動の一部と考えられるので，文章開示されている再生及び除去費用 2600 万ドルは，図表3-5 連結損益計算書の Operating Expenses (営業費用) 23億1900万ドルの中に含

142　第3章　資産除去債務と会計

図表 3-4　1999 年 TEXACO の年次報告書における開示例

Management's Discussion and Analysis (MD & A)
RESTORATION AND ABANDONMENT COSTS AND LIABILITIES
Expenditures in 1999 for restoration and abandonment of our oil and gas producing properties amounted to $26 million. At year-end 1999, accruals to cover the cost of restoration and abandonment were $911 million.

Description of Significant Accounting Policies
PROPERTIES, PLANT AND EQUIPMENT AND DEPRECIATION, DEPLETION AND AMORTIZATION
　　　　　　　　　　　　　　　(omit)
　We amortize unproved oil and gas properties, when individually significant, by property using a valuation assessment. We generally amortize other unproved oil and gas properties on an aggregate basis over the average holding period, for the portion expected to be nonproductive. We amortize productive properties and other tangible and intangible costs of producing activities principally by field. Amortization is based on the unit-of-production basis by applying the ratio of produced oil and gas to estimated recoverable proved oil and gas reserves. We include estimated future restoration and abandonment costs in determining amortization and depreciation rates of productive properties.

(出所：TEXACO 1999 ANNUAL REPORT, pp. 29-30 より抜粋)

まれていると考えられる。次に石油・ガス生産施設の再生及び除去負債のほとんどが長期の負債と考えられるので，9億1100万ドルの大半は図表3-6連結貸借対照表の中の Deferred Credits and Other Non-current Liabilities（繰り延べ債権及び他の長期負債）の中に含まれ，一部は Current Liabilities（流動負債）の中の Accrued Liabilities（未払い負債）にも含まれ，また Deferred Income taxes（繰延法人税）にも小額の影響を与えている可能性があると予測できる。1999年12月31日における再生及び除去負債の合計額9億1100万ドルは，Stockholders' Equity（資本金）の7.6％である。（図表3-6より1999年テキサコの Total stockholders' equity（資本金の合計額）は120億4200万ドルである。）なお計上金額は現在価値に割り引かれておらず，州のファンドからの見積もり回収額によって相殺されている。

　また将来の再生及び除去コストに対しては，SFAS 19 を適用し，生産施設の減価償却によって費用化していると読み取れる。しかし固定資産である生産

図表 3-5　1999 年 TEXACO の連結損益計算書

Statement of Consolidated Income

(Millions of dollars) For the years ended December 31	1999	1998	1997
Revenues			
Sales and services (includes transactions with significant affiliates of $4,839 million in 1999, $4,169 million in 1998 and $3,633 million in 1997)	$34,975	$30,910	$45,187
Equity in income of affiliates, interest, asset sales and other	716	797	1480
Total revenues	35,691	31,707	46,667
Deductions			
Purchases and other costs (includes transactions with significant affiliates of $1,691 million in 1999, $1,669 million in 1998 and $2,178 million in 1997)	27,442	24,179	35,230
<u>Operating expenses</u>	**2,319**	2,508	3,251
Selling, general and administrative expenses	1,186	1,224	1,755
Exploratory expenses	501	461	471
Depreciation, depletion and amortization	1,543	1,675	1,633
Interest expense	504	480	412
Taxes other than income taxes	334	423	520
Minority interest	83	56	68
	33,912	31,006	43,340

(omit)

See accompanying notes to consolidated financial statements.
(出所：TEXACO 1999 ANNUAL REPORT, p. 32)

施設の帳簿価格を引き上げてはいない。これらの点は，2001 年の SFAS 143 の制定により変更が要求されるものである。

図表 3-6 1999 年 TEXACO の連結貸借対照表

Consolidated Balance Sheet

(Millions of dollars) As of December 31	1999	1998
Assets		
(omit)		
Total	$ 28,972	$ 28,570
Liabilities and Stockholder's Equity		
Current Liabilities		
Notes payable, commercial paper and current portion of long-term debt	$ 1,041	$ 939
Accounts payable and accrued liabilities (includes payables to significant affiliates of $ 61 million in 1999 and $ 395 million in 1998)		
Trade liabilities	2,585	2,302
Accrued liabilities	1,203	1,368
Estimated income and other taxes	839	635
Total current liabilities	5,668	5,264
Long-Term Debt and Capital Lease Obligations	6,606	6,352
Deferred Income Taxes	1,468	1,644
Employee Retirement Benefits	1,184	1,248
Deferred Credits and Other Non-current Liabilities	1,294	1,550
Minority Interest in Subsidiary Companies	710	679
Total	16,930	16,737
Stockholders' Equity		
Market auction preferred shares	300	300
ESOP convertible preferred stock	—	428
Unearned employee compensation and benefit plan trust	(306)	(334)
Common stock-shares issued : 567,576,504 in 1999 ; 567,606,290 in 1998	1,774	1,774
Paid-in capital in excess of par value	1,287	1,640
Retained earnings	9,748	9,561
Other accumulated non-owner changes in equity	(119)	(101)
	12,684	13,268
Less-Common stock held in treasury, at cost	642	1,435
Total stockholders' equity	12,042	11,833
Total	$ 28,972	$ 28,570

See accompanying notes to consolidated financial statements.

(出所:TEXACO 1999 ANNUAL REPORT, p. 33)

3. 2000年以降の石油会社の例 ── Chevron ──

シェブロン (Chevron) は, 石油を始めとするエネルギー関連製品を扱う米国系多国籍企業で, 石油メジャーの一つである。本社はサンフランシスコ近郊のサン・ラモンで, 世界90カ国以上に拠点を持ち, 180カ国以上で活動している。2001年にシェブロン (Chevron) とテキサコ (Texaco) が合併し, シェブロンテキサコ (ChevronTexaco) という呼称であったが, 2005年にシェブロン (Chevron) と改称した。したがって本書で扱っている年次報告書の名称も2003年はシェブロンテキサコ (ChevronTexaco), 2005年はシェブロン (Chevron) となっている。

シェブロンでは, 消費者の需要動向に基づいたガソリンの供給量を綿密な計算に基づいて予測し, 最も効果的な時間帯に最小の頻度で配送を行うという合理化を実施することによって「必要な場所に必要なだけガソリンを配送する」という仕組みを作り上げた。このアプローチは予想以上の成果を挙げ, ダウンストリーム・チェーン (在庫管理, 物流, 販売など生産より下流のサプライチェーン)[19]における意思決定が飛躍的に改善された。この需要からのアプローチを生産の現場にも適応させ, 生産量の決定要因を従来の原油採掘量や製油所の生産能力といった"川上"から, "顧客動向"という"川下"へ切り替えた。このような方向転換の効果により利益が急進し, ビジネスに大きな変革をもたらした。SCM (Supply Chain Management) の概念に対して, 需要を柱に据えた新しいDCM (Demand Chain Management) に着目し, 他社に先駆けて実践した。

3.1. 2003年ChevronTexacoの年次報告書

図表3-7は, 2003年シェブロンテキサコの年次報告書におけるManagement's Discussion and Analysis of Financial Condition and Results of Operations「財政状態および経営成績に関する経営者の討議と分析」からの抜粋である。1999年のテキサコの年次報告書の抜粋 (図表3-4) と比べると, 「環

境」に関する記述が格段と詳細になっているのがわかる。

　その記載によると、企業には以前に放出したMTBE (Methyl Tertiary Butyl Ether) を含む化学物質等の環境への影響を、将来修復または改善することを環境法や規則で要求されるLoss Contingency（偶発損失）があり、その偶発事象は、スーパーファンドサイト及び油田・製油所・サービスステーション・ターミナル・開発中の土地など、操業中・閉鎖・処分に関わらず、さまざまなサイトに及ぶ。

　また前掲1999年の環境修復負債の金額9億1100万ドルから2003年の11億4900万ドルまでの5年間の負債額の推移を棒グラフで表し、2003年の負債額は前年比5％増、それに対する2003年中の支出がおよそ2億ドルであったこと等が詳細に記載されている。また期中の変化が表で示されており、2003年の期首の残高（10億9000万ドル）、期中の増加（2億9600万ドル）、支出による減少（2億3700万ドル）、期末の残高（11億4900万ドル）が読み取れる。

　2003年末において、EPA等の規制当局から、スーパーファンド法の規定により218サイトがPRPとして指定を受けており、これに対する2003年末の環境修復負債額は1億1300万ドルである。

　2003年1月1日以前は、全世界の石油、ガス及び石炭等の生産活動を終了した資産の除去・処分・再生のための環境対策コストは生産高比例法によって認識していたが、2003年1月1日より、全面的にSFAS 143「資産除去債務の会計」を適用した。SFAS 143では、資産除去債務に対する負債は、当該長期保有資産除去が法的債務であり、負債の公正価値が測定可能な場合に報告される。2003年末における資産除去債務に対する負債額の残高は29億ドルである。このように図表3-7より、この数年間で年次報告書における環境情報の規模が、飛躍的に増加していることがわかる。

　またSFAS 143は2003年より新規に適用した会計基準なので、連結財務諸表の注記25に詳細な説明が記載されている。図表3-8は、2003年シェブロンテキサコの年次報告書のConsolidated Financial Statements Note 25. FAS 143 — Assets Retirement Obligations（連結財務諸表注記25—資産除去債務）

図表 3-7　2003 年 CHEVRONTEXACO の年次報告書における開示例

Management's Discussion and Analysis of Financial Condition and Results of Operations

Environmental The company is subject to loss contingencies pursuant to environmental laws and regulations that in the future may require the company to take action to correct or ameliorate the effects on the environment of prior release of chemicals or petroleum substances, including MTBE, by the company or other parties. Such contingencies may exist for various sites, including, but not limited to Superfund sites and refineries, oil fields, service stations, terminals, and land development areas, whether operating, closed or sold. The following table displays the annual changes to the company's before-tax environmental remediation reserves, including those for Superfund sites. In 2003, the company recorded additional provisions for estimated remediation costs, primarily at refined products marketing sites and various closed or divested facilities in the United States.

YEAR-END ENVIRONMENTAL REMEDIATION RESERVES
Millions of dollars

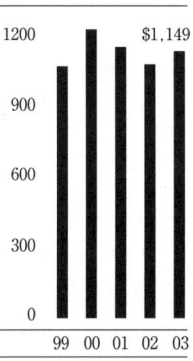

[Bar chart showing values for 99, 00, 01, 02, 03, with 03 at $1,149]

Reserves for environmental remediation increased 5 percent during 2003. Expenditures during the year were approximately $200 million.

As of December 31, 2003, ChevronTexaco had been identified by the Environmental Protection Agency (EPA) or other regulatory agencies under the provisions of the U.S. Superfund law as a potentially responsible party or otherwise involved in the remediation of 218 sites. The company's remediation reserve for those sites at year-end 2003 was $113 million. The Superfund law provides for joint and several liability for all responsible parties. Any future actions by the EPA and other regulatory agencies to require ChevronTexaco to assume other potentially responsible parties' costs at designated hazardous waste sites are not expected to have material effect on the company's consolidated financial position or liquidity.

(omit)

Prior to January 1, 2003, additional reserves for dismantlement, abandonment and restoration of its worldwide oil, gas and coal properties at the end of their productive lives, which included costs related to environmental issues, were recognized on a unit-of-production basis. Effective January 1, 2003, the company implemented Financial Accounting Standards Board Statement No. 143, "Accounting for Asset Retirement Obligations" (FAS 143). Under FAS 143, the fair value of a liability for an asset retirement obligation is recorded when there is a legal obligation associated with the retirement of long-lived assets and the liability can be reasonably estimated. The liability balance for asset retirement obligations at year-end 2003 was $2.9 billion, Refer also to Note 25 on page 74 related to FAS 143.

(omit)

Millions of dollars	2003	2002	2001
Balance at January 1	$1,090	$1,160	$1,234
Additions	296	229	216
Expenditures	(237)	(299)	(290)
Balance at December 31	**$1,149**	$1,090	$1,160

(出所：CHEVRONTEXACO CORPORATION 2003 ANNUAL REPORT, pp. 40-41)

である。資産除去債務の会計処理を前年度まではSFAS 19に基づいて行っていたが,2003年から新しい会計基準SFAS 143を適用しているので,財務諸表の最後の注記25に,その計上方法を詳細に述べている。

この注記によると,資産除去債務に対して,次項の認識が要求される。
(1) 資産除去債務に対する負債の現在価値と該当資産
(2) 負債の当初認識後のアクリーションと,資産の減価償却
(3) 資産除去債務に対する負債の見積り額と割引率の期間ごとのレビュー

SFAS 143の適用は,主に石油・ガス生産施設がそれ以前に適用していたSFAS 19と幾つかの点で異なり,会計処理に影響する。それにより,2003年第1四半期に新規にSFAS 143を適用したことによる累積的影響額200ドルを費用計上した。この累積的影響額の認識は,次の貸借対照表項目の増減によってもたらされた。

"Properties, plant and equipment"	$ 2,568
"Accrued liabilities"	$ 115
"Deferred credits and other noncurrent obligations"	$ 2,674
"Noncurrent deferred income taxes" decreased by	$ 21

これら2003年第1四半期に新規にSFAS 143を適用したことによる影響額の修正を仕訳で表すと次のようになる。

(Dr.) Properties, plant and equipment	2,568	
Noncurrent deferred income taxes	21	
Cumulative effect of change in accounting principles	200	
(Cr.) Accrued liabilities		115
Deferred credits and other noncurrent obligations		2,674

2003年より,SFAS 19適用による会計処理から新しい会計基準SFAS 143へ変更したことによる累積的影響額は200ドルのみであり,純利益への影響は軽微である。会計処理方法としては,2003年1月1日にSFAS 143を遡及的に(retroactively)適用したことによる資産及び負債を計上し,前期までのSFAS 19による計上を取り消し,差額を会計原則の変更による累積的影響額として

図表 3-8　2003 年 CHEVRONTEXACO の連結財務諸表における注記 25 —資産除去債務

Notes to the Consolidated Financial Statements
Millions of dollars, except per-share amounts

NOTE 25.
FAS 143-ASSET RETIREMENT OBLIGATIONS

The company adopted Financial Accounting Standards Board Statement No. 143, "Accounting for Asset Retirement Obligations" (FAS 143), effective January 1, 2003. This accounting standard applies to the fair value of a liability for an asset retirement obligation that is recorded when there is a legal obligation associated with the retirement of a tangible long-lived asset and the liability can be reasonably estimated. Obligations associated with the retirement of these assets require recognition in certain circumstances : (1) the present value of a liability and offsetting asset for an asset retirement obligation (ARO), (2) the subsequent accretion of that liability and depreciation of the asset, and (3) the periodic review of the ARO liability estimates and discount rates. FAS 143 primarily affects the company's accounting for oil and gas producing assets and differs in several respects from previous accounting under FAS 19, "Financial Accounting and Reporting by Oil and Gas Producing Companies."

In the first quarter 2003, the company recorded a net aftertax charges of $200 for cumulative effect of the adoption of FAS 143, including the company's share of amounts attributable to equity affiliates. The cumulative-effect adjustment also increased the following balance sheet categories : "Properties, plant and equipment," $2,568 ; "Accrued liabilities," $115 ; and "Deferred credits and other noncurrent obligations," $2,674. "Noncurrent deferred income taxes" decreased by $21.

(omit)

Other than the cumulative-effect net charge, the effect of the new accounting standard on net income in 2003 was not materially different from what the result would have been under FAS 19 accounting. Included in "Depreciation, depletion and amortization" were $52 related the depreciation of the ARO asset and $132 related to the accretion of the ARO liability.

The following table illustrates what the company's net income before extraordinary items, net income and related per-share amounts would have been if the provisions of FAS 143 had been applied retroactively :

	Year Ended December 31		
	2003	2002	2001
Proforma net income before extraordinary items	$7,430	$1,137	$3,933
Earnings per share-basic	$7.15	$1.07	$3.71
Earnings per share-diluted	$7.14	$1.07	$3.70
Proforma net income	$7,430	$1,137	$3,290
Earnings per share-basic	$7.15	$1.07	$3.10
Earnings per share-diluted	$7.14	$1.07	$3.09

Prior to the implementation of FAS 143, the company had recorded a provision for abandonment that was part of "Accumulated depreciation, depletion and amortization." Upon implementation of FAS 143, the provision for abandonment was reversed and ARO liability was recorded. The amount of the abandonment reserve at the end of each year and the proforma ARO liability were as follows :

	2003	2002	2001
ARO liability (FAS 143) at January 1	$2,797	$2,792	$2,729
ARO liability (FAS 143) at December 31	2,856	2,797	2,792
Abandonment provision (FAS 19) at December 31	—	2,263	2,155

The following table indicates the changes to the company's before-tax asset retirement obligations in 2003 :

	2003
Balance at Jan. 1-Cumulative effect of the accounting change	$2,797
Liabilities incurred	14
Liabilities settled	(128)
Accretion expense	132
Revisions in estimated cash flows	41
Balance at December 31	$2,856

(出所：CHEVRONTEXACO CORPORATION 2003 ANNUAL REPORT, p. 74)

計上したと考えられる。(2003年の時点では、会計原則の変更はAPB Opinion 20を適用し、変更した年度までの累積的影響額を損益計算書の当期純利益のすぐ上のCumulative effect of a change in accounting principle（会計原則の変更による累積的影響額）に計上していた。この後2005年に、SFAS 154「会計上の変更及び誤謬修正—APB Opinion 20及びSFAS 3の置換え」が公表され、現在では遡及的な（retrospective）変更となり、新しい会計原則適用の年の期首のRetained Earnings（利益剰余金）において修正するようになった。本章第1節例3-3では、この変更後の会計基準SFAS 154を適用した内容で解説した。)

3.2. 2005年Chevronの年次報告書

2003年の年次報告書と同様の内容を、2005年シェブロン（Chevron）の年次報告書において検証する。図表3-9は、2005年シェブロンの年次報告書におけるManagement's Discussion and Analysis of Financial Condition and Results of Operations「財政状態および経営成績に関する経営者の討議と分析」からの抜粋である。

2005年にも2003年と同様、5年間の環境修復負債の金額の推移を棒グラフで表しているが、その中で特記すべきことは、2005年の負債額の中にユノカル買収関連が含まれていることである。2005年末の環境修復負債は14億6900万ドル、前年比40％増であるが、これはユノカルの環境負債を引き継いだ金額を含んでいる。これらの負債は主に、シェブロンが買収する前にユノカルが売却または閉鎖したサイトに関連するものである。

2005年末において、EPA等の規制当局から、スーパーファンド法の規定により221サイトがPRPとして指定を受けており、これに対する2005年末の環境修復負債額は1億3900万ドルである。

2003年1月1日からSFAS 143を適用している。2005年末の資産除去債務は主に上流事業及び石炭設備に関連するもので、負債額は43億ドルである。SFAS 143及び2005年公表のFASB Interpretation No. 47の適用について

図表 3-9　2005 年 CHEVRON の年次報告書における開示例

MANAGEMENT'S DISCUSSION AND ANALYSIS OF FINANCIAL CONDITION AND RESULTS OF OPERATIONS

Environmental The company is subject to loss contingencies pursuant to environmental laws and regulations that in the future may require the company to take action to correct or ameliorate the effects on the environment of prior release of chemicals or petroleum substances, including MTBE, by the company or other parties. Such contingencies may exist for various sites including, but not limited to federal Superfund sites and analogous sites under state laws, refineries, crude oil fields, service stations, terminals, and land development areas, whether operating, closed or divested.

The following table displays the annual changes to the company's before-tax environmental remediation reserves, including those for federal Superfund sites and analogous sites under state laws.

Millions of dollars	2005	2004	2003
Balance at January 1	$1,047	$1,149	$1,090
Net Additions	731	155	296
Expenditures	(309)	(257)	(237)
Balance at December 31	$1,469	$1,047	$1,149

Included in the additions for 2005 were liabilities assumed in connection with the acquisition of Unocal. These liabilities relate primarily to sites that had been divested or closed by Unocal prior to its acquisition by Chevron, including but were not limited to, former refineries, transportation and distribution facilities and service stations, former crude oil and natural gas fields and mining operations, as well as active mining operations. Other liability additions during 2005 for heritage-Chevron related primarily to refined-product marketing sites and various operating, closed or divested facilities in the United States.

The company manages environmental liabilities under specific sets of regulatory requirements, which in the United States include the Resource Conservation and Recovery Act and various state or local regulations. No single remediation site at year-end 2005 had a recorded liability that was material to the company's financial position, results of operations or liquidity.

YEAR-END ENVIRONMENTAL REMEDIATION RESERVES
Millions of dollars

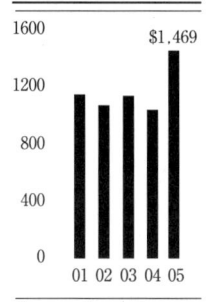

[Bar chart showing values for 01-05, with 05 at $1,469]

Reserves for environmental remediation increased 40 percent from 2004, mainly due to the assumption of Unocal environmental liabilities.

As of December 31, 2005, Chevron was involved with the remediation activities of 221 sites for which it had been identified as a potentially responsible party or otherwise by the U.S. Environmental Protection Agency (EPA) or other regulatory agencies under the provisions of the federal Superfund law or analogous state laws. The company's remediation reserve for these sites at year-end 2005 was $139 million. The federal Superfund law and analogous state laws provide for joint and several liability for all responsible parties. Any future actions by the EPA or other regulatory agencies to require Chevron to assume other potentially responsible parties' costs at designated hazardous waste sites are not expected to have a material effect on the company's consolidated financial position or liquidity.

(omit)

Effective January 1, 2003, the company implemented Financial Accounting Standards Board Statement No. 143, *"Accounting for Asset Retirement Obligations"* (FAS 143). Under FAS 143, the fair value of a liability for an asset retirement obligation is recorded when there is a legal obligation associated with the retirement long-lived assets and the liabilitiy can be reasonably estimated. The liability balance of $4.3 billion for asset retirement obligations at year-end 2005 related primarily to upstream and coal properties.

(omit)

Refer also to Note 24, beginning on page 83, related to FAS 143 and the company's adoption in 2005 of FIN 47, FASB Interpretation No. 47, *"Accounting for Conditional Asset Retirement Obligations—An Interpretation of FASB Statement No. 143"* (FIN 47), and the discussion of "Environmental Matters" on page 45.

(出所：CHEVRON CORPORATION 2005 ANNUAL REPORT, pp. 42-43)

は，財務諸表の注記 24（図表 3-10）で詳細に説明されている。

総合的に見て，2005 年の「財政状態および経営成績に関する経営者の討議と分析」における環境関連の記述は，2003 年よりもさらに詳細になっている。今後も環境問題に対する企業の対策は強化され，それに対する開示要求も強まるであろう。それに伴い，環境関連の会計数値も増加し，その会計処理方法を規定するための会計基準の必要性も増すと考えられる。

図表 3-10 は 2005 年シェブロンの年次報告書の Consolidated Financial Statements Note 24. FAS 143—Assets Retirement Obligations（連結財務諸表注記 24—資産除去債務）である。前半部分は SFAS 143 が最初に適用され

図表 3-10　2005 年 CHEVRON の連結財務諸表における注記 24 —資産除去債務

Notes to the Consolidated Financial Statements
Millions of dollars, except per-share amounts

NOTE 24. ASSET RETIREMENT OBLIGATIONS-Continued

**NOTE 24.
ASSET RETIREMENT OBLIGATIONS**

(omit)

In March 2005, the FASB issued FASB Interpretation No. 47, *"Accounting for Conditional Asset Retirement Obligations—An Interpretation of FASB Statement No. 143,"* (FIN 47), which was effective for the company on December 31, 2005. FIN 47 clarifies that the phrase "conditional asset retirement obligation," as used in FAS 143, refers to a legal obligation to perform an asset retirement activity for which the timing and/or method of settlement are conditional on a future event that may or may not be within the control of the company. The obligation to perform the asset retirement activity is unconditional even though uncertainty exists about the timing and/or method of settlement. Uncertainty about the timing and/or method settlement of a conditional asset retirement obligation

should be factored into the measurement of the liability when sufficient information exists. FAS 143 acknowledges that in some cases, sufficient information may not be available to reasonably estimate the fair value of an asset retirement obligation. FIN 47 also clarifies when an entity would have sufficient information to reasonably estimate the fair value of an asset retirement obligation. In adopting FIN 47, the company did not recognize any additional liabilities for conditional retirement obligations due to an inability to reasonably estimate the fair value of those obligations because of their indeterminate settlement dates.

The following table indicates the changes to the company's before-tax asset retirement obligations in 2005, 2004, and 2003:

	2005	2004	2003
Balance at January 1	$2,878	$2,856	$2,797*
Liabilities assumed in the Unocal acquisition	1,216	—	—
Liabilities incurred	90	37	14
Liabilities settled	(172)	(426)	(128)
Accretion expense	187	93	132
Revisions in estimated cash flows	105	318	41
Balance at December 31	$4,304	$2,878	$2,856

*Include the cumulative effect of the accounting change.

（出所：CHEVRON CORPORATION 2005 ANNUAL REPORT, pp. 83-84）

た 2003 年の内容とまったく同じであるが，それに続き，2005 年に公表された FASB Interpretation No. 47 "Accounting for Conditional Asset Retirement Obligations—An Interpretation of FASB Statement No. 143" (FIN 47) の適用についても記載されている。この注記での説明は，本章第 2 節で論じた内容と同様であるが，その概略は次のようなものである。

FIN 47 は FAS 143 で使用していた *conditional asset retirement obligation*（条件付資産除去債務）というフレーズを明確にした。つまり資産除去活動を行うべき債務は，決済時期および（または）方法に不確実性があるとしても無条件に（unconditional）存在しているが，財務諸表において認識すべき資産除去債務とは，将来事象である決済の時期および（または）方法が条件付の法的債務である。条件付資産除去債務における決済の時期および（または）方法についての不確実性は，十分な情報が得られたとき負債測定が可能となる。つまり負債測定のための十分な情報を得られることが負債認識要件であり，この要件を満たした状態を条件に適合した資産除去債務と言うことができる。FAS 143 では，資産除去債務の公正価値を合理的に見積もるための十分な情報が得られない場合があるとしているが，FIN 47 もそれを認めた上で，企業が資産除去債務の公正価値を合理的に見積もるための十分な情報が存在している場合を明確にした。以上当期より新たに適用する FIN 47（SFAS 143 の解釈指針）の内容を説明している。

米国の石油会社にとって，2000 年以降に公表された SFAS 143「資産除去債務の会計」及びその解釈指針（FIN 47）を適用し，将来の資産除去債務に対する負債額を見積もり，その負債及び費用の会計処理を行うことは，財務会計上重要性が高い。また近年では，スーパーメジャーのみならず，ロシア，中国などの石油会社も影響力を増してきている。2006 年現在，中国最大の国有石油会社，中国石油天然気（ペトロチャイナ）では原油高により収益源である産油部門の利益が拡大し，売上高，純利益ともにスーパーメジャーと匹敵するようになってきている[20]。今後こうしたロシア，中国等の企業も交えた石油業界の統合，再編成が起こる可能性もあり，環境経営及び実務に対応した会計基準

の有用性が問われることであろう。今後もこの新しい会計基準を適用した会計処理が継続して行われ,会計理論上,及び実務上,有効に機能し定着していく過程を見ていきたい。

第5節 2000年以降の環境財務会計基準の傾向
―SFAC 7を利用した測定の公正価値についての考察―

2000年以降のU.S. Environmental GAAPの傾向を見ると,環境負債の認識・測定の方法が変化してきている。それは2000年にSFAC 7「会計測定におけるキャッシュフロー情報と現在価値の利用」が公表され,環境負債の測定に期待キャッシュフロー・アプローチを採用するようになってきたこととも関連している。FASBはSFAC 7において,将来キャッシュフローの現在価値を利用する測定の目標値は公正価値であると結論付けた。そしてその後公表された財務会計基準 SFAS 143［2001］「資産除去債務の会計」（本章第1節），同 144［2001］「長期保有資産の減損または処分の会計」，同 146［2002］「撤退または処分活動に関連するコストの会計」（本章第3節），Interpretation 47［2005］「条件付資産除去債務の会計」（本章第2節）などにおいて,負債の測定は公正価値を目標値とすることを明記している。これらについては本章第1節から第3節において,その具体例を示しながら内容を分析・検証してきたが,本節ではこのように2000年以降の会計基準において主流となってきた,資産・負債の測定の際に使用される公正価値について考察を試みる。

上記に挙げた2000年以降の会計基準では,負債の当初認識を公正価値と規定しているが,この公正価値を最も適正に表すものとして市場価格を挙げている。市場取引における価格とは,売手と買手が交換する財貨やサービスについて合意したものであり,その取引における取得原価が最善の公正価値を表す。これは取引が原価で記帳され,取得した資産を取得原価（＝公正価値と考えている）で表すこととも整合しており,「取得公正価値」とも言われる。またペイトンの「原価は取得されたものの価値を測る尺度である」（Paton［1946］,

p. 193）という考え方とも適応している。この考え方は，後に公表された AICPA APB Opinion No. 29 [1973] "Accounting for Nonmonetary Transactions"「非貨幣取引の会計」（一部は FASB SFAS 153 [2004] "Exchange of Nonmonetary Assets—an amendment of APB Opinion No. 29"「非貨幣資産の交換—APB Opinion 29 の修正」に置き換えられている）にも引き継がれて具体化され，会計基準における資産及び負債の測定の基礎をなす考え方となった。前掲の 2000 年以降の会計基準の中でも，「もしもアクティブな市場において付けられた市場価格があれば，それが公正価値の最善のものと考えられる」と規定している。したがって公正価値の測定値としての優先順位は，第一に取得原価に含有されている場合の価格，次に測定可能な市場が存在する場合の市場価格となる。

　しかし市場不在の場合，2000 年以降の会計基準では，SFAC 7 によるキャッシュフロー情報と現在価値を利用した測定を，公正価値を見積もるための方法として規定している。ではこの SFAC 7 による測定技法を利用した公正価値は，環境負債にとって適正な測定値と言えるのだろうか。

　SFAS 143 制定前，主に石油会社で適用していた SFAS 19 では，累積コストアプローチ（本章注 2 参照）により測定することが多かったが，この方法には問題点もあった。累積コストアプローチは，元来経営者の意図を含有した方法であり，負債の決済方法により異なる測定結果を示すため，企業間の比較可能性に欠けた。FASB が重要な事項として明記しているのは，同じ債務に対して企業によって異なる測定結果にならないようにすることであり，負債金額は企業の決済方法に関係なく客観的に評価された固有のものである（Foster・Upton, 澤・佐藤訳 [2002]，122 頁）。SFAS 143 では，資産・負債の基本概念を SFAC 6「財務諸表の構成要素」の定義に置き，これに基づき当初認識時（当該資産の取得・建設・開発時，かつ（または）使用時）に測定された固有の公正価値を貸借対照表に計上することを要求している。

　ここで問題となるのは，市場不在の場合の SFAC 7 によるキャッシュフロー情報と現在価値を利用した公正価値の測定方法である。SFAC 7 では 2 つの

現在価値法を論じているが（第2章注15参照），環境負債測定に用いられるのは通常期待キャッシュフロー・アプローチである。環境問題に対する債務では，負債決済の金額と時期の両方に不確実性を含んでいることが多く，不確実性が種々のシナリオの発生可能性割合の中にも含有される。そのように不確実性が多様化している状況では，最善の見積り値を使用する伝統的な現在価値法よりも，確率分布全体を考慮する期待キャッシュフロー・アプローチの方が適している。この技法では，可能性のあるシナリオごとの見積りキャッシュフローを，発生可能性割合に基づいて加重平均した金額を算出するため，負債決済の金額及び時期の不確実性は認識される負債の公正価値の中に織り込まれる。この負債の測定値は，客観的に評価された固有の公正価値としての属性を有していると評価することができ，この公正価値の測定が可能であれば負債を認識すべきである。

　第2章，第3章では，1970年代から現代までの米国における環境問題に対する財務会計基準を具体的に分析・検証・考察してきた。次章ではそれらの内容を総括し，企業が直面している環境問題に対する会計数値を，適正に財務諸表に反映させるための最善の方法を模索していく。そして財務諸表において重要な環境会計情報がオフバランスになっている状況を改善し，財務諸表が企業の正しい経済実態を表すよう考察を重ねていく。企業の環境会計情報を財務会計制度の中で適切に認識・測定・開示するため，財務会計基準に基づく環境財務会計の構築と展開を行い，環境問題全般への適用可能性を検討する。

（注）

（1）1975年，アラブオイルボイコットと石油価格上昇のため，国会はエネルギー政策と資源保護を可決した。それに伴い，石油資源などの取得・探査・開発のコストに対して，それまでは成功努力原価と総原価の両方が使用されていたが，成功努力原価にすべきであると規定した。しかしSFAS 19の適用により，中小規模の企業には資金調達の面で多大なコストが生じたため，翌年SFAS 19はSFAS 25 [1978] "Suspension of Accounting Requirements for Oil and Gas Producing Companies—an amendment of

第 5 節　2000 年以降の環境財務会計基準の傾向　　157

　　FASB Statement No. 19"「石油・ガス生産会社のための会計要求の中止— SFAS 19 の改訂」によって修正された。
(2) 累積コストアプローチとは，資産の形成または負債の返済のために生じるであろう諸原価を含んだ測定のことである。この方法による負債測定の問題点については，本章第 5 節において考察している。
(3) *Black's Law Dictionary* 第 7 版では，*promissory estoppel*（約束的禁反言）を次のように表している。「約因なしになされた約束であっても，約束を受けた者がその約束に依存しているということを，約束をした者が合理的に予測できるとき，及び約束を受けた者が損害に対してその約束に実際に依存しているときには，不正を防ぐ強制力を持つという原則である。」
(4) SFAS 19, par. 37 は，解体費用と残存価額の規定であり，見積り解体・除去・除却費用と見積り残存価額は，償却の認識において処理されるべきであると規定している。
(5) SFAS 143 が公表された時点では，会計原則の変更は APB Opinion 20 ［1971］"Accounting Changes"「会計上の変更」に基づき，変更による累積的影響額を損益計算書の Net Income（当期純利益）のすぐ上の Cumulative Effect of a Change in Accounting Principle（会計原則の変更による累積的影響額）という勘定科目で計上していたが，2005 年に FASB SFAS 154 が公表され，遡及的な（retrospective）方法による会計処理に置き換えられた。
(6) SFAS 143 では，もしも資産除去債務を伴う有形長期保有資産を取得したら，その債務に対する負債は，あたかもその日に発生したかのように，資産取得日に認識すべきである，と規定している。
(7) SFAC 7 par. 17 では，「資産や負債等の価格が市場価格で表示されている場合は，現在価値法を使用する必要はない。現在の市場価格は，すでにそのような測定要素を含有したものである。」と述べている。
(8) 負債の公正価値が，本文中の (1) 取得原価，(2) 市場価格，を基に見積もることができない場合には，SFAC 7, par. 39-54 及び 75-88 で述べている現在価値法を適用すべきである。
(9) *potential methods of settlement*（潜在的清算方法）という言葉は，企業にとって現在可能な債務清算方法を表すものである。したがって未だ確定されていない将来の方法についての不確実性は，企業の資産除去債務の見積りを妨げるものではない。
(10) 企業は資産除去債務の公正価値を合理的に見積もるために，債務の潜在的清算日や潜在的清算方法の適用可能性を評価するための合理的基準を持つべきである。しかしもし合理的基準を持っていなくても，企業が債務を清算する時期のレンジが非常に狭く，かつ（または）潜在的清算方法によるキャッシュフローが他の可能性評価と非常に類似しているのであれば，なお公正価値を合理的に見積もることができると判断でき，見積り差異に対する重大な影響はないと判断される。
(11) EITF Issue No. 95-3 ［1995］"Recognition of Liabilities in Connection with a

Purchase Business Combination"「パーチェス法による企業結合に関連した負債の認識」では，企業結合によって新規に取得した企業を含む撤退活動に関連したコストのための会計指針を提供している。なお FASB では企業結合の計画に対する指針を，パーチェス法の手順によるものへと再考している。
(12) 本基準書の目的では，*exit activity* は IAS No. 37「引当金，偶発負債，及び偶発資産」で規定している用語の *restructuring*（再構築）を含むが，限定するものではない。IAS 37, par. 10 では，*restructuring* を次のように規定している。「経営者によって計画され支配されたプログラムであり，本質的に次のどちらかを変化させる：(a) 企業によって執行される事業の範囲；または (b) 事業が指揮する方法」IAS 37, par. 70 で規定されている *restructuring* は，事業ラインの売却や終了，ある土地での事業活動の閉鎖，ある土地から他の土地への再開，経営構築の変更，経営の本質に影響を与えるような基本的な再編成を含む。
(13) SFAS 144 は，非継続事業である企業の構成部分を含む長期保有資産の減損，処分される長期保有資産と処分グループに対する会計を規定している。
(14) SFAS No. 87 [1985] "Employers' Accounting for Pensions"「雇用者の年金会計」，No. 88 [1985] "Employers' Accounting for Settlements and Curtailments of Defined Benefit Pension Plans and for Termination Benefits"「雇用者の確定給付年金の清算と縮減，及び退職給付の会計」, No. 106 [1990] "Employers' Accounting for Postretirement Benefits Other Than Pensions"「雇用者の年金以外の退職後給付の会計」, No. 112 [1992] "Employers' Accounting for Postretirement Benefits"「雇用者の退職後給付の会計」は，従業員給付についての他の基準である。APB Opinion No. 12 [1967] "Omnibus Opinion—1967"「オムニバスな意見—1967 年」は，後に SFAS 106 [1990] によって修正されているが，主に個人の従業員にとっての繰り延べ報酬契約の会計を規定している。2006 年には退職給付会計の新基準である SFAS No. 158 [2006]
"Employers' Accounting for Defined Benefit Pensions and Other Postretirement Plans—an amendment of FASB Statements No. 87, 88, 106, and 132 (R)"「雇用者の確定給付年金及びその他の退職後給付の会計—SFAS 87, 88, 106, 及び 132 (R) の改訂」が制定された。
(15) SFAC 7 では，リスクプレミアムについて次のように説明している。「公正価値の見積りにおいて金額の認識・測定ができ，重要性が高いならば，キャッシュフローの不確実性に対するリスクを調整するため，債権者の受取金額を増加させるべきである。見積りにおけるリスク調整法は多数あるが，将来の見積りキャッシュフローをリスクフリー・レートで割り引いた現在価値が，公正価値の最善の見積りとなる。」
(16) SFAS No. 144, par. 41-44 において，非継続事業の報告について規定している。
(17) これに対して日本の石油会社は，主として日本国内で精製した石油製品を国内販売するという収益性の低い下流部門を中心とした事業構造である。
(18) 日本経済新聞（2005 年 8 月 11 日付朝刊）より

(19) ちなみに，アップストリーム・チェーンとは，油井探査から採掘，原油の汲み上げなどのチェーンを指す。
(20) 日本経済新聞（2006年8月24日付朝刊）より

第4章
環境財務会計の構築と展開

　財務諸表における環境会計情報の金額および質の重要性は増大している。しかしこれまで，実際に企業に重大な環境コスト等が発生していても，財務会計制度が環境問題および環境コスト特有の性質に対応していないため，環境会計情報が財務諸表に反映されず，企業の経済実態を適切に表していないことも多かった。このような状況に対し米国では，企業が直面している環境問題に対策を講じ，それによって発生した環境コスト等を財務会計においても適正に認識・測定・開示するための努力が積み重ねられてきた。そこでは，環境対策活動に起因する財務的影響である環境会計数値を財務会計制度の中で適切に認識するため，環境問題に対応しきれていない会計基準の検討を行い，必要に応じて新たな基準制定を行ってきた。そして部分的にではあるが，環境問題が企業の財政状態，経営成績，キャッシュフローなど財務諸表に与える影響が反映されてきた。第2章，第3章では，そのような米国における環境問題に対する財務会計基準の整備，制定の過程を分析し，その内容を検証し，個々に考察を行った。

　しかし環境会計が対象とする領域はきわめて広く，しかも環境問題に対する関わり方は，個々の企業や産業，また地理的条件によって異なる。環境問題に対する会計基準作成に当たって，環境関連事項を産業別に分類し，その分野ごとに会計測定を使い分けようとする試みもあるが，一つの企業であっても主要業務とそれ以外の業務などで違いがあり，そのような会計基準の制定は混乱を招くばかりか，恣意的なルールとなりかねない（Foster・Upton, 澤・佐藤訳［2002］，124頁）。したがって困難な問題があるとしても，通常の財務会計基準と同様，すべての産業，全世界の地域の企業に適用可能なグローバルスタンダードの確立を目指さなければならないと考える。管理会計領域では，各企業が

それぞれの目的に適合した環境管理会計手法を選択し，企業独自で有用なシステムを構築すればよく自由度は高い。しかし財務会計領域では，企業外部に公表するという性格上，企業独自の有用性に加え，目的適合性，信頼性，比較可能性等の会計情報の質的性格が求められる。また，財務会計が環境情報を取り込むためには，既存のフレームワークの拡張が必要になるかもしれない。しかし財務会計は正しい経済実態を反映するための会計システムの基盤であり，環境会計情報を取り込む柔軟性を持っているという考えに基づき，本章の議論を進めていく。

本章「環境財務会計の構築と展開」では，基本的には第1章第4節において確立した環境財務会計の構造を基礎概念とし，その上に第2章，第3章で論じてきた米国における具体的な環境問題に対する会計基準を適合させ，それらに対して個々に行ってきた分析・検証・考察の結果を統合する。そして本章第1節「環境収益及び環境費用」，第2節「環境資産」，第3節「環境負債」，第5節「開示」において，それぞれの属性を有する環境会計情報を財務諸表にオンバランスし，企業の正しい経済実態を表すための環境財務会計のメカニズムを総合的に考え一般化していく。このように米国の財務会計基準に基づく帰納的アプローチにより，環境財務会計のメカニズムの構築と展開を具現化する。

第1節　環境収益及び環境費用

損益計算書に計上すべき環境収益とは，企業の環境保全活動の結果，企業に利益をもたらすプラスの財務的変化である（第1章第4節2項）。特に財務会計における収益は当期において実現した収益であり，具体的には正味資産の増加分である。この収益認識の基本概念において，環境収益は他の一般の財務会計における収益と，何ら変わるものではない。

次に損益計算書に計上すべき環境費用とは，当期発生し企業によってすでに費消された便益を提供する環境コストである（第1章第4節3項）。アメリカ会計学会（AAA）では，1970年代に既に「環境費用を損益計算書において新たに

他と分離した単独の勘定に集約すること」を推奨していた（第2章第1節 2.2.2.項）。

　ここで注意すべきことは，現行の会計実務において，重要性の高くない項目に関しては，他と区別して独立した勘定科目としては計上していない，ということである。この点について，環境関連勘定のみを特別扱いにして独立した勘定科目とするのではなく，現行の財務会計基準と整合性を持ち，これに従うべきである。ちなみに2005年度の日本企業の財務諸表における環境会計情報の開示項目についての調査結果によると，損益計算書の環境収益及び環境費用の具体的な勘定科目名は，図表4-1のようになっている。この表からもわかるように，勘定科目名自体は実態を適確に表すよう，企業によって比較的自由にネーミングされている。

　次に環境費用を損益計算書に計上する際，特に考慮すべき論点について考察を進め，最も適切な会計処理方法を導き出していく。

図表 4-1　損益計算書における環境収益及び環境費用の勘定科目名一覧（2005年調査）

環境収益

開示箇所	勘定科目名	開示企業数（単位：社）
売上高	作業屑売上高	1
営業外収益	容器保証金取崩益	2
	産業廃棄物処理代	1
	作業屑売却益	13
	環境整備費清算差額	1
特別利益	資源リサイクル設備補助金	1
	土壌汚染処理損失引当金戻入額	1
	廃鉱費用引当金戻入額	1
	低公害整備事業補助金	1

環境費用

開示箇所	勘定科目名	開示企業数
販売及び一般管理費	パソコン回収・再資源化引当金繰入額	1
営業外費用	廃鉱費用引当金繰入額	2
	廃棄物処理費	1
	環境整備費	2
	廃土処理費	1

164   第4章　環境財務会計の構築と展開

	土壌調査費用	1
	鋼屑評価損	1
	環境対策費用	1
	環境対策費	1
	スクラップ処分損	1
	土壌浄化費用	1
電気事業営業費用	使用済核燃料再処理費	9
	廃棄物処理費	10
	特定放射性廃棄物処分費	9
特別損失	訴訟関連損失	1
	環境整備費引当金繰入額	1
	炭鉱跡地整備費用	1
	訴訟関連費	1
	環境対策費用	1
	環境対策費	1
	じん肺訴訟和解金	1
	土壌汚染処理損失	1
	土壌汚染処理損失引当金繰入額	1
	埋設汚泥処理費用	1
	廃棄物処理費	2
	休止鉱山公害対策費用	1
	環境整備費	2
	労災和解金	1
	事業所閉鎖関連費用	1
	特別環境対策費	1
	土壌処理費用	1
	特別環境保全費用	1
	産業廃棄物処理費用	1
	土壌汚染処理対策費	1

(出所：小川［2005］，98-99頁を基に作成)

1.　過年度環境費用・当期環境費用

　上記環境費用は，すべて発生した会計期間を明確にして計上すべきである。環境費用とは基本的に「当期発生し企業によってすでに費消された便益を提供する環境コスト」である。したがって企業は，当期発生した環境コストによって，当期何らかの費消された便益がもたらされているという事実を認識して費用計上することが重要である。もし環境コストによって企業はすでに過年度費消された便益を提供されていたのであれば，その環境コストは過年度環境費用

とすべきである。例えば，過年度企業によって費消された便益をもたらした有害廃棄物に対する環境汚染処理コストが見落とされ，環境汚染処理費用遅滞分があった場合には，過年度環境費用とする。ただし過年度環境費用となるケースは非常に限定される。なぜなら環境汚染は過去の事業活動に起因するものであっても，環境汚染自体は現在も存在しており，現存する環境汚染を修復するコストを環境コストと考えると，これは過年度環境費用とはならないからである。

1.1. 過年度環境費用

過年度費用を当期損益計算書に計上する場合には，以下の会計処理を行う。

(1) 前年度までに発生していたが報告されていない環境保全活動の遅滞分があった場合（第 2 章第 1 節 2.2.1. 項参照）

APB Opinion 9「経営成績の報告」の中の「過年度修正」を適用し，Retained Earnings（利益剰余金）を減額させ，同時に前年度の純利益の修正結果を，修正を行った期の損益計算書に開示する。

(2) 見落としや計算の誤りなど，過年度の会計処理の誤りが発見された場合（第 1 章第 4 節 3.2. 項参照）

SFAS 154「会計上の変更及び誤謬訂正—APB Opinion 20 と SFAS 3 の置換え」を適用し，遡及的に（retroactively）期首の Retained Earnings（利益剰余金）において過年度損益修正することにより誤謬修正を行う。

1.2. 当期環境費用

損益計算書に計上すべき環境費用は，当期発生し企業によって費消された便益を提供するコストである。また環境損失（企業に便益をもたらさない環境コスト）も当期の損益計算書の環境費用に含める（第 1 章第 4 節 3.1.2. 項）。なぜなら企業の環境目的や環境要求事項から当期支払いを求められるものだからである（United Nations [1999], p. 5）。

また当期便益とは対応しないが，将来の企業の経済的便益とも十分な結びつ

きが認められないため，当期環境費用とされてしまいがちなコストもある。具体的には環境汚染防止・削減・除去・浄化コスト，または再生不可能資源の保護を目的としたコスト，リサイクル事業のコストなどである。これらを当期のみの費用としていいのか，また資産計上するためには新たにどのような会計基準が必要なのか，これらの点については，次項2.「環境コストの費用化・資本化」，及び第2節「環境資産」において考察を行う。

2. 環境コストの費用化・資本化

環境コストは，大別すると損益計算書における費用と，貸借対照表における資産とに分類することができる。環境コストの財務諸表での認識において，費用化または資本化の区別を明確にすることは重要である。費用化されれば当期純利益を減少させ，企業の経営成績に大きな影響を与える。また資本化されれば，資産としてストックされ，即座に企業価値の減少をもたらすことはない。このように費用化または資本化の区別によって，財務的影響に大きな違いが生じる。

この費用化・資本化の分類を現行の財務会計基準に則って行う場合，次の基本概念を適用させて考える。

(1) 費用化すべきコスト…当期発生し企業によって既に費消された便益を提供するコスト
(2) 資本化すべきコスト…企業に将来便益を提供すると考えられる未費消コスト

環境コストは，環境保全効果という社会的便益をもたらすものであっても，コストを負担した企業自体に将来の経済的便益をもたらさなければ損益計算書における当期費用となり，当期純利益を減少させる。これでは企業の環境保全活動が正当に評価されず，環境保全活動を阻害する恐れがある。そこで環境コストが環境保全効果という企業の将来便益または社会便益の獲得に貢献しているという実態を，財務会計において適切に認識するための会計基準を整備する必要がある。このような問題に対する会計基準の改善については，第2節「環境

資産」において具体例を挙げ，一つ一つ検証しながら，適切な会計処理方法の結論を出していく。

3. 減価償却費・アクリーション

環境費用の勘定科目のうち，Depreciation (or Amortization) Expense（減価償却費），Accretion Expense（アクリーション）は，当初貸借対照表に資産または負債として計上し，後に資産の耐用年数または負債の決済時までの期間に渡って，時間の経過と共に費用計上する。

3.1. 環境資産に対する減価償却費（資産除去費用を含む）

環境関連の有形固定資産として貸借対照表に計上された工場，設備，機械などに対する減価償却費は，当該資産の耐用年数に渡って損益計算書に費用計上される。また第3章第1節で論じた資産除去債務の会計では，資産除去債務に対する資産除去費用を，当初該当資産の簿価として一旦資産計上し，その後減価償却費として資産の耐用年数に渡って損益計算書において費用化した。

3.2. 環境負債に対するアクリーション

環境負債は，当初現在価値に割り引かれて認識されることが多い。この場合，環境負債を決済するまでの期間，時間の経過とともにアクリーションが発生し，これは毎期損益計算書において費用計上される。この代表的なものとして，第3章第1節では資産除去債務に対する環境負債について，具体例を用いてその測定方法を示した。この例では，当初現在価値に割り引かれて認識された資産除去負債は，負債決済までの期間，実行利息法 (effective interest method) によって利息が認識され，負債額は時間の経過と共に徐々に増加した。この利息のことを Accretion Expense（アクリーション）と呼び，各期の損益計算書に費用計上される。

図表 4-2　損益計算書に計上すべき環境費用の概要

損益計算書	過年度費用	(1) APB Opinion 9「経営成績の報告」「過年度修正」
		(2) SFAS 154「会計上の変更及び誤謬訂正」
	当期費用	(1) 発生主義会計
		(2) 環境損失
		(3) 環境資産に対する減価償却費 （将来事象に起因する環境費用の一時的な資産計上に対する減価償却費を含む）
		(4) 環境負債に対するアクリーション

第2節　環　境　資　産

　環境に関連する支出で企業に将来便益を提供すると考えられる未費消コストは環境資産として貸借対照表に計上される。このとき環境資産を判断する上で大前提となる概念は，前掲したSFAC 6「財務諸表の要素」における次の資産の定義である。「資産とは，過去の取引または事象の結果として特定企業が支配し，将来の経済的便益を発生させる可能性の高いものである」(SFAC 6 [1985], par. 25)。この財務会計における資産の定義に基づいて環境資産を認識する際，特に考慮すべき論点について考察を進め，最も適切な会計処理方法を導き出していく。

1.　環境関連有形固定資産

　環境関連有形固定資産は，環境関連として特別に扱うことなく，通常の資産と同じ定義によって資産計上される。したがって基本的には，現行の会計基準において通常の資産と同様の会計処理を行えばよい。ただし注意を要する点は，環境に特化した独立した資産の場合と，他の目的も有した混合資産の場合とがある（第1章第4節4項参照）。混合資産の場合，当該資産の取得原価を環境目的部分と，それ以外の部分とに区分することは困難である。しかし財務会計

のみの目的では，厳密に環境関連部分を区別する必要はない。混合資産において，環境関連部分のみから将来の環境便益がもたらされるのではなく，通常混合資産として機能したとき総合的に将来便益がもたらされる。したがって財務会計においては，通常の会計基準の下で会計処理を行えばよい。

2. 環境汚染処理コスト

第1節2.「環境コストの費用化・資本化」で問題提起したように，環境コストの財務会計上の認識において，損益計算書に費用計上するか，貸借対照表に資産計上するかは重要な問題である。SFAC 6 の資産の定義のみを忠実に適用して考えたとき，環境汚染処理コストは環境保全という社会的便益をもたらすものであっても，コストを負担した企業自体に将来の経済的便益をもたらさず，資本化されないケースが多い。このような環境コストの資本化の問題に対し，第2章第2節3.「FASB EITF 90-8「環境汚染処理コストの資本化」」では環境資産の認識要件の拡張について規定した。この規定では，従来のコストの資本化要件，a.資産の生産性・効率性の向上，b.資産の耐用年数の延長に，さらに（1）資産の安全性の向上，（2）未だ汚染されていないが将来の事業活動等により生じるかもしれない環境汚染の削減または予防，（3）資産の売却準備により発生，という要件を追加することにより，環境資産の認識要件を拡張した。

この拡張された環境コストの資本化要件を適用すると，環境資産は企業の将来の経済的便益のみならず，環境保全という社会的便益とも関連付けて資本化することが可能となる。そこで従来の会計基準を適用した場合と，この拡張された規準を適用した場合とで，環境コストの資本化にどのような違いがあるのかを検証してみる。方法としては，まず次の枠内の拡張された環境コストの資本化要件3点を，従来主として損益計算書に費用計上されていた具体的な環境汚染処理コストに個々に適用していく。そして3つの要件のうちどれか一つでも適合した場合に，資産計上することが可能であると結論づける。FASB EITF Exhibit 90-8 A "Examples of the Application of the Consensus"「合意

FASB EITF 90-8 の環境コストの拡張された資本化要件

(1) 資産の生産性・効率性の向上, 耐用年数の延長, 安全性の向上
(2) 将来の事業活動等により生じるかもしれない環境汚染の削減または予防, かつ当該資産の状態が当初建設または取得時よりも改善されている
(3) 資産の売却準備により発生

適用例」に基づき, その検証過程及び結論を示したものが図表4-3である。つまり, 企業の環境汚染対策活動に伴って発生する個々の汚染処理コストを, 費用計上すべきか, 資産計上すべきかの検討を行い, その結果を導き出す過程を跡付けた。ただし環境汚染が長期保有資産の通常の事業活動から発生し, 当該資産除去に際する汚染処理が法的債務である場合はSFAS 143 (第3章第1節) の適用事項であり, ここの例示では扱っていない。

図表4-3 環境汚染処理コストに対する拡張された資本化要件の適用と結論

環境汚染	環境対策	規準適用の検証	結論
1. アスベストが使用されたビルのアスベスト繊維による空気汚染	A. アスベストを既知として資産を購入した場合のアスベスト除去	EITF 89-13 適用⇒資産コストの一部として資本化 理由1. 資産の価格は処理コストを考慮して設定されている。2. SFAC 6, par. 26「間接的に他の資産との組み合わせにより将来キャッシュフローをもたらす」と考えられる。	資産計上
	B. 既存の資産のアスベスト除去	EITF 89-13 適用⇒費用化 理由. 資産を通常の状態に戻しただけであり, 資産維持コストと考える。 ⇩ EITF 90-8 適用 (1)ビルの建設または取得時点でアスベストは存在していたのだから, 元の状態と比較してビルの安全性を向上させている。 (2)アスベスト除去によって現在の汚染対策は行ったが, ビルの将来の事業活動から生じる新しい環境汚染の削減または予防をしたものではない。	EITF 89-13 では一般的に費用計上と考えられたが, EITF 90-8 の規準(1)により資産計上
2. 石油会社のタンカーからの石油漏出	A. 水路と海岸の浄化	(1),(3)水路, 海岸は企業の所有物ではないので, 規準適用不能。 (2)水路と海岸の浄化は, 将来の事業活動による油漏出を削減または予防しない。	費用計上

2. 石油会社のタンカーからの石油漏出	B. 将来の漏出リスク削減のためのタンカーの船体強化	(1) 船体強化によりタンカーの安全性は当初建設または取得時よりも向上している。 (2) 般体強化により将来の事業活動による石油漏出リスクを削減する。	規準(1),(2)により<u>資産計上</u>
3. 化学物質の貯蔵タンクの錆	A. 発生した錆の除去	(1) 錆の除去は当初建設または取得時と比較してタンクを改善していない。 (2) 錆の除去は将来の有害化学物質発生の可能性を緩和しているが，当初建設または取得時と比較してタンクの状態を改善していない。	タンクが販売用であり，コストが売却準備で発生した場合以外は<u>費用計上</u>
	B. 防錆剤の添付	(1) 防錆剤の添付によりタンクの安全性は，当初建設または取得時よりも改善している。 (2) 防錆剤の添付は将来の有害化学物質発生のリスクを緩和し，かつ当初建設または取得時よりもタンクの状態を改善している。	規準(1),(2)により<u>資産計上</u>
4. ごみ廃棄場の土壌汚染	A. 廃棄場の土壌浄化	(1) 土壌浄化によって廃棄場の耐用年数は延びず，廃棄場が建設または取得された時点よりも資産の状態が改善されたわけでもない。有害物質の除去は土壌を元の汚染されていない状態に戻しただけである。 (2) 土壌浄化は現在の汚染対策であり，将来の事業活動による土壌汚染を削減または予防していない。将来の土壌汚染リスクは現在の土壌がどれだけ浄化されたかに関係なく存在する。	ごみ廃棄場が販売用であり，コストがごみ廃棄場の売却準備で発生した場合以外は<u>費用計上</u>
	B. ライナーの設置	(1) ライナーはごみ廃棄場の生産性や効率性，耐用年数を向上させていないが，ごみ廃棄場の安全性を当初建設または取得時よりも向上させている。 (2) ライナー設置は現在及び将来の潜在的な汚染対策である。この例では，ごみ廃棄場は過去の事業活動による有害化学物質を含んでおり，将来の事業活動によりさらに有害物質が発生すると考えられる。ライナーは現在の有害物質の土壌への滲出を防ぐ汚染対策であると同時に，将来発生するかもしれない有害物質の滲出を削減または予防し，かつごみ廃棄場は当初建設または取得時よりも改善している。	規準(1),(2)により<u>資産計上</u>

5. ビール生産に使用される井戸水の化学物質の漏出による汚染	A. 井戸水の中和	(1) 井戸水の中和により井戸の生産性や効率性,耐用年数は向上していない。また水の状態がよくなったことで,当初建設または取得された時点よりも井戸の安全性が向上したわけでもない。 (2) 水を中和することにより,将来の事業活動から生じるかもしれない井戸の汚染が削減または予防されていない。	井戸が販売用であり,井戸の売却準備で発生したコストでなければ<u>費用計上</u>
	B. 水フィルターの取付	(1) 水フィルターの取付は,当初建設または取得時の取付前の状態と比較して,井戸の安全性を向上させている。 (2) 水フィルターの取付は,将来の事業活動により新たに汚染物質が井戸に漏出するリスクを削減または予防する。かつ水フィルター取付前と比較して,井戸の状態は改善されている。	規準(1),(2)により<u>資産計上</u>
6. 製造活動により発生した大気汚染	A. 汚染制御機器の設置	(1) 汚染制御機器により工場の安全性は当初建設または取得時よりも向上している。 (2) 汚染制御機器は将来の工場の事業活動により発生する大気汚染を削減または予防する。	規準(1),(2)により<u>資産計上</u>
	B. 大気汚染防止法違反に対する罰金の支払い	(1) 罰金の支払いは工場の生産性や効率性,耐用年数を改善させない。また安全性も向上させない。 (2) 罰金の支払いによって工場の将来の事業活動から発生するかもしれない汚染を削減または予防しない。	<u>費用計上</u> たとえ工場が販売用であったとしても,罰金は工場の売却準備で発生するコストではないので費用計上すべきである。
7. ビルの鉛のパイプによる飲料水汚染	A. 鉛パイプを銅パイプに交換	(1) 鉛パイプの除去はビルの水道システムの安全性を当初建設または取得時よりも向上させている。 (2) 鉛パイプの除去により現在の汚染は防止したが,将来発生するかもしれない汚染を削減または予防していない。	規準(1)により<u>資産計上</u> 鉛パイプの簿価は除去時に費用化される。

(EITF 90-8 Exhibit A を基に作成)

以上，EITF 89-13「アスベスト処理コストの会計」で規定されていたアスベスト処理コストも含め，具体的な環境汚染処理コストに対して EITF 90-8 による拡張された資本化要件を適用し，費用計上すべきか資産計上すべきかを判断した。その結果，これまで SFAC 6 の資産概念によりコストを負担した企業自体に将来の経済的便益をもたらさないために費用化されていたコストが，環境コスト特有の環境保全という将来便益の獲得に貢献しているという実態を明らかにし，財務会計において資産計上することが可能になった。これにより，企業の環境対策活動が即座に当期純利益を減少させるという財務的影響を防ぎ，企業の環境活動の正当な評価が可能になると考えられる。

3. 環境負債に関連する資産

3.1. SOP 96-1「環境修復負債」に関連する資産

環境負債（次節で論述）の計上に関連して，さまざまな資産が貸借対照表に計上される。例えば第2章第3節4.「AICPA SOP 96-1「環境修復負債」」に伴って発生する資産には次のようなものがある。
- 当初提供されなかった他の PRPs からの未収金額
- 保険会社からの回収額
- 以前の所有者と賠償合意した回収額

通常これら環境修復負債に関連する受取勘定及び潜在的回収額は，関連する負債額と相殺せず独立した資産勘定として計上する。

3.2. SFAS 143「資産除去債務の会計」における資産除去費用の資産計上

第3章第1節 FASB SFAS 143「資産除去債務の会計」における当初認識において，資産除去負債と同額，関連する長期保有資産の簿価を増加させることにより資産除去費用を資産計上した。このように資産除去債務に対する費用額は直接期間費用に計上されるのではなく，まず同額が資産計上される。このときの資産計上は SFAC 6 の資産の定義に基づいてなされたのではなく，資産除去債務に対する負債の認識によってもたらされたものと考えられる。

この資産除去費用の資産計上について検証してみる。SOP 96-1「環境修復負債」などで規定された過去の汚染に対する環境修復負債の計上は通常

環境修復費用（P/L, Expense）×× / 環境修復負債（B/S, Liability）××

となり，負債計上によって企業の資本は減少する。つまり企業の負債増加・資本減少となる。しかし将来の資産除去債務に対する負債計上は

資産除去費用（B/S, Asset）×× / 資産除去負債（B/S, Liability）××

となり，当初の負債計上により企業の資本は減少しない。当初資産と負債の同額計上により，貸借対照表が拡大するイメージとなる。これについての更なる分析及び考察は，次節「環境負債」において行う。

4. 土地（土壌）の会計処理

4.1. 土地の資産価値の認識

「土地」は元来，環境に特化した勘定科目という認識としてではなく貸借対照表の資産の部に計上されてきた。また土地は有形固定資産であるが，使用による価値の減少分を会計期間ごとに収益と対応させて費用化するという性質のものではなく，減価償却は行わない。したがって取得原価主義の下では，土地は取得時からずっと同じ簿価のまま計上されているが，実際には土地（土壌）は永遠に同じ状態で維持されていくとは限らない。企業の事業活動により土壌が汚染され，土壌劣化が起こり，取得時よりも資産価値が低下することもある。つまり市場地価の変動によってではなく，使用による土壌汚染等によっても資産価値が低下する。それにもかかわらず，ずっと取得原価のまま計上していたのでは正しい資産価値を表しているとは言えず，企業の正しい経済実態を表すという財務諸表の目的に反する。そのような土壌の状態を財務会計としても正しく認識する必要がある。

1970年代に Floyd Beams は，土壌汚染を新しい勘定によって認識することを提案した（第2章第1節）。ここでは Land（土地）に対して Allowance for Industrial Site Deterioration（工場地汚染引当金）という評価性引当金（資産の評価勘定）を立て，工場地汚染による土地の価値の減少分を貸借対照表にお

いて認識した。

 (Dr.) Industrial Site Deterioration（P/L）   ××
   (Cr.) Allowance for Industrial Site Deterioration（B/S） ××・・・(1)

逆に汚染された土地を再生するために支出を行った場合には，Allowance for Industrial Site Deterioration（工場地汚染引当金）を減少させ，土地の価値の戻りを貸借対照表において認識した。

 (Dr.) Allowance for Industrial Site Deterioration（B/S） ××
   (Cr.) Cash（B/S）   ××・・・(2)

以上の内容に対する貸借対照表の表示は次のようになる。

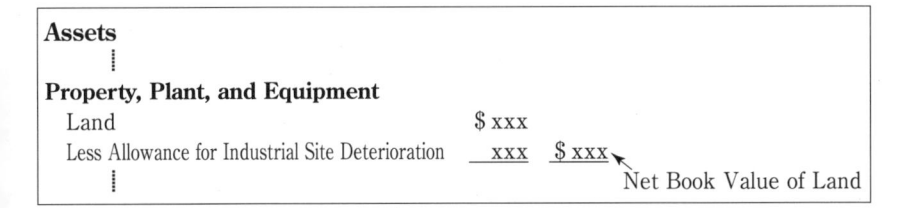

```
Assets
  ⋮
Property, Plant, and Equipment
  Land                                          $ xxx
  Less Allowance for Industrial Site Deterioration    xxx    $ xxx
                                                          Net Book Value of Land
  ⋮
```

上記貸借対照表に基づく土地の資産価値について考察する。工場地のような土地は，土壌汚染等による地質の悪化により資産価値が低下することが予想される。つまり土地においても地価の変動によってではなく，使用による土壌汚染等により価値の減少が起こる。この Beams の提案では，Allowance for Industrial Site Deterioration（工場地汚染引当金）という資産の評価勘定を立てることにより Land（土地）の簿価を控除し，貸借対照表上において正しい資産価値を表そうと試みている。また実際に支出を行い，土壌を浄化し地質を修復したときに Allowance for Industrial Site Deterioration（工場地汚染引当金）を減額または消去することにより Land（土地）の簿価が回復し，浄化・修復による土地の回復状態を貸借対照表において示している。このように Land（土地）に対する評価性引当金を立てることにより，正しい資産評価（Asset Valuation）を行うことが可能になった。

このBeamsの提案は1970年代のものである。現在資産価値の減少を会計処理する際，一般に減損会計が適用される。減損とは，資産の収益性の低下により投資額の回収が見込めなくなった状態であり，減損会計ではこの将来の収益から回収見込みのない投資額を損失として認識し，資産価値の低下を簿価に反映させる。具体的に米国基準に基づく減損会計の適用を示すと，まず減損テストを行い，土地の推定公正価値（第2章注14参照）が簿価を下回っている場合には，その差額をImpairment Loss（減損損失）として損益計算書に損失計上し，同額直接資産を減額させる。

　（Dr.）Impairment Loss（P/L）　　　　　　　　　　　××
　　　　（Cr.）Land（B/S）　　　　　　　　　　　　　　　××

減損会計を適用して土壌汚染を認識した場合，減損損失の計上と共に土地の簿価を直接推定公正価値まで減額するので，貸借対照表の資産・資本が減少し，貸借対照表は小さくなるイメージである（図表4-4①参照）。

　現在土地に関しては回収可能性を考慮せず，減価償却の対象にはなっていない。また減損会計の適用も見受けられない。しかし今後どのように浄化・修復を行っても100％汚染前の資産価値へ回復が見込めないような土壌汚染に対しては，減損会計の適用が要求されるものと考える。ただしこのときの減損額は，汚染前の簿価と，土壌汚染の浄化・修復により物理的改善が見込める水準において算定される簿価回復額との差額に留めるべきである。減損会計を適用すると土地の簿価が直接推定公正価値まで切り下げられ，その後浄化・修復等による地価の回復は認識しない。したがって減損会計は，土壌汚染対策により資産価値を回復させる見込みのある汚染土壌には適さない。

　これに対してBeamsの提案では，土壌汚染認識時には上記仕訳（1）のように損益勘定と資産の評価勘定をたてるため，この時点で貸借対照表の資産・資本が減少し，貸借対照表は小さくなるイメージである（図表4-5①参照）。この資産・資本の減少に関しては減損会計と同じだが，引当金勘定は，その後汚染土壌の修復を認識することが可能である。簿価の減額した土地の浄化を行った際，上記仕訳（2）のように資産の評価勘定を減額し，同じく資産勘定である

図表 4-4　減損会計を適用したときの貸借対照表のイメージ図

①〈土壌汚染認識時〉　　　〈土壌汚染認識後〉

Cost / Asset
資産（土地）・資本減少
（B/S は小さくなる）

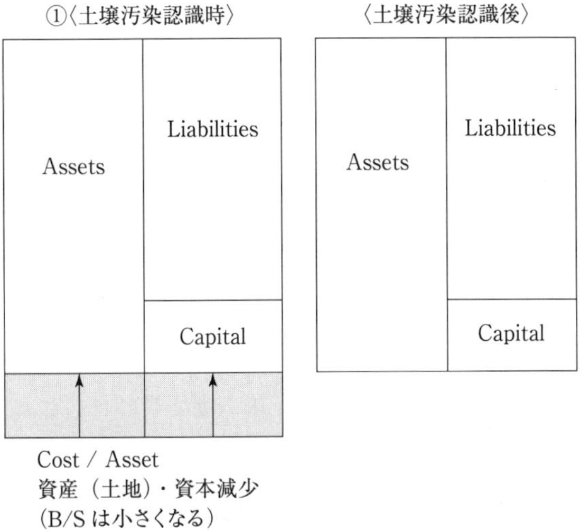

図表 4-5　評価性引当金を立てたときの貸借対照表のイメージ図

①〈土壌汚染認識時〉　　　②〈土壌汚染修復時〉　　　③〈土壌汚染修復後〉

Cost / Allowance
資産（土地）・資本減少
（B/S は小さくなる）

Allowance / Cash
資産（土地）増加・資産（現金）減少
（B/S の大きさは変わらず）

　減少（decrease）する部分

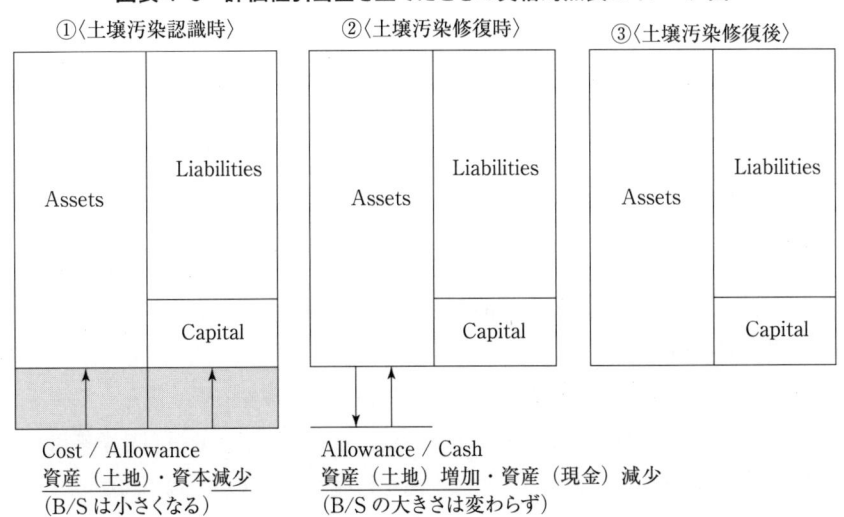

Cash（現金）などを貸方計上する。したがって貸借対照表の大きさは小さいままだが，土地の簿価は回復する（図表4-5②参照）。

この方法は，土地の評価勘定を立てることにより，土壌汚染及び浄化を貸借対照表上で資産価値としては認識しているが，企業の土壌汚染浄化・修復義務は表していない。基本的に土壌汚染浄化・修復義務という債務をオンバランスさせるためには，資産簿価を直接減額させたり，資産の評価勘定を立てるのではなく，負債計上すべきである。

4.2. 土壌汚染修復債務の認識

第2章第3節で論じたように，米国では1980年に土壌汚染問題に対してスーパーファンド法が制定され，企業の土壌汚染対策は法的義務となった。つまり土壌汚染は土地の資産価値を低下させるだけでなく，企業に土壌汚染修復義務という多額の債務をもたらす可能性を考えなければならなくなったのである。企業は土壌汚染対策を法的に強制され，それに伴い多額のコスト及び負債が発生する。それらを会計として適切に認識するためには，減損会計による資産価値の直接減額や，評価性引当金による資産評価だけではなく，土壌汚染修復債務に対する負債を認識すべきである。1970年代のBeamsの提案はスーパーファンド法制定以前のものであり，法的義務については考慮されていなかった。土壌汚染に対する負債または負債性引当金を計上することにより，企業が負っている修復債務を認識すると同時に，資産と負債とを相殺した後の純資産の減額によって，汚染土壌の実質的な資産価値の減少を認識することが可能となる（図表4-7①参照）。

ただし，企業の土壌汚染修復債務に対して負債を認識する際，注意を要する点は，減損会計との関連性である。土壌汚染に対して最初に減損会計を適用し土地の簿価を減額してしまうと，当該土地を修復する義務が認識されない。土壌汚染修復義務が企業にとっての法的債務であるならば，まず第一段階として負債計上すべきである。そしてその後，どのように浄化・修復しても完全には汚染前の土壌水準への回復が見込めない場合に限り，第二段階として，汚染前

図表 4-6　環境資産の概要

貸借対照表	1. 環境関連有形固定資産	・独立した資産　・混合資産
	2. 環境汚染処理コスト	SFAC 6 の資産の定義 ＋ EITF 90-8 における追加の資本化の要件 (1) 資産の安全性の向上 (2) 将来の事業活動により生じるかもしれない環境汚染の削減または予防，かつ当該資産の状態が当初建設または取得時点よりも改善されている (3) 資産の売却準備により発生
	3. 環境負債に関連する資産	・過去の事業活動の結果である汚染に対する環境修復負債に関連して発生する資産—受取勘定，潜在的回収額…関連負債と相殺せず独立した資産として計上 ・将来の資産除去債務に対する資産除去費用の資産計上 (Dr.) Asset/(Cr.) Liability
	※土地（土壌）	土壌汚染などによる土地の価値の低下は，減損会計の適用により認識可能であるが，土壌汚染対策が企業にとっての法的債務である場合には，負債認識が必要となる

の簿価と，浄化・修復により物理的改善が見込める水準において算定される簿価回復額との差額部分についてのみ減損会計を適用すべきである。

　以上考察してきたように，スーパーファンド法制定に伴う土壌汚染の会計処理は，まず企業の債務に対する負債認識を行い，次に必要に応じて完全には回復不能な資産価値の減額部分に対してのみ減損会計を適用する。このような会計処理を行うことにより財務会計において土壌汚染を認識し，土壌汚染を含めた企業価値の評価を行う際の有効性が高まるものと考える。

第3節　環　境　負　債

　1970年代にアメリカ会計学会（AAA）では，過去の取引に起因して発生する将来の公害規制支出を，脚注開示という現行実務に代えて負債計上することを提案した（第2章第1節2.2.2.項）。これは伝統的な財務諸表の負債認識の拡張により，企業の事業活動による自然環境への影響を財務諸表に表そうとしたものであり，このような考え方は今日の環境負債の認識に引き継がれている。

　そこで負債認識の大前提であるSFAC 6「財務諸表の要素」の負債の定義を再確認する。「負債とは，過去の取引や事象の結果として，将来，特定の企業が他の企業へ資産を提供したりサービスを提供したりする現在の債務から発生する可能性の高い将来の経済的便益の犠牲である」（SFAC 6 [1985], par. 35）。このような負債の定義に基づく環境負債の認識において，特に考慮すべき論点について考察を進め，最も適切な会計処理方法を導き出していく。

1. 債　務　の　概　念

　負債認識の前提条件として，企業における現在の債務の概念を明確にしておくことが重要である。財務会計における環境負債の認識に当たり，これまで企業における債務の概念が拡張されてきたことは注意を要する。つまり負債認識すべき債務は従来の法的債務（legal obligation）だけでなく，いわゆる擬制債務〔推定上の債務（constructive obligation）及び衡平法上の債務（equitable obligation）〕を含めた広義の概念と考えられるようになってきた。そこでこの拡張された債務について検証する。

　推定上の債務とは，「他の実体との契約によって結ばれたり政府によって課せられたりするものではなく，ある特定の状況における事実から生み出され，推定され，解釈されるものである」（SFAC 6 [1985], par. 40）。つまり法律上規定されていなくても，企業の環境方針からくる目的，目標およびこれらの開示は，主として広く一般のステイクホールダーへと向けられ，一種の推定上の債

務に拡張されうる。

　また衡平法上の債務とは,「不文法や制定法から生じるものではなく,倫理的または道徳的制約から生じるものであり,他の実体に対して,普通の良心や公正の感覚で公平,正当とみなされることを行う義務から生じるものである」(SFAC 6 [1985], par. 40)。これを環境負債に適用すると,やはりステイクホルダーの視点がすでに生じていると言うことができる。

　このような推定上及び衡平法上の債務は,法的強制力のある債務と同様に負債認識における基礎概念と考えられるようになり,これらの債務は SFAC 6 によると,「企業が契約を結ぶことまたは交換取引に参加することによってではなく,むしろ企業自体を拘束する行為または環境要因によって拘束されていることを知ること」(SFAC 6 [1985], par. 203) から発生するものである。このような負債概念の拡張を環境負債に適用した具体例としては,「法的債務ではないが,工場周辺の土地を浄化しなければ地域住民との信頼関係が失われ,企業イメージを損なう」(上田 [2000], 9頁) という状況を考えることができる。この場合,工場周辺の土壌汚染浄化を企業の義務と考え,環境負債を認識することになるであろう。

　では環境負債認識に当たり,このような推定上の債務や衡平法上の債務を法的債務と全く同様に考えていいのだろうか。米国会計では,これまで常に実質主義 (substance over form) の概念が重んじられてきた。例えば,減価償却費の計算に使用される耐用年数 (useful life) は,法的耐用年数 (legal useful life) ではなく,実質的に資産の使用可能な期間である経済的耐用年数 (economic useful life) が使用されている。つまり会計処理においては基本的に法的概念ではなく,実質を表す経済的概念が適用される。このような概念を負債認識すべき債務にも適用することにより,推定上の債務や衡平法上の債務も認識すべきと考えることができる。しかしこの概念の,環境負債として認識すべき債務への適用には問題があるのではないだろうか。法的義務が確定していない環境負債の認識には常に経営者の判断を伴い,経営者の恣意性が含まれることに注意しなければならない。企業が厳しい環境方針を打ち立て,それを達成するための目

標設定が一般的な目標を上回る場合においても，それが環境負債の認識へと拡張される可能性がある。結果として，環境対策に積極的な企業ほど環境負債が大きくなり，財政状態の悪化につながる。

第3章第1節で論じた SFAS 143 [2001] では，債務の範囲を法的債務 (legal obligation) 及び約束的禁反言原則 (promissory estoppel principle)（第3章注3参照）に基づく債務に限定している。ここで言う債務の範囲とは，法律・規則・条令・書面または口頭による契約の結果，あるいは約束的禁反言原則に基づき契約の法的設定に準じて支払いを要求される債務である。すべての産業及びすべての地域の企業に適用可能なグローバルスタンダードを目指すのであれば，経営者の判断や恣意性，産業・地域・企業規模等により負債認識に差異が生じる可能性のある概念はできる限り排除しなければならない。したがって負債認識すべき債務の範囲は，基本的には法的債務及び約束的禁反言原則に基づく債務の概念が適当であると考える。

しかし今後もさまざまな環境問題ごとに，それぞれ固有の環境リスクを含む債務性の概念について考えていかなければならない事態が起こることが予想される。その際，個々の環境問題における企業の債務性の範囲の考察に関しては，その性格上，米国がこれまでとってきた方法―problem by problem approach（問題ごとの対処）を行い，個別問題ごとに対処する柔軟性を残しておいた方がよい。なぜなら環境負債は，その性質の多様性・複雑性により，単一の規準設定では収まりきらない状況が予想されるからである。

以上より，基本的には企業における現在の債務を，法的債務及び約束的禁反言原則に基づく債務と考え，これに対して負債認識が要求されるものと考える。次に考慮すべきことは，その際の負債認識要件である。

2. 負債の認識要件

SOP 96-1 [1996]（第2章第3節）は，主に過去の事業活動に起因する環境汚染に対する改善・修復・浄化等の債務に焦点を当てて環境関連負債を規定しており，環境負債の認識要件に SFAS 5「偶発事象の会計」（発生の可能性及び

損失額の合理的な見積り）を適用した。このSFAS 5は偶発損失の認識を決定するためのものであり，規準適用により会計上の発生の可能性を判断し，負債を認識するかどうかを決定する。

　しかし2000年代に入ってから公表されたSFAS 143［2001］は，将来の事業活動に起因する環境債務に対して環境負債を規定しており，SFAS 5の負債認識要件ではなく，SFAC 6における負債の概念に立ち返って基準を設定した。SFAC 6における *probable*（発生の可能性が高い）は，SFAS 5における会計特有のテクニカルな意味ではなく一般的な意味として使用しており，より広範囲の負債性債務の認識を可能にする。SFAS 143の将来事象に基づく負債の認識・測定には，より多くの仮定・予測・判断が必然的に伴うためであろう。SOP 96-1で使用されたSFAS 5［1975］「偶発事象の会計」やFASB Interpretation 14［1976］「損失の合理的な見積り」は，負債を認識するかどうかを決定するための概念として使用されているのに対し，SFAS 143では企業における現在の債務（法的債務及び約束的禁反言の債務）において公正価値の合理的な見積りが可能であるならば，それらすべての資産除去債務に対する負債認識を要求する。

　ここで問題となるのは，債務に対する公正価値の測定である。債務の公正価値とは，関連責任者間で現在の取引において決済されるべき負債の金額である。この公正価値の測定の具体的な算出における優先順位は，まずa. 当該資産の取得原価に含有されている場合にはその金額，次にb. アクティブな市場において付けられた市場価格があれば，それが公正価値の最善の証拠と考えられ測定の基礎となる。市場価格とは，例えば当該資産が資産除去コストを含有した価格で市場で取引されている場合，その価格情報を用いて評価する方法である。しかし市場不在の場合は，公正価値の見積りはその状況において入手可能な情報を基礎として行われる。このとき，環境負債の公正価値測定の最善の技法と考えられるのがc. 期待キャッシュフロー・アプローチである（第3章第5節参照）。社債（Bonds），年金会計（Pensions），リース会計（Leases）などでは，以前より現在価値による資産および負債の測定が行われており，また市場価格

が入手できないデリバティブ商品においても，現在価値による時価の推定計算が行われている。現在価値法は，将来キャッシュフロー情報から代替的に公正価値を測定する技法であるが，環境債務は，債務清算の金額及び時期の両方に不確実性を含んでいる場合が多く，不確実性が発生可能性割合の中にも含有されている。したがって環境負債の測定には通常，伝統的な現在価値法よりも期待キャッシュフロー・アプローチが利用される。

SFAC 7 適用による期待キャッシュフロー・アプローチは，負債の支払いをするために必要な将来キャッシュフローの金額と時期についての不確実性を扱う測定技法である。SFAC 7 パラグラフ 55-61 では，SFAC 7 に基づく期待キャッシュフロー・アプローチによる公正価値の測定による認識規準と，SFAS 5 に基づく発生の可能性による認識規準との関連を論じている。SFAS 5 では負債認識そのものに対する不確実性を扱っているが，SFAC 7 では認識すべき負債の決済金額及び時期に関する不確実性は公正価値の測定値の中に織り込まれる。また SFAS 5 と SFAC 7 の負債認識は実務上でも大きな違いがある。SFAS 5 による負債認識要件 *probable* を 70％程度の可能性とすると[1]，発生の可能性の確率が 70％になった時点で初めて全額の負債を計上する。逆に言うと，70％に達していなければ負債計上はゼロのままである。これに対してSFAC 7 による期待キャッシュフロー・アプローチでは，可能性のあるシナリオを考え，そのシナリオごとに見積りキャッシュフローを算出し，それを発生の確率に基づいて加重平均するため，たとえ発生の可能性の低いシナリオであっても公正価値の測定に反映される。

期待キャッシュフロー・アプローチによる公正価値の見積りの手順を再度確認すると次のようになる。まず最初に，合理的裏付けのある仮定に基づくシナリオごとの将来キャッシュフローを見積もる。これは現在の市場水準による労働費，将来の賃金上昇分，間接費，設備費，インフレ率，マーケットリスクなどを含めたすべての入手可能な証拠を考慮したものである。次にこの見積りキャッシュフローに発生可能性の割合をかけ，加重平均した期待キャッシュフローを算出する。最後に期待キャッシュフローを信用調整リスクフリー・レート

で割り引く（具体的な計算例は第3章第1節，例3-1①参照）。期待キャッシュフロー・アプローチでは，不確実性及びリスクが見積りキャッシュフローにおいて調整されるため，割引率にはリスクフリー・レートが使用される。信用調整リスクフリー・レートとは，リスクフリー・レートを企業の信用リスクの影響によって調整するもので，企業の信用リスクによって増加する。従って企業の信用状態は，見積りキャッシュフローの中というよりも，割引率の中に影響する。以上，期待キャッシュフロー・アプローチによる公正価値測定の計算プロセスを一般化すると次のようになる。

$$公正価値 = \sum_{t=1}^{n} \frac{リスク調整後の期待キャッシュフロー}{(1+信用調整リスクフリーレート)^t}$$

このように負債の認識要件を測定可能性におき，公正価値の測定にSFAC 7に基づく期待キャッシュフロー・アプローチを適用することにより，環境負債を財務会計制度において確立していく際の有効性が高まる。

本節で考察してきた環境負債計上の基礎概念，1.「債務の概念」及び2.「負債の認識要件」を統合する。1.「債務の概念」において規定した企業における現在の債務（本書においては法的債務および約束的禁反言原則の債務）は，2.「負債の認識要件」を満たしていてもいなくても，無条件に存在する。そのうち，2.「負債の認識要件」（本書においては測定可能性—公正価値の合理的な見積りが可能な状態）に適合した債務に対して負債計上する。したがって本節1.「債務の概念」かつ2.「負債の認識要件」の条件を満たした債務（広義の法的債務＋測定可能な債務）は，財務諸表に負債としてオンバランスされる。企業にとっての現在の債務であるにもかかわらず財務諸表に負債計上されないということは，負債の認識要件である測定可能性（公正価値を見積もるための十分な情報を得ている状態）を満たしていないということである。

3. 過去の事業活動に起因する負債と将来の事業活動に起因する負債

3.1. 過去の事業活動に起因する負債

第2章第3節で論じたSOP 96-1「環境修復負債」は、過去の事業活動に起因する環境汚染に対する環境負債を規定したものである。

この規定による環境負債認識時の仕訳は次のようになる。

　　　　環境費用（P/L, Exp.）　　　××／環境負債（B/S, Lia.）　　　××

環境負債認識時に環境費用はすでに発生しており、発生主義（Accrual Basis）に基づき損益計算書に費用計上される。つまりここで計上された「環境費用」（P/L, Exp.）は、当期発生し企業によって既に費消された便益を提供するコスト（費用）であり、負債決済の時期に関係なく、環境負債認識時（＝環境コスト発生時）に費用計上され、当会計期間の損益計算書の利益測定（income measurement）に影響する。したがって貸借対照表においては、同額負債増加、資本減少となる。ただし負債と資本の合計額は変わらず、貸借対照表の大きさは変わらない（図表4-7①参照）。

また環境負債決済時の仕訳は次のようになる。

　　　　環境負債（B/S, Lia.）　　　××／現　金（B/S, Asset）　　　××

環境負債決済時にはもう利益測定には影響せず、貸借対照表項目のみの処理となる。したがって貸借対照表において資産・負債は同額減少し、貸借対照表は小さくなるイメージである（図表4-7②参照）。

3.2. 将来の事業活動に起因する負債

第3章第1節で論じたSFAS 143「資産除去債務の会計」は、将来の事業活動（資産除去活動）に起因する環境負債を規定したものである。

この規定による環境負債認識時の仕訳は次のようになる。

　　　　環境費用（B/S, Asset）　　　××／環境負債（B/S, Lia.）　　　××

環境負債認識時にはまだ損益計算書における環境費用は発生していない。つま

りここで計上した「環境費用」(B/S, Asset) は損益計算書における費用ではなく，企業に将来便益を提供すると考えられる未費消コスト（資本）である。したがってこの時点では利益測定 (income measurement) には影響せず，貸借対照表項目のみの計上となる。貸借対照表において資産・負債は同額増加し，貸借対照表は大きくなるイメージである（図表 4-8 ①参照）。

また環境負債認識時から環境負債決済時までの期間の仕訳は次の a, b, 2 つがある。

    a 減価償却費 (P/L, Exp.) ×× / 減価償却累計額 (B/S, Asset) ××

環境負債認識時に一旦資産計上された環境コストは，負債認識時から決済時までの期間に，減価償却費として損益計算書に徐々に費用化される。したがって貸借対照表の資産・資本は耐用年数にわたり徐々に減少する。つまり貸借対照表は徐々に小さくなる（図表 4-8 ①～② a 参照）。

    b アクリーション (P/L, Exp.) ×× / 環境負債 (B/S, Lia.) ××

負債認識時に当初現在価値に割り引かれた環境負債には利息が発生し，負債認識時から決済時までの期間に，アクリーションとして損益計算書に徐々に費用化される。したがって貸借対照表において負債は徐々に増加し，資本は徐々に減少する。貸借対照表の大きさは変わらない（図表 4-8 ①～② b 参照）。

最終的に環境負債決済時の仕訳は次のようになる。

    環境負債 (B/S, Lia.) ×× / 現　金 (B/S, Asset) ××

環境負債決済時にはもう利益測定には影響せず，貸借対照表項目のみの処理となる。したがって貸借対照表において資産・負債は同額減少し，貸借対照表は小さくなるイメージである（図表 4-8 ②参照）。

3.3. 過去及び将来の事業活動に起因する負債についての考察（図表 4-7, 図表 4-8）

3.3.1. 環境負債認識時（図表 4-7 ①，図表 4-8 ①）

過去の事業活動に起因する負債（図表 4-7）では，環境負債認識時にすでに環境汚染が発生しており，企業はすでに発生させた汚染に対して債務を負ってい

図表 4-7 過去の事業活動に起因する負債を計上したときの貸借対照表のイメージ図

①〈環境負債認識時〉
Exp. / Liability
負債増加，資本減少
(B/S の大きさは変わらず)

②〈環境負債決済時〉
Liability / Asset
資産・負債減少
(B/S は小さくなる)

③〈環境負債決済後〉

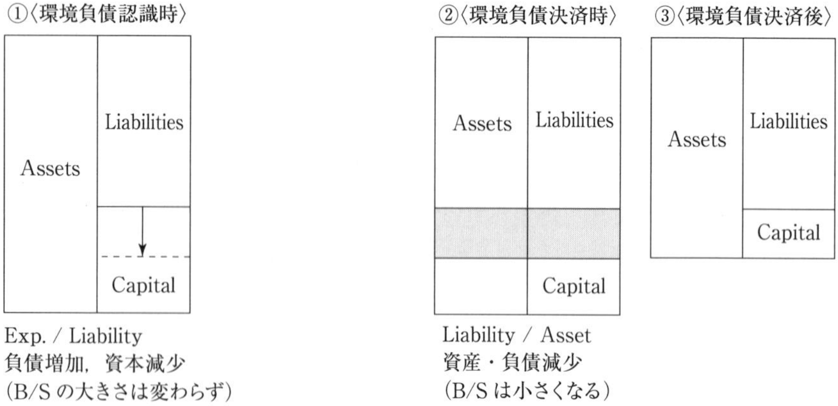

図表 4-8 将来の事業活動に起因する負債を計上したときの貸借対照表のイメージ図

①〈環境負債認識時〉
Asset / Liability
資産・負債増加
(B/S は大きくなる)

①〜②〈環境負債認識時〜決済時〉
a. Exp. / Asset
徐々に資産・資本減少
(B/S は小さくなる)
b. Exp. / Liability
徐々に負債増加，資本減少
(B/S の大きさは変わらず)

②〈環境負債決済時〉
Liability / Asset
資産・負債減少
(B/S は小さくなる)

③〈環境負債決済後〉

増加 (increase) する部分

減少 (decrease) する部分

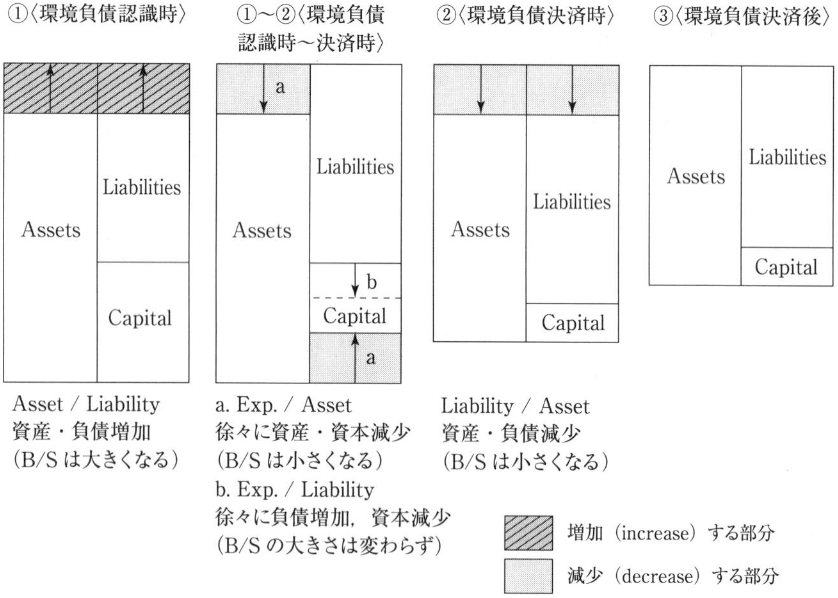

る。したがって負債認識時に損益計算書における環境費用が発生し、負債増額分だけ企業価値（資本）は減少する。

これに対して将来の事業活動に起因する負債（図表4-8）では、環境負債認識時に企業はまだ環境汚染を発生させてはない。将来支出に対する負債を認識しているが、これは企業の将来の事業活動に起因する債務であり、この時点ではまだ損益計算書における環境費用は発生していない。したがって負債認識時、環境コストは損益計算書に費用計上するのではなく、貸借対照表の当該資産の簿価にストックする。つまりこの時点で利益測定には影響せず、企業価値（資本）は減少しない。

3.3.2. 環境負債認識時～決済時 （図表4-8①～②）

将来の事業活動に起因する負債において貸借対照表の資産簿価にストックしておいた環境コストは、当該資産の使用に伴い徐々に費用化され、それに伴い企業価値（資本）も徐々に減少する。つまり一旦資産簿価として計上された環境コストは、資産の耐用年数にわたって減価償却費等として徐々に費用化され、環境修復活動までにすべて償却される。したがって環境負債認識時（図表4-8①）に計上した資産と負債の両建計上のうち、環境負債認識時から決済時において資産はすべて償却して費用化され（図表4-8①～②矢印a）、環境負債決済時（図表4-8②）には負債のみが残っている。この負債に対する費用はすべて認識されてしまったので、負債自体は決済を待つのみである。

また当初SFAC 7期待キャッシュフロー・アプローチを使用し、現在価値に割り引いて認識された環境負債には、時間の経過と共に利息であるアクリーションが発生する。このアクリーションを環境負債認識時から決済時において、実行利息法によって認識する。その結果、僅かずつではあるが負債の現在価値は増加し、その分企業価値（資本）は減少する（図表4-8①～②矢印b）。

3.3.3. 環境負債決済時 （図表4-7②，図表4-8②）

環境費用の認識及び企業価値（資本）の減少は、過去の事業活動に起因する負債では環境負債認識時（図表4-7①）、将来の企業活動に起因する負債では環境負債認識時から決済時（図表4-8①～②）においてすでに完了しているので、

図表 4-9　環境負債の概要

貸借対照表	1. 債務の概念	法的債務＋約束的禁反言原則の債務
	2. 負債認識要件	測定可能性―公正価値の合理的な見積り 　a. 取得原価に織り込まれている 　b. アクティブな市場が存在する場合の市場価格 　c. SFAC 7 期待キャッシュフロー・アプローチ $$\sum_{t=1}^{n} \frac{\text{リスク調整後の期待キャッシュフロー}}{(1+\text{信用調整リスクフリーレート})^t}$$
	3. (1) 過去の事業活動に起因する負債（図表4-7）	①〈負債認識時〉 　Expense /Liability…負債増加, 資本減少 ②〈負債決済時〉 　Liability /Asset…資産・負債減少
	(2) 将来の事業活動に起因する負債（図表4-8）	①〈負債認識時〉 　Asset /Liability…資産・負債増加 ①～②〈負債認識時～決済時〉 　a. Expense /Asset…資産・資本減少 　b. Expense /Liability…負債増加, 資本減少 ②〈負債決済時〉 　Liability /Asset…資産・負債減少

　環境負債の決済は貸借対照表上のみの処理となる。環境負債決済時にはどちらも，資産と負債が同額減少する。

第4節　時間軸を基礎とした環境コスト認識メカニズム

　本章第1節から第3節で，環境財務会計における環境収益・費用，環境資産，環境負債の概念を構築してきた。それらを統合し，時間軸を基礎とした環境コスト認識メカニズムを考える。

1. 過年度環境費用

　過年度発生し，企業によって既に過年度に費消された便益を提供した環境コストを当期認識する場合（図表4-10においてCurrent時点にPastの環境コストを認識する場合），過年度環境費用となり，次のような仕訳が切られる。

図表 4-10 時間軸を基礎とした環境コストの認識

Past 「過年度環境費用」	Current 「当期環境費用」	Future 「将来環境費用」
Retained Earnings / Cash または Retained Earnings / Liability	Expense / Cash または Expense / Liability	Asset / Liability
過年度発生し，企業によって既に過年度費消された便益を提供した環境コスト	当期発生し，企業によって既に当期費消された便益を提供する環境コスト	将来発生し，企業によって将来費消される便益を提供する環境コスト

 Retained Earnings（B/S, SE） ××/Cash（B/S, Asset） ××
または
 Retained Earnings（B/S, SE） ××/Environmental Liability（B/S, Lia.） ××

つまり期首の Retained Earnings（利益剰余金）を直接減額させることにより，遡及的に（retroactively）過年度損益修正を行う。また損益計算書には，前年度の純利益の修正結果を開示する。

2. 当期環境費用

当期発生し，企業によって当期費消された便益を提供する環境コストを当期認識する場合（図表 4-10 において Current 時点に Current の環境コストを認識する場合），当期環境費用となり，次のような仕訳が切られる。

 Environmental Expense（P/L, Exp.） ××/Cash（B/S, Asset） ××
または
 Environmental Expense（P/L, Exp.）××/Environmental Liability（B/S, Lia.）××

上記 1.「過年度環境費用」，2.「当期環境費用」における環境コストの認識は過去の事業活動に起因する環境費用であり，Environmental Liability（環境負債）を認識する場合も，負債決済の時期に関係なく，環境費用は発生時に認識される。つまり環境費用認識時点で企業価値（資本）は減少する。ここで環

境負債を計上した場合，企業は既に発生させた汚染に対して債務を負っており，かつ本章第3節2.「負債の認識要件」に適合している。

3. 将来環境費用

将来発生し，企業によって将来費消される便益を提供する環境コストを当期認識する場合（図表4-10においてCurrent時点にFutureの環境コストを認識する場合），将来環境費用となり，次のような仕訳が切られる。

Environmental Cost（B/S, Asset） ×× /Environmental Liability（B/S, Lia.） ××

当期（図表4-10のCurrent）時点で環境費用はまだ発生していないので損益計算書の計上はなされず，貸借対照表のみの計上となる。ここで認識された環境費用は将来の事業活動に起因するコストであり，この時点で企業はまだ環境汚染を発生させていない。したがってこの時点で企業価値（資本）は減少しない。環境負債の計上は，企業が将来発生させるであろう環境汚染に対する現在の債務であり，かつ本章第3節2.「負債の認識要件」に適合したものである。

以上時間軸を基礎とした環境コスト認識メカニズムは，本書において構築してきた環境財務会計の環境収益・費用，環境資産，環境負債の概念に基づくものであるが，さらに本書で取り上げた例示を超越し，広く一般に適用可能な環境コスト認識モデルとなりうる。環境問題は長期的かつ広範囲という特性を有する。この環境コスト認識モデルは，現行の財務会計の概念フレームワークの中で，さらに今後新たに起こりうる環境問題特有の多様性・可変性にも柔軟に対応する有用性を保持し，環境コスト全般に適用可能な環境財務会計基準制定の基礎をなすものと考える。

第5節　開　　示

1. 財務諸表における環境情報の開示

企業の財務諸表に計上（accrue）されていない環境会計情報を報告するため

の方法として，文章記述による開示（disclose）がある。文章記述による開示は，財務諸表における金額計上の内容を補完する役割がある。環境会計では，定量情報を補完する役割として，定性情報の開示は特に重要である。1970年代からアメリカ会計学会（AAA）では現行の監査済みの財務諸表を拡張し，環境情報の開示を含めることを提案していた（第2章第1節2.1.項参照）。注記による文章開示は主に非数量的なものであるが，会計報告において財務諸表の延長線上に位置づけられ，定量化された環境会計情報へのステップともなる。また財務諸表におけるオフバランス問題の解決策の一つとして利用されることもある。文章記述による開示は，金額計上と比較して自由度は高いが，財務諸表上で開示が要求されている事項については統一性を持たせる必要がある。

2. 年次報告書における環境情報の開示

証券取引委員会（SEC）も嘗てから環境情報に関する開示の必要条件を拡大してきた。基本的にSECによる環境情報開示は，1933年証券法（Securities Act of 1933）および1934年証券取引法（Securities Exchange Act of 1934）に基づくものである。1929年にニューヨーク株式取引所で株価の暴落，いわゆるブラック・サースデーが起こり，経済はこれ以降大恐慌へと進んだ。これは企業の情報開示の不備が大きな原因と考えられ，連邦政府は証券取引委員会（SEC）を設置し，1933年証券法と1934年証券取引法を制定したのである。

1933年証券法は発行市場が対象であり，その目的は企業が有価証券を発行する際，投資家に対して公正で完全な情報を公開し，有価証券の発行に関連する詐欺（fraud）や虚偽（misrepresentation）を防止することである。具体的には証券発行に際して，SECに対する事前の届出書（registration statement）と目論見書（prospectus）の提出を義務付ける。一方1934年証券取引法は流通市場に適用され，その目的は発行された証券の公正な取引を実現することである。具体的には登録義務のある証券に関して，その企業の財務状況等の情報を，年次報告書〔Annual Reports (Form 10-K)〕，四半期報告書〔Quarterly Reports (Form 10-Q)〕，臨時報告書〔Current Report (Form 8-K)〕などの定期的な報告書において

開示することを要求し，証券売買に関して投資を惑わすような行為を禁じる。この中でSECは，環境情報を企業のリスク情報の一つと考え，その開示要求を強化している。年次報告書（Form 10-K）における記載要求事項は図表4-11のようになっており，このうち環境情報が含まれている主な項目は網掛けの項目である。

Form 10-K 及び Form 10-Q において企業が開示すべき一般的な情報のうち，環境問題の情報開示に関連すると考えられる規則に Regulation S-K§229（中小企業においては Regulation S-B §228）があり，その中には次のような規定がある[2]。

(1) Item 101　Description of Business（事業の記述）

設備投資・利益・競争上の地位に対して及ぼす可能性のある重要な影響についての適切な情報開示要請

(2) Item 103　Legal proceedings（法的手続）

重要な係争中の訴訟についての簡潔な説明

(3) Item 303　Management's discussion and analysis of Financial Condition and Results of Operations（財政状態及び経営成績に関する経営者の討議と分析）

流動性，設備投資，営業成績に関して特定されている情報の開示要請

これらの規定を環境に関連する事象に適用して考えると，次のような開示要求となる。

(1) 環境法（連邦・州・地域の各レベルを含む）の遵守が，資本的支出，利益，及び競争上の地位に及ぼす可能性のある重要な影響の開示，また環境保全設備の資本支出見積り額の開示

(2) 重要な影響を及ぼしうる環境上，行政上，あるいは司法上のあらゆる環境訴訟の開示，これには保留中・提訴準備中の訴訟も含まれる

(3) 重要な影響を及ぼす見込みのあるすべての環境上の問題を，経営者の討議と分析（MD & A）により開示

年次報告書における開示内容を概観すると，法との関係，測定対象の拡大，という特徴を挙げることができる。特に企業会計は法との関係において具現化

図表 4-11 Form 10-K における情報開示

PART I	
Item 1	Business
	Executive Officers of the Registrant
Item 1A	Risk Factors
Item 1B	Unresolved Staff Comments
Item 2	Properties
Item 3	Legal Proceedings
Item 4	Submission of Matters to a Vote of Security Holders
PART II	
Item 5	Market For Registrant's Common Equity, Related Stockholder Matters and Issuer Purchases of Equity Securities
Item 6	Selected Financial Data
Item 7	Management's Discussion and Analysis of Financial Condition and Results of Operations
Item 7A	Quantitative and Qualitative Disclosures About Market Risk
Item 8	Financial Statements and Supplementary Data
Item 9	Changes in and Disagreements With Accountants on Accounting and Financial Disclosure
Item 9A	Controls and Procedures
Item 9B	Other Information
PART III	
Item 10	Directors and Executive Officers of the Registrant
Item 11	Executive Compensation
Item 12	Security Ownership of Certain Beneficial Owners and Management and Related Stockholder Matters
Item 13	Certain Relationship and Related Transactions
Item 14	Principal Accountant Fees and Services
PART IV	
Item 15	Exhibits and Financial Statement Schedules

▨ は環境情報が含まれる項目
(SEC Form 10-K For the Fiscal Year Ended December 31, 2005 Index, 及び斎尾浩一朗（あずさ監査法人）2006年6月3日環境財務会計研究会資料より)

されたものであり，年次報告書における環境情報の開示内容の多くも，環境法との関係を重視している。

企業において，環境情報が財務諸表に及ぼす影響は非常に大きくなっており，それらを含めた企業の財政状態・経営成績・キャッシュフローの評価が正しい企業の経済実態を表すようになっている。今後ますます財務諸表，及び年次報告書全体における環境情報の開示要求が強化され，オフバランス情報が拡大されることが予想される。したがって開示内容・開示方法には，更なる工夫が求められる。

本章では，米国における環境情報に対する具体的な財務会計基準の整備・制定の過程を総括し，包括的な首尾一貫した環境財務会計基準を検討・考察し，環境財務会計の構築と展開を行った。今後はさらに国際的なコンバージェンスを視野に入れ，国際的に統一された環境財務会計のグローバルスタンダードを展望することが必要であろう。

(注)
(1) 推測表現の可能性の目安は，次の数値を参考にしている。must (inevitable, certain, sure)…90〜95％, will…80〜90％, (probable)…70〜80％, should, can…60〜70％, may (perhaps)…50％, might (possible)…10〜30％（英語学者大島幸治による）
(2) Reg. S-K SEC No. 1845 Updated 05/06, Reg. S-B SEC No. 2345 Updated 05/06

終　章
環境財務会計の展望

　企業の環境活動は，全世界にわたりそれぞれの国の特性を有しながら行われ，いずれの国でも企業の環境活動ならびに環境コストに対して会計責任（accountability）を拡大するという形をとって具体化してきた（名東・青柳［1979］，1頁）。1970年代，国際連合の事務総長は，一国の国境を越えた多国籍企業のために標準化された会計ならびに報告の，国際的で比較しうるシステムを確立することに賛意を表しており，しかも，"企業が，社会全体に対して，企業の諸活動，なかんずく，人的資源および天然資源を使用すること，ならびに，その企業の経営が環境に及ぼす効果を説明すべきである"と結論付けている（名東・青柳［1979］，4頁）。その後もこのような企業の環境対策活動及び環境情報に対する会計のグローバル化の動きは着実に進み，国際的な大きな潮流となってきた。

1. 環境会計情報に対する SEC の要求強化

　近年来米国では，米国株式市場に上場している外国企業に対して U.S. Environmental GAAP を適用すべきか，という問題が検討されてきた。米国の株式市場に上場している企業は四半期及び年次報告書において，主要な環境関連費用を SEC の開示要求及び U.S. Environmental GAAP に基づいて提出しなければならない。そこで，外国企業が国際会計基準を適用している場合に，米国株式市場での上場を許可するかどうかという問題が起きた。米国とカナダは，それぞれの株式市場に上場している企業に対して，国際会計基準を受け入れていない数少ない国である。その理由として U. S. FASB は，国際会計基準は環境情報に関して，米国基準ほど厳格ではないと述べている[1]。実際国際会計基準では環境に関して特別な規則を定めておらず，環境に特化した会計基準は

制定されていなかった。2000年の調査では，米国に上場している外国企業にU.S. Environmental GAAPを適用した場合，2/3にあたる444の企業で報告利益が平均42％減少するという結果もある(2)。

このような状況の中，米国に上場している外国企業に国際会計基準を許可するかという議論が行われ，許可に反対する意見として次のようなものがあった。

・環境専門家，U.S.会計基準設定団体……国際会計基準には特定の環境会計規則がなく，そのような基準を適用している外国企業の財務報告書には，環境浄化コスト・環境負債等の重大なリスク情報がSECに提出されない可能性がある。

・AICPA会計基準マネージャー……投資家，債権者，その他の財務諸表の使用者にとって，通常の負債が企業の財務の強弱，企業の決済能力及び救済能力を見るために重要であるのと同じように，環境修復負債（例えばスーパーファンド法に基づくもの）の報告の重要性は高い。

・地球の友（Friend of the Earth：FOE）……もしも国際会計基準のあいまいな規準・開示により主要な環境コストの報告を見逃したら，SECは投資家への責任を放棄したことになる。

また逆に国際会計基準の許可に賛成する意見としては次のようなものがあった。

・U. S. SECの開示要求に基づく提出は，より多くの環境情報の提供にはなるが，これら追加開示のための金額の影響は多大なものである。

このような議論が行われる中，環境情報開示の重要性を示すものとして，次のような訴訟例があった。

例）I社は液体廃棄処理サービスを行い，それは収益全体の90％以上を占め，一株当たり利益（Earnings Per Share：EPS）の20％以上の上昇をもたらした。しかしほとんどの投資家は，I社が環境法に関わる投棄をしていたことを知らなかった。その後環境法違反によりI社の最も重要な設備が一時閉鎖になり，株価は50％下落した。

I社の株主は，企業が重要な環境情報を隠していたことに対して訴訟を起

こし，企業の隠匿によって購入株価が作為的な影響を受けたと主張した[3]。

株主に対して企業の環境負債や環境浄化コストを公表しないということは，企業の経済実態と株価との間に重要な差異を作り出すことになる。このようなことから，SECはリスク情報として環境情報開示規制を強化した。

また2002年には企業改革法（Sarbanes-Oxley Act，通称SOX法）が制定され，SECに対して企業の報告内容をより頻繁に確認するよう求めた。これにより企業価値に影響を及ぼす環境債務開示の必要性も浮上し，情報開示がさらに徹底された。

さらに2007年には，有力投資家サイドから，投資先企業の環境対策に関する情報開示の強化を求める声が高まり，米カリフォルニア州職員退職年金基金（カルパース）などはSECに，環境ビジネスへの取り組みや二酸化炭素（CO_2）排出削減コストの開示を法制化するよう要望書を提出した[4]。環境対策コストが業績や株価を左右する重要な投資判断材料になってきたためである。カルパースなどの動きは，一般的な投資家も企業の環境対応を投資基準としてより重視し始めたことを示している。

2. 環境財務会計の国際的動向

本書では，主に米国における企業の環境対策活動に対する財務会計としての対応，特に必要に応じた財務会計基準の整備・制定について研究を進めてきた。米国では既に環境コストや環境負債を財務会計制度の中で捉え，環境情報を財務会計において制度化してきたが，この動きは世界的な方向性でもある。

既に論じたように，カナダでは職業会計士団体であり基準設定団体でもあるカナダ勅許会計士協会（CICA）が1993年に『環境コストと負債―会計及び財務報告の問題』と題する研究報告書を発行し，財務会計上の環境コストや環境負債の会計処理を規定した。

また国連の動きを見ると，「国連貿易開発会議（United Nations Conference on Trade and Development：UNCTAD）」の国連経済社会理事会（United Nation's Economic and Social Council) の中の多国籍企業委員会「会計・報告の国際基準に関する国連政府間専門作業グループ (Intergovernmental Working Group of Experts on International Standards of Accounting and Reporting : ISAR)」[5]では，1989年に開催された第7会期において，会計・報告の分野におけるグローバルな発展問題の一つとして，環境財務情報の開示に取り組むことを表明した。この政府間作業部会では，環境支出と環境負債の規模が増大していることに対する認識が高まっているにも関わらず，年次報告書において環境問題が広く取り上げられず，企業に広範な自由裁量を許したのは，会計基準の欠如にあるとの問題意識のもと，企業の年次報告書における環境情報開示の実態を調査した。その結果，企業の環境活動に関する情報開示の現状を次のように分析した。「環境保護対策に関する情報は殆どが記述的で，利用者が期間にわたって，企業の環境上のインパクトと財政状態および経営成績との関係を決定できる首尾一貫した基準にもとづいた数量情報は殆どが与えられてこなかった」(United Nations [1992], p. 99)。このような調査に基づき，年次報告書の中に特定の環境財務情報を開示するための施策が広がった。1997年に「企業レベルでの環境財務会計・報告 (Environmental Financial Accounting and Reporting at the Corporate Level)」と題する環境会計・報告の中で「年次報告書のための環境報告フレームワーク」を公表，1999年には「環境コストと負債のための会計及び財務報告」を公表した。

このような動きは世界的に広まり，ヨーロッパ会計士連盟は1999年に「環境問題に対する国際会計基準のレビュー (Review of International Accounting Standards for Environmental Issues)」を公表した。EC委員会 (Commission of the European Communities) は2001年に「年次決算と年次報告書における環境問題の認識・測定・開示 (Commission Recommendation of 30 May 2001 : on the recognition, measurement and disclosure of environmental issues in annual accounts and annual reports of companies)」と題する勧告を公表し，企業が年次報告書において環境関連事項の開示を促進するよう勧告した。勧告の付属文書では，環境負債と環境費用の認識・測定・開示に関するガイドラインを示し，加盟国企業にこのガイ

ドラインを適用するよう勧告し，2002年にはEC指令案を公表した。2005年1月からは，すべてのEU域内の上場企業やオーストラリアにおいて国際会計基準が採用されるようになったが，これに関連してEUの会計諸規定を整備するため，年次・連結会計に関する指令の改正指令（会計法現代化指令）が採択された。これによりEU各国で年次報告書における環境・社会関連情報の開示規定が設けられるようになった。

国際会計基準でも"財務的側面に影響を及ぼす環境会計情報は，既存の財務会計制度の中で検討する"というスタンスを取っている。IASBは2005年10月に財務報告書における「マネジメント・コメンタリー（Management Commentary）」に関するディスカッション・ペーパーを公表したが，その中で「企業がどのように顧客，従業員，地域社会，環境問題と関わっているかは，短期的及び長期的な財務成績に重要な影響を与え得る」（IASB［2005］, par.131）として，それらの情報は投資家にとって有用であると述べている。

さらに日本でも日本公認会計士協会が，投資家向けの情報開示という観点から環境情報開示を検討し，2006年に経営研究調査会研究報告第27号「投資家向け情報としての環境情報開示の可能性」を公表した。その後2007年に気候変動に関する政府間パネル（IPPC）が，気候システムの温暖化は人為的な温室効果ガスが原因であるとほぼ断定し，温暖化が自然環境と生態系に目に見える影響を与えていると示したのを受け，2007年に同協会は気候変動リスクに焦点を絞り，同報告第33号「我が国における気候変動リスクに関わる投資家向け情報開示―現状と課題―」を公表した。

このように環境財務会計への対応は，財務諸表におけるオフバランス情報も含め国際的に行われてきているが，未だその内容の統一性や具体性に欠け，環境問題の全般的な記述にとどまるものが多い。これは環境問題を会計処理する際，既存の会計基準をどのように適用すべきかが不明瞭であり，また現行の会計基準では適切に認識し得ない事象があるためと考えられる。このような環境財務会計の国際的動向を踏まえた上で，環境財務会計のグローバルスタンダードを展望する。

3. 環境財務会計のグローバルスタンダード

　近年の財務会計基準の国際的統合化は，環境財務会計にとっても重要な課題である。なぜなら地球環境問題は全世界にわたる経済的・社会的・政治的な問題であり，環境会計に関連する事項は，世界の企業の主たるビジネスに深く関わってきているからである。またその影響は長期的かつ広範囲に及ぶ。つまり企業の事業活動により環境汚染が発生し，それによる環境負荷が認識され，重大な環境影響へと発展し，企業に重大な責任が認知されるまでの過程を考えると，その影響は非常に長期的かつ広範囲である。このような規模の地球環境問題に対する環境コストは，当該コスト発生主体の会計システムには反映されず，何年も後に他の主体の会計システムにおいて認識され内部化される可能性がある。またその影響は一国を越える場合もある。

　例えば，世界にアスベスト製品が普及し始めたのは18世紀，産業革命期の英国で，主に蒸気機関の配管などに使用されていた。その後1970年代のオイルショックまでアスベスト含有の建造量は増加し続けた。そして1980年代から1990年代にかけて，それまで販売されてきたアスベスト製品は重大な健康問題を引き起こし，今日ではアスベストは製品としてはほとんど販売されなくなった。しかし現在，健康被害を発生させた主体ではないアスベスト含有資産の所有企業が環境汚染浄化責任を負い，保険会社がアスベスト中毒の病気に関連する支払請求などの経済的負担を強いられている (Schaltegger [2000], p. 78. 邦訳 [2003], 73頁)。このように環境汚染の発生，環境負荷の認識，重大な環境影響，企業の環境責任の認知の過程は長期にわたり，かつその影響は一国のみならず広範囲に及ぶ可能性がある。従ってこれまで各国ごとに行われてきた環境情報に対する会計基準設定活動は，今後はグローバルスタンダードという視点で進めていく必要がある。

　会計基準のコンバージェンスの動きは，米国の財務会計基準と，国際会計基準審議会（IASB）が作成・公表する国際財務会計報告基準（IFRS）を中心に，近年急速に進行している。米国のFASBとIASB間では，両者が設定する会

計基準の差異を解消していくことに合意し，2002年に米国基準と国際会計基準を中長期的に統合し会計基準の解釈についても共通化する「ノーウォーク合意」を公表した。2005年には，米国市場で国際会計基準に基づく財務諸表で資金調達している企業に対して求めている差異調整表の作成要求を，2009年までに取り下げる用意があることをSECとECで合意した「ロードマップ」を公表した。このロードマップを受けて，2006年にはFASBとIASBが2008年までに完成すべき会計基準及び統合化達成の程度に関する「覚書MOU」を公表した[6]。

このような財務会計基準の国際的統合を受け，環境財務会計も今後はグローバルスタンダードとして展開されていくと考えられる。その際，本書において論じてきたU.S. Environmental GAAPの影響が，国際会計基準等へ拡大していく可能性が高い。長期的かつ広範囲という特性を持つ環境問題を財務会計制度において適切に処理することは困難な作業ではあるが，今後は企業の環境リスク及び環境会計情報に対する必要性及び有用性に対して国際的に共通の認識を持ち，環境財務会計においても国際的なコンバージェンスを推進し，実行可能な手段としてのグローバルスタンダードの確立を目指していく必要がある。

4. 環境財務会計の展望

生物の生命は個体，種，生態系のそれぞれの多様性で維持されている。しかし現在「第六の大量絶滅時代」と呼ばれるほど多数の生物種が急速に絶滅している。国際自然保護連合の調査によると哺乳類の四分の一，両生類の三分の一の種が絶滅の危機に瀕している。生物多様性の問題は環境問題をさらに拡大し，人類の持続可能性を長期的，俯瞰的に展望するものである。私たちが配慮すべき対象は公害，環境から生態系へと広がってきている[7]。このような生態系を含めた環境問題に対処し，持続可能な開発を基軸とした経済・環境・社会の枠組み構想が地球規模で模索されている。

本書において環境財務会計を論ずる際，一貫して基礎概念としてきた会計基準は，会計実務の内容を定めるルールであると共に，会計基準設定活動は社会

的選択のためのプロセスとも捉えることができる（大塚［2001］, 29頁）。長期的かつ広範囲な環境問題に対してグローバルな会計基準の制定を検討するためには，多岐にわたる領域及び各国で展開されている環境対策活動を把握し，その中で財務会計領域の検討対象となる事項を整理し，現行の会計制度との整合性を保ちながら適切に認識・測定・開示することを追及していかなければならない。また財務会計においては，環境負荷などの外部不経済が外生的要因の展開の結果であったとしても，それらを企業内部に取り込み，内生的要因の展開として捉えた上で，会計制度の中で会計処理を考えていく必要がある（浅羽［1994］, 214-215頁）。しかし環境財務会計は，環境問題の多様性と可変性に対応する柔軟性を持ち，かつ現行の財務会計との整合性を保ちながら，正しい経済実態を表すための制度として展開されていくものと考える。

本書では，現時点において可能かつ最善と思われる方法を模索しながら環境財務会計の構築・展開を行ってきた。しかし企業の環境対策活動は益々多様化・複雑化してきており，今後さらに新たな環境問題に対する会計処理方法が模索されていくであろう。環境財務会計の包括的な基準制定は未だ途上段階であるが，財務会計基準の国際的統合化の動向や方向性を刮目しつつ，「環境財務会計」が全世界の企業に適用可能なグローバルスタンダードとして発展していくことを望む。

（注）

（1） Donald Sutherland［2000］, "U.S. Stock-exchange Listing w/o Environmental GAAP Coveted" より
（2） 同上
（3） 同上
（4） 日本経済新聞（2007年10月11日付朝刊）より
（5） 1982年に国連の経済社会理事会の下部機関として創設された。その目的は，会計・報告基準の国際的調和化を促進することである。
（6） 日本経済新聞（2006年7月30日付朝刊）より
（7） 日本経済新聞（2006年6月8日付朝刊）より

参 考 文 献

American Accounting Association (AAA) [1966] *A Statement of Basic Accounting Theory.*
AAA [1973] "Report of the Committee on Environmental Effects of Organization Behavior" *Supplement To Volume XL Ⅷ Of The Accounting Review.*
American Institute of Certified Public Accountants (AICPA) [1973] *Report of the AICPA Study Group on Objectives of Financial Statements.* (川口順一訳 [1976]『財務諸表の目的』同文舘).
AICPA [1997] *AICPA Professional Standards Volume 1.*
AICPA Accounting Principle Board Opinion (APB Opinion) No. 9 [1966] "Reporting the Results of Operations".
AICPA APB Opinion No. 12 [1967] "Omnibus Opinion".
AICPA APB Opinion No. 22 [1972] "Disclosure of Accounting Policies".
AICPA APB Opinion No. 29 [1973] "Accounting for Nonmonetary Transactions".
AICPA APB Opinion No. 30 [1973] "Reporting the Results of Operations—Reporting the Effects of Disposal of Segment of a Business, and Extraordinary, Unusual and Infrequently Occurring Events and Transactions".
AICPA Statement of Position (SOP) 94-6 [1994] "Disclosure of Certain Significant Risk and Uncertainties".
AICPA SOP No. 96-1 [1996] "Environmental Remediation Liabilities".
AICPA Statement on Auditing Standards (SAS) No. 8 [1975] "Other Information in Documents Containing Audited Financial Statements".
AICPA SAS No. 69 [1992] "The Meaning of Present Fairly in Conformity With Generally Accepted Accounting Principles in the Independent Auditor's Report".
AICPA SAS No. 91 [2005] "Federal GAAP Hierarchy".
Beams, Floyd A. [1970] "Accounting for Environmental Pollution" *The New York Certified Public Accountant (now CPA Journal), August 1970.*
Bennett, M., and James, P. [1998] *The Green Bottom Line : Environmental Accounting for Management. Current Practice and Future Trends,* Greenleaf Publishing.
Bisk, Nathan M. [2004] *Financial Accounting & Reporting CPA Ready,* Bisk Education, Inc.
The Canadian Institute of Chartered Accountants (CICA) [1993] *Environmental Costs*

and *Liabilities: Accounting and Financing Reporting Issue*.(平松一夫・谷口智香訳[1995]『環境会計―環境コストと環境負債―』東京経済情報出版).

Commission of the European Communities [2001] *Commission Recommendation of 30 May 2001 on the Recognition, Measurement, and Disclosure of Environmental Issues in the Annual Reports of Companies*, 2001/453/EC.

Edmonds, Thomas P., Frances M. McNair, Edward E. Milan, and Philip R. Olds [1998] *Fundamental Financial Accounting Concepts second edition*, Irwin McGraw-Hill.

Estes, Ralph W. [1976] *Corporate Social Accounting*, A Wiley-Interscience Publication. (名東孝二・青柳清訳 [1979]『企業の社会会計』中央経済社).

European Commission (EC) [2001] *Commission Recommendation of 30 May 2001 : on the recognition, measurement and disclosure of environmental issue in annual accounts and annual reports of companies.*

EC [2002] *Proposal for a Directive of the European Parliament and of the Council : On Environmental Liability with regard to the Prevention and Remedying of Environmental Damage.*

The European Parliament and of the Council [2003] *Directive 2003/51/EC of The European Parliament and of the Council of 18 June 2003 amending Directive 78/660/EEC, 83/349/EEC and 91/674/EEC on the annual and consolidated accounts of certain types of companies, banks and other financial institutions and insurance undertakings.*

Financial Accounting Standards Board (FASB) Emerging Issue Task Force (EITF) Issue No. 89-13 [1989] "Accounting for the Cost of Asbestos Removal".

FASB EITF Issue No. 90-8 [1990] "Capitalization of Costs to Treat Environmental Contamination".

FASB EITF Issue No. 93-5 [1993] "Accounting for Environmental Liabilities".

FASB EITF Issue No. 95-3 [1995] "Recognition of Liabilities in Connection with a Purchase Business Combination".

FASB Interpretations No. 14 [1976] "Reasonable Estimation of the Amount of a Loss".

FASB Interpretations No. 39 [1992] "Offsetting of Amounts Related to Certain Contracts".

FASB Interpretation No. 47 [2005] "Accounting for Conditional Asset Retirement Obligations ― an interpretation of FASB Statement No. 143".

FASB Staff Position (FSP) No. 143-1 [2005] "Accounting for Electronic Waste Obligations".

FASB Statement of Financial Accounting Concepts (SFAC) No. 2 [1980] "Qualitative Characteristics of Accounting Information".

FASB SFAC No. 5 [1984] "Recognition and Measurement in Financial Statements of Business Enterprises"

FASB SFAC No. 6 [1985] "Elements of Financial Statements".

FASB SFAC No. 7 [2000] "Using Cash Flow Information and Present Value in Accounting Measurements".
FASB Statement of Financial Accounting Standards (SFAS) No. 5 [1975] "Accounting for Contingencies".
FASB SFAS No. 13 [1976] "Accounting for Leases"
FASB SFAS No. 19 [1977] "Financial Accounting and Reporting by Oil and Gas Producing Companies".
FASB SFAS No. 25 [1978] "Suspension of Accounting Requirements for Oil and Gas Producing Companies — an amendment of FASB Statement No. 19".
FASB SFAS No. 34 [1979] "Capitalization of Interest Cost".
FASB SFAS No. 87 [1985] "Employers' Accounting for Pensions".
FASB SFAS No. 88 [1985] "Employers' Accounting for Settlements and Curtailments of Defined Benefit Pension Plans and for Termination Benefits".
FASB SFAS No. 106 [1990] "Employers' Accounting for Postretirement Benefits Other Than Pensions".
FASB SFAS No. 112 [1992] "Employers' Accounting for Postretirement Benefits".
FASB SFAS No. 121 [1995] "Accounting for the Impairment of Long-Lived Assets and for Long-Lived Assets to Be Disposed Of".
FASB SFAS No. 143 [2001] "Accounting for Asset Retirement Obligations (AROs)".
FASB SFAS No. 144 [2001] "Accounting for the Impairment or Disposal of Long-Lived Assets".
FASB SFAS No. 146 [2002] "Accounting for Costs Associated with Exit or Disposal Activities".
FASB SFAS No. 153 [2004] "Exchange of Nonmonetary Assets — an amendment of APB Opinion No. 29".
FASB SFAS No. 154 [2005] "Accounting Changes and Error Corrections".
Federation des Experts Comptables Europeens (FEE) [1999] *Review of International Accounting Standards for Environmental Issues*.
Ficher, Paul M., and Taylor, William J. [1995] *Advanced Accounting, sixth edition*, South-Western colledge Publishing.
Findley, Roger W., and Daniel A. Farber [1988] *Environmental Law in a nutshell, 2nd ed.*, West Publishing Co. (稲田仁士訳 [1995]『アメリカ環境法』木鐸社).
Foster, John M. (Neel), and Upton, Wayne S. 澤悦男・佐藤真良訳 [2002]「公正価値による負債の当初測定」『企業会計』第54巻第8号.
Givens, Horace R. [1966] "Basic Accounting Postulates", *The Accounting Review*.
Gray, Rob, Dave Owen, and Keith Maunders [1987] *Corporate Social Reporting : Accounting and Accountability*. (山上達人監訳 [1992]『企業の社会報告—会計とアカウンタビ

参考文献

リティー』白桃書房).
Gray, R. H. [1990] *The Greening of accountancy : The Profession After Pearce*, Certified Accountants Publications. (菊谷正人他訳 [1996]『グリーンアカウンティング』白桃書房).
Gray, Rob, and Jan Bebbington [2001] *Accounting for the Environment*, SAGE Publications.
International Accounting Standards Board (IASB) [2005] *Discussion Paper : Management Commentary-A paper prepared for the IASB by staff of its partner standard-setters and others*.
IASB International Accounting Standard (IAS) No. 36 [1998] "Impairment of Assets".
IASB IAS No. 37 [1998] "Provision, Contingent Liabilities and Contingent Assets".
IASB International Financial Reporting Interpretation Committee (IFRIC) Interpretation No. 1 [2004] "Change in Existing Decommissioning, Restoration and Similar Liabilities".
IASB IFRIC Interpretation No. 6 [2005] "Liabilities arising from Participating in a Specific Market — Waste Electrical and Electronic Equipment".
Kieso, Donald E., Weygandt, Jerry J., and Warfield, Terry D. [2001] *Intermediate Accounting tenth edition*, John Wiley & Sons, Inc.
Kieso, Donald E., Weygandt, Jerry J., and Warfield, Terry D. [2004] *Intermediate Accounting eleventh edition*, John Wiley & Sons, Inc.
Littleton, A. C. [1926] "Italian Double Entry in Early England" *Accounting Review*, American Association of University Instructors in Accounting.
Littleton, A. C. [1933] *Accounting Evolution to 1900*, Russel and Russel. (片野一郎訳 [1952]『リトルトン会計発達史』同文舘).
Littleton A. C. [1953] *Structure of Accounting Theory*, American Accounting Association.
Littleton, A. C., and Zimmerman, V.K. [1962] *Accounting Theory : continuity and change*, Prentice Hall. (上田雅通訳 [1976]『会計理論：連続と変化』税務経理協会).
Paton, William A. [1946] "Cost and Value in Accounting" *The Journal of Accountancy March 1946*, Official Publication of The American Institute of Accountants.
Price Waterhouse [1992] *Accounting for Environmental Compliance : Crossroad of GAAP, Engineering and Government — Second Survey of Corporate America's Accounting For Environmental Costs*.
Schaltegger, Stefan, and Roger Burritt [2000] *Contemporary Environmental Accounting : Issues, Concept and Practice*, Greenleaf Publish Limited. (宮崎修行監訳 [2003]『現代環境会計：問題・概念・実務』五絃舎).
United Nations [1993] *Integrated Environmental and Economic Accounting*.
United Nations [1999] *Accounting and Financial Reporting for Environmental Costs and Liabilities*.

United Nations ［2000］ *Integrated Environmental and Economic Accounting.*
White, Gerald I., Sondhi, Ashwinpaul C., and Fried, Dov ［1998］ *The Analysis and Use of Financial Statements second edition*, John Wiley & Sons, Inc.
White, Gerald I., Sondhi, Ashwinpaul C., and Fried, Dov ［2003］ *The Analysis and Use of Financial Statements third edition*, John Wiley & Sons, Inc.
Whittington, Ray, and Delaney, Patrick R. ［2004］ *Wiley CPA Examination Review 2005 Regulation*, John Wiley & Sons, Inc.
Williams, J. R., Carchello, J. V., Weiss, J. ［2000］ *Miller 2000 GAAP Guidance Restatement and Analysis of other FASB, EITF and AICPA Pronouncements*, Harcourt Professional Publishing.
合崎堅二［1966］『社会科学としての会計学』中央大学出版部．
浅羽二郎［1994］『財務報告論の基調』森山書店．
新井清光［1969］『会計公準論』中央経済社．
安生浩太郎［2000］『英文会計入門』実業之日本社．
植田敦紀［2005a］「財務諸表における環境会計情報―米国財務会計基準に基づく環境会計の構築と展開―」『横浜国際社会科学研究』第9巻第6号．
植田敦紀［2005b］「米国財務会計基準に基づく環境会計情報―財務会計基準書143号資産除去債務の会計―」『横浜国際社会科学研究』第10巻第2号．
植田敦紀［2006］「土壌汚染対策法と環境財務会計の展開―企業の土壌汚染対策の実態調査に基づいて―」『横浜国際社会科学研究』第11巻第2号．
植田敦紀［2008］「環境会計の構築と展開― U. S. Environmental GAAP に基づく環境負債計上のメカニズム―」『會計』第173巻第1号．
上田俊昭［2000］「財務報告書における環境会計」『環境会計の発展と構築―特別委員会報告―』日本会計研究学会．
小川哲彦［2002］「有価証券報告書における環境会計情報の開示について―財務諸表調査を中心に―」『横浜経営研究』第23巻第1号．
小川哲彦［2005］「日本企業の財務諸表における環境会計情報の開示について」『佐賀大学経済論集』第38巻第3号．
勝山進［1999］「環境会計の現状と課題」『JICPA ジャーナル』．
勝山進［2004］『環境会計の理論と実態』中央経済社．
河野正男［1998］『生態会計論』森山書店．
河野正男［2001］『環境会計―理論と実践―』中央経済社．
河野正男［2001］「環境報告書の現状と課題」『横浜経営研究』第21巻第4号．
河野正男・朴鍾敏［2002］「環境報告書の動向と特徴」『横浜国際社会科学研究』第7巻第2号．
河野正男編［2005］『環境会計 A-Z』信山社．
河野正男編［2006］『環境会計の構築と国際的展開』森山書店．
川村義則［1999］「現在価値の測定をめぐる問題について―保証債務の会計処理への応用―」

『會計』第 156 巻 6 号．
川村義則［2003］「負債の定義と認識要件―近接諸概念との比較検討―」『會計』第 163 巻 1 号．
環境省［2001］「事業者の環境パフォーマンス指標（2000 年度版）」．
環境省［2002a］「土壌汚染対策法（平成 14 年法律第 53 号）」．
環境省［2002b］「環境会計ガイドライン改訂検討会報告書」．
環境省［2003］「事業者の環境パフォーマンス指標ガイドライン―2002 年度版―」．
環境省［2004］「環境会計の現状と課題」．
環境省［2005a］「環境会計ガイドライン 2005 年版」．
環境省［2005b］「平成 16 年度「環境にやさしい企業行動調査」調査結果」．
楠敏弘［2002］『米国公認会計士［CPA］試験テキストⅢ　Business Law（ビジネスロー）』実業之日本社．
黒澤清編［1973］『会計と社会』中央経済社．
黒澤慎治・後藤敏彦・西川正義［2000］『戦略的環境マネジメントシステム』日科技連．
國分克彦［1999］『環境会計』新生社．
阪智香［2001］『環境会計論』東京経済情報出版．
阪智香［2001］「土壌汚染が財務会計に与える影響～環境負債と減損～」『産業と会計』第 30 巻第 12 号．
阪本安一［1989］『情報会計の基礎』中央経済社．
鈴木幸毅［2000］『環境経営学環境会計と情報開示』税務経理協会．
地球環境産業技術研究機構（RITE）［2001］「バイオレメディエーション実用化への期待―土壌汚染等修復プロジェクトが達成したもの―」『RITE NOW』39 号Ⅰ．
東京海上火災保険株式会社編［1993］『環境リスクと環境法（米国編）』有斐閣．
東京海上火災保険株式会社編［1996］『環境リスクと環境法（欧州・国際編）』有斐閣．
長束航［2004］「負債概念における「債務性」―アメリカにおける変化―」『會計』第 166 巻第 5 号．
日本公認会計士協会［2006］「投資家向け情報としての環境情報開示の可能性」経営研究調査会研究報告第 27 号．
日本公認会計士協会［2007］「我が国における気候変動リスクに関わる投資家向け情報開示―現状と課題―」経営研究調査会研究報告第 33 号．
朴鍾敏［2004］「環境報告書の展開の課題と方向性」『横浜国際社会科学研究』第 8 巻第 6 号．
宮崎修行［2001］『統合的環境会計論』創成社．
弥永真生［1995］『企業会計と法』新生社．
山形休司［1977］『社会的責任会計論』同文舘．
山上達人・菊池正人［1995］『環境会計の現状と課題』同文舘．
山上達人［1996］『環境会計の構築』白桃書房．
山上達人［1999］「社会関連会計から環境会計へ」『産業と経済』奈良産業大学, 第 13 巻第 4 号．
山上達人・向山敦夫・國分克彦［2005］『環境会計の新しい展開』白桃書房．
湯田雅夫［1999］『ドイツ環境会計論』中央経済社．

索　引

〔欧　文〕

Accountability	6
Accounting Principles Board Opinion : APB Opinion	48
accretion expense	117
accrual basis principle	51
accrue	192
Accrued Liabilities	142
American Accounting Association : AAA	47
American Institute of Certified Public Accountants : AICPA	30
annual report	44
Applicable or Relevant and Appropriate Requirements : ARARs	71
asset valuation	51
A Statement of Basic Accounting Theory : ASOBAT	99
Benefits > Costs	12
Bonds	183
Canadian Institute of Chartered Accountants : CICA	16
capital expenditure	62
Chevron	145
Chevron Texaco	145
Clean Air Act	54
Clean Water Act	54
Comparability	13
Comprehensive Environmental Response, Compensation, and Liability Act : CERCLA	36
Comprehensive Environmental Respononse, Compensation, and Liability Information System : CERCLIS or CERCLA Information System	69
conditional asset retirement obligation	126
Consensus Position	30
Consistency	13
constructive obligation	180
contingencies	63
contingent liabilities	36
Corporate Social Responsibility : CSR	101
credit-adjusted risk-free rate	112
Cumulative effect of change in accounting principles	148
Current Liabilities	142
Current Report	193
Decision Usefulness	12
Deferred Credits and Other Noncurrent Liabilities	142
Deferred Income taxes	142
Demand Chain Management : DCM	145
Department of Commerce	44
disclose	193
Discontinued Operations	136
due care	68
Earnings Per Share : EPS	198
economic useful life	181
effective interest method	167
Emerging Issues Task Force : EITF	30
Environmental Protection Agency : EPA	40

Environmental Protection Laws	68	National Ambient Air Quality Standards : NAAQS	54
equitable obligation	180		
exit activity	132	National Pollutant Discharge Elimination System : NPDES	54
externalities	45		
Extraordinary Items	58	National Priorities List : NPL	69
FASB Interpretations	30	Neutrality	13
Feasibility Study : FS	71	Operating Expenses	141
Feedback Value	12	Operating Income	136
Financial Accounting Standard Boards : FASB	12	Organization for Economic Co-operation and Development : OECD	82
Form 10-K	193	Our Common Future	1
Form 10-Q	193	Pensions	183
Form 8-K	193	Pollutant Release and Transfer Register : PRTR	86
fraud	193		
Friend of the Earth : FOE	198	polluter pays principle	67
General Accounting Office : GAO	40	potential liabilities	36
Generally Accepted Accounting Principle : GAAP	11	Potentially Responsible Parties : PRPs	36
		Predictive Value	12
Global Reporting Initiative : GRI	3	Principles Responsible Investment : PRI	8
Impairment Loss	176	probable	64
Income from Continued Operations	61	problem by problem approach	182
income measurement	51	Properties, plant and equipment	148
International Financial Reporting Interpretations Committee : IFRIC	118	prospectus	193
		Quarterly Reports	193
joint several liability	67	reasonably estimated	64
Leases	183	Record of Decision : ROD	72
legal obligation	180	registration statement	193
legal useful life	181	Relevance	12
Loss Contingency	63	Reliability	12
Love Canal incident	66	Remedial Investigation : RI	71
Management Commentary	201	Representational Faithfulness	13
Management's Discussion and Analysis : MD & A	9	Resource Conservation and Recovery Act : RCRA	54
Materiality	12	Retained Earnings	33
Merger and Acquisition : M & A	56	retroactive liability	67
Methyl Tertiary Butyl Ether : MTBE	146	retroactively	33
misrepresentation	193	revenue expenditure	62

索　引　213

Sarbanes-Oxley Act	199	United Nations Conference on Trade	
Securities Act of 1933	193	and Development : UNCTAD	199
Securities and Exchange Commission :		United Nation's Economic and Social	
SEC	9	Council	200
Securities Exchange Act 1934	193	United Nations Environment Progra-	
social accounting	46	mme : UNEP	8
social audit	46	Unusual or Infrequent Items	61
Social Impact Statement	44	U.S. Environmental GAAP	30
social responsibility accounting	46	useful life	181
Socially Responsible Investment : SRI	6	Verifiability	13
socioeconomic accounting	46		
Staff Accounting Bulletin : SAB	30	〔和　文〕	
stakeholders	6		
Statement of Financial Accounting		〔あ行〕	
Concept : SFAC	12	アクチュアリー	65
Statement of Financial Accounting		アクリーション	117
Standards : SFAS	30	アクリーション累計額	122
Statements of Position : SOP	30	アスベスト除去コストの会計	56
Statements on Auditing Standard : SAS	30	アメリカ会計学会	47
Stewardship	6	意思決定有用性	12
Stockholders' Equity	142	イタイイタイ病	82
strict liability	67	委託者	6
substance over form	181	委託・受託関係	6
Superfund Act	36	一時退職給付	133
Superfund Amendments and Reau-		一般に公正妥当と認められた会計	
thorizaion Act : SARA	67	原則	11
Supply Chain Management : SCM	145	一般に公正妥当と認められた監査	
Sustainable Development	1	基準	72
Texaco	141	インタレスト・カヴァレッジ比率	124
The Accounting Standards Board of		インフレーション	16
Japan : ASBJ	122	EC 委員会	200
Timeliness	12	EC 指令案	201
Toxic Substances Control Act : TSCA	54	美しい星へのいざない	3
Toxics Release Inventory : TRI	67	営業費用	141
unconditional	126	営業利益	136
Understandability	12	エコファンド	8
United Nations	16	SRI ファンド	7

214　索引

汚染者負担の原則	67	環境会計情報	162
オフバランス情報	196	環境管理会計手法	162
覚書 MOU	203	環境管理システム	99
オンバランス	162	環境関連有形固定資産	168
		環境国際規格 ISO 14015	86

〔か行〕

		環境コスト	20
会計検査院	40	環境サイトアセスメント	86
会計原則審議会意見書	48	環境財務会計	40
会計情報の質的性格	12	環境資産	35, 168
会計法現代化指令	201	環境収益	31, 162
開示	193	環境修復負債	68
解釈指針	30	環境情報開示	38
回収可能価額	101	環境損失	23
外生的要因	204	環境対策	18
外部事象	15	環境と開発に関する国際連合会議	
外部性	45	（地球サミット）	1
外部不経済	5	環境と開発に関する世界委員会	
外部報告会計	29	（ブルントラント委員会）	1
海洋上油田プラットフォーム	140	環境媒体	84
確率分布	112	環境配慮型企業	8
加重平均	103	環境配慮設計	22
家電リサイクル法	125	環境パフォーマンス	25
カナダ勅許会計士協会	16	環境パフォーマンス指標	27
カネミ油症	82	環境費用	32, 162
過年度環境費用	33, 165	環境負荷	15
過年度修正	165	環境負債	36, 180
貨幣単位	25	環境法	53
下方修正	117	環境報告書	18
下流部門	138	環境保護庁	40
カルパース	199	環境保護法	68
カレンダーイヤー	122	環境保全活動	20
カレントコスト・アプローチ	36	環境保全効果	27
環境アカウンタビリティ	5	環境保全コスト	21
環境汚染処理コスト	62	環境マネジメントシステム	18
環境会計	25	環境優位企業	7
環境会計ガイドライン	28	環境リスク	100
環境会計システム	28	環境劣位企業	7

索引 215

監査基準書	30	経済システム	25
勘定科目	163	経済的影響	25
GAAPのカテゴリー	30	経済的資源	4
企業改革法	199	経済的耐用年数	128, 181
企業会計基準	122	経済的便益	34
企業会計基準委員会	122	計上	192
企業会計基準適用指針	122	継続事業利益	61
企業価値	189	継続性	13
企業結合	132	決定報告	72
企業社会会計	44	厳格責任	67
企業の環境経営度調査	91	減価償却費	108
気候変動に関する政府間パネル		減価償却累計額	108
（IPPC）	201	研究開発費	30
気候変動枠組み条約締約国会議		現在価値	65
（COP）	3	現在価値法	103
擬制債務	180	検証可能性	13
基礎的会計理論に関する報告書	99	原子力施設	108
期待キャッシュフロー	103	減損会計	101
期待キャッシュフロー・アプローチ	103	減損損失	176
期待支出額アプローチ	38	減損テスト	176
帰納的アプローチ	162	公開コメント	72
脚注開示	52	公害対策基本法	84
キャッシュフロー	11	工場排水規制法	82
キャッシュフロー計算書	11	公正価値	101, 111
吸収及び買収	56	鉱毒事件	84
京都議定書	3	衡平法上の債務	180
虚偽	193	国際会計基準	197
緊急問題専門委員会	30	国際財務会計報告解釈指針委員会	118
偶発債務	36	国際自然保護連合	203
偶発事象	63	国際石油資本	138
偶発損失	63	国際的統合化	202
グリーン調達	18	国民経済	25
グローバルスタンダード	202	国連環境計画	8
経営者の討議と分析	9	国連経済社会理事会	200
経営成績	11	国連貿易開発会議	199
経済協力開発機構	82	コスト・ベネフィット	12
経済効果	26	国家一次／二次周辺大気質的基準	54

国家水質汚濁除去システム	54	資産除去費用	114
国家優先リスト	69	資産評価	51
COP3	3	市場価格	112
誤謬修正	165	市場メカニズム	5
固有リスク	135	自然環境保全法	84
混合資産	35	自然資源	4
コンバージェンス	122	持続可能な開発	1
		持続可能な開発に関する世界首脳会議（ヨハネスブルグ・サミット）	1
〔さ行〕			
再生可能資源	16	実現可能性	78
財政状態	11	実行可能性調査	71
再生不能資源	16	実行利息法	167
最善の見積り値	112	実質主義	181
差異調整表	203	実質的効果	26
財務会計概念書	12	質的情報	24
財務会計基準書	30	実務指針	30
財務会計基準審議会	12	指定区域台帳	88
債務精算日	128	自動車リサイクル法	125
債務清算方法	128	四半期報告書	193
債務の概念	180	資本	11
債務発生日	110	資本化	58
財務パフォーマンス	25	資本金	142
財務比率	124	資本的支出	62
債務履行	127	社会会計	46
詐欺	193	社会会計モデル	45
サステナブル報告書	3	社会監査	46
シェブロン	145	社会経済会計	46
シェブロンテキサコ	145	社会責任会計	46
事業者の環境パフォーマンス指標ガイドライン	27	社会的インパクト報告	44
		社会的環境コスト	23
資源保護回復法	54	社会的コスト	44
時限立法	67	社会的責任投資	6
資産	11	社会的ベネフィット	44
資産回転率	124	社会的便益	34
資産収益率	124	社債	183
資産除去活動	109	社債契約条項	124
資産除去債務の会計	108	収益	11

収益的支出	62	生態的影響	25
修繕支出	113	正当な注意	68
修復活動	72	生物多様性	203
修復活動計画	71	責任投資原則	8
修復設計	72	石油メジャー	138
修復調査	71	セブンシスターズ（7大メジャーズ）	138
重要性	12	善意の土地所有者	67
受益者	7	1933年証券法	193
受託者	6	1934年証券取引法	193
取得原価	112	潜在的回収可能額	64
取得公正価値	154	潜在的環境コスト	23
循環型社会	3	潜在的債務	36
循環型社会形成推進基本法	21	潜在的精算日	128
条件付資産除去債務	126	潜在的清算方法	128
上方修正	117	潜在的責任当事者	36
将来キャッシュフロー	103	総合エネルギー商社	139
上流部門	138	ソーシャル・コスト（社会的費用）	5
職員会計公報	30	ソーシャル・ロス（社会的損失）	5
処分活動	133	遡及責任	67
シリコンバレー地下水汚染事件	67	遡及的	33
信託基金	67	測定可能性	111
信用調整リスクフリー・レート	112	損益計算書	11
信頼性	12	〔た行〕	
水質汚濁防止法	54, 84		
水質保全法	82	大気汚染防止法	54
推定公正価値	176	大恐慌	193
推定上の債務	180	貸借対照表	11
推定的効果	27	退職給付金	133
スーパーファンド修復プロセス	69	耐用年数	108, 181
スーパーファンド法	36	ダウンストリーム・チェーン	145
スーパーファンド法修正・再授権法	67	脱温暖化2050研究プロジェクト	3
スーパーメジャー	138	棚卸資産	35
スティグマ	100	地球環境問題	1
ストック情報	28	地球の友	198
生産高比例法	146	注記	109
性質が異常または発生の頻度が低い項目	61	中立性	13
生態系	203	定性情報	193

218　索　引

定量情報	193	廃棄物の処理及び清掃に関する法律	84
テキサコ	141	排出量取引	26
適時性	12	排出量取引市場	35
適用可能性	128	発行市場	193
適用されるべき適正な要件	71	発生可能性	111
撤退活動	132	発生主義の原則	51
デリバティブ商品	184	比較可能性	13
電気・電子機器廃棄物	125	比較財務諸表	124
典型7公害	84	非継続事業	136
TRI法	67	非継続事業項目	136
当期環境費用	32, 165	一株当たり利益	198
当期純利益	34	費用	11
投資有価証券	35	費用化	58
東証株価指数（TOPIX）	8	評価勘定	48
騰落率	8	表現の忠実性	13
特定有害物質	87	PRTR制度	86
特別損益項目	58	フィードバック価値	12
土壌汚染対策法	85	不確実性	63
土壌汚染問題	66	複式簿記	11
土壌含有量基準	88	負債	11
土壌溶出基準	88	負債資本比率	124
届出書	193	負債性引当金	178
トリプル・ボトム・ライン	3	負債認識要件	183
〔な行〕		物量情報	24
		物量単位	25
内生的要因	204	ブラウンフィールド	67
内部化	5	ブラック・サースデー	193
日本公認会計士協会	201	フロー情報	28
年金会計	183	文章開示	109
年次報告書	44	米国公認会計士協会	30
農用地の土壌の汚染防止等に関する法律	84	米国証券取引委員会	9
		米国商務省	44
ノーウォーク合意	203	ベンチ・マーク	8
〔は行〕		包括的環境コスト	20
		包括的環境対処・補償・責任情報システム	69
バーゼル条約	82		
煤煙規制法	82	包括的環境対処・補償・責任法	36

法的債務	180
法的耐用年数	181
ポスト京都議定書	3

〔ま行〕

マクロ環境会計	25
マネジメント・コメンタリー	201
ミクロ環境会計	25
水俣病	82
無過失責任の法理	68
無形固定資産	35
無条件	126
目的適合性	12
目論見書	193

〔や行〕

約束的禁反言原則	109
有害化学物質排出目録	67
有害廃棄物サイト	107
有害物質規制法	54
ヨーロッパ会計士連盟	200
予測価値	12
四日市ぜんそく	82

〔ら行〕

ライフサイクル	21
ラブキャナル事件	66
リース会計	183
利益剰余金	33
利益測定	51
理解可能性	12
利害関係者	5
リサイクル	26
リサイクル法	21
リスク評価	71
リスクフリー・レート	103
リスクプレミアム	135
流通市場	193
両建て計上	125
量的・質的環境情報	24
臨時報告書	193
累積コストアプローチ	108
累積的影響額	136
レビュー	148
連結損益計算書	141
連結貸借対照表	142
連帯責任	67
ロードマップ	203
六価クロム事件	84
露天採鉱	108

〔わ行〕

割引	65
割引率	118
我ら共有の未来	1

著者略歴

植 田 敦 紀
Atsuki Ueda, CPA, PhD

1984年	証券会社（東京）勤務
1887年	証券会社（ニューヨーク）勤務
1999年	モンタナ州立大学会計学講師（財務会計担当）
2006年	横浜国立大学経営学部 産学連携研究員
2007年	財団法人日本品質保証機構地球環境事業部 特別研究員「現在に至る」
2008年	横浜国立大学大学院国際社会科学研究科 非常勤講師「現在に至る」 米国公認会計士(イリノイ州登録) 経営学博士(横浜国立大学)

環境財務会計論
― U.S. Environmental GAAP を基礎として ―

2008年6月20日　初版第1刷発行

著　者　Ⓒ　植　田　敦　紀

発行者　菅　田　直　文

発行所　有限会社　森山書店　〒101-0054　東京都千代田区神田錦町1-10 林ビル
TEL 03-3293-7061　FAX 03-3293-7063　振替口座 00180-9-32919

落丁・乱丁本はお取りかえします　　　印刷・製本／三美印刷

本書の内容の一部あるいは全部を無断で複写複製することは，著作権および出版社の権利の侵害となりますので，その場合は予め小社あて許諾を求めてください。

ISBN 978-4-8394-2058-1